Maximilian Baßlsperger

"Beamte sind doch auch nur Menschen ...?"

Der Beamte als Ehemann II

Neue Kuriositäten und Wahrheiten über unsere Staatsdiener

Maximilian Baßlsperger

"BEAMTE SIND DOCH AUCH NUR MENSCHEN ...?"

Der Beamte als Ehemann II

Neue Kuriositäten und Wahrheiten
über unsere Staatsdiener

Edition Noëma

Bibliografische Information der Deutschen Nationalbibliothek
Die Deutsche Nationalbibliothek verzeichnet diese Publikation in der Deutschen Nationalbibliografie; detaillierte bibliografische Daten sind im Internet über http://dnb.d-nb.de abrufbar.

Bibliographic information published by the Deutsche Nationalbibliothek
Die Deutsche Nationalbibliothek lists this publication in the Deutsche Nationalbibliografie; detailed bibliographic data are available in the Internet at http://dnb.d-nb.de.

Coverabbildung: Photo 28655240 / Sleep Computer © Alphaspirit | Dreamstime.com

ISBN-13: 978-3-8382-1618-8
Edition Noëma

Printed in the EU

Inhalt

Prolog

Im Jahr 2012 erschien der erste Band „Der Beamte als Ehemann“. Dem Autor war es eine besonders große Ehre und Freude, dass dieses Buch von *Prof. Dr. Rudolf Summer*, dem früheren und leider viel zu früh verstorbenen „Pabst“ des Beamtenrechts, in der „ZBR“ (Zeitschrift für Beamtenrecht) – der bedeutendsten Fachzeitschrift für den öffentlichen Dienst – überaus positiv besprochen wurde (ZBR 2013, S. 70).

Mittlerweile hat sich sehr viel Neues getan. So ist etwa der Verfasser dieses Buches von seiner Tätigkeit als Hochschullehrer in den völlig unverdienten Ruhestand übergetreten. Seine fachschriftstellerischen Arbeiten für mehrere Verlage führt er aber ebenso fort wie seine immer montags erscheinenden Blogbeiträge (www.rehm-verlag.de/beamtenrecht/blog-beamtenrecht), welche auch die Grundlage für dieses Buch bilden.

Vieles hat sich also wieder zugetragen, was sich einem „Normalbürger“ in Zusammenhang mit unseren Staatsdienern als durchaus seltsam, kurios, merkwürdig, abwegig, humorig oder auch völlig unverständlich darstellen muss.

Der Leitfaden des nunmehr vorliegenden zweiten Buches ist unverändert: Die Ausführungen sollen in erster Linie der Unterhaltung und nicht dem wissenschaftlichen Meinungsaustausch dienen, es verfolgt damit nicht in erster Linie das Ziel, ein Hilfswerk zur Bewältigung dienstlicher Problemlösungen darzustellen. Es geht dem Verfasser gerade nicht darum, das Beamtenleben mit kritischer Klugheit zu durchdringen, es wird von ihm vielmehr das Ziel verfolgt, nicht nur die Staatsdiener selbst, sondern besonders auch den „normal denkenden Durchschnittsbürger“ (*Lara Zwiffelhofer*, Die Figur des Durchschnittsmenschen im Verwaltungsrecht, Dissertation, Humboldt-Universität, Berlin, 2020), zu denen sich auch der Verfasser zählt, zum Schmunzeln und gelegentlich auch zum Nachdenken anzuregen. Die in der Rechtsprechung entwickelte fiktive Figur des „normalen Bürgers“ (vgl. OVG Berlin-Brandenburg vom 6. November 2020, Az.: OVG 11 S 102/20) wird den Leser in den Beiträgen an der einen und der anderen Stelle begleiten. Die Namen der Protago-

nisten sind schon aus Datenschutzgründen in der Regel frei erfunden. Die Fälle haben sich jedoch so wie geschildert tatsächlich zugetragen.
Viel Vergnügen beim Lesen!

Maximilian Baßlsperger
August 2021

Kapitel 1: Die Beamtenehe

Prof. Dr. Rudolf Summer hat in seiner im Prolog erwähnten Rezension die Frage gestellt, warum neben dem „Beamten als Ehemann“ nicht auch die „Beamtin als Ehefrau“ einer literarischen Würdigung unterzogen worden sei. Da ich meinem hochgeschätzten Lehrer diesen Wunsch nicht abschlagen will, möchte ich die beiden folgenden Beiträge an den Anfang des nun vorliegenden Werkes stellen.

Eine Beamtin zur Ehefrau

Nach dem Statistischen Bundesamt sind weit mehr als die Hälfte aller Staatsdiener weiblich. Stellenausschreibungen für den öffentlichen Dienst werden mittlerweile männlich, weiblich und geschlechtsneutral und damit „gendergerecht" formuliert. Da noch nichts über geschlechtsneutrale Staatsdiener bekannt wurde, soll im Folgenden lediglich der Frage nachgegangen werden, welche Vorteile es bringt, eine Beamtin zu ehelichen.

Eine Beamtin zur Ehefrau zu haben ist der Traum vieler Männer - insbesondere dann, wenn sie - aus welchen Gründen auch immer - selbst keiner geregelten Arbeit nachgehen.
Als Ehemann einer Beamtin erfreut man sich auch ohne selbst zum Bruttosozialprodukt beizutragen wegen der **Alimentationspflicht** ihres Dienstherrn eines zwar geringen, aber sicheren und lebenslangen Familieneinkommens. Zugegeben: Große Sprünge kann man damit nicht machen, andererseits sieht man dem ganzen Leben doch viel gelassener entgegen. Und wenn man dann sogar doch noch einmal selbst arbeiten sollte, so kann man zum Beispiel als Angestellter dem eigenen Chef einmal so richtig die Meinung geigen. Sollte ein Kündigungsschutzprozess wider jede Erwartung erfolglos bleiben - laut einer Studie sind aber weit über 90 Prozent aller Kündigungsschutzklagen vor dem Arbeitsgericht erfolgreich oder enden zumindest mit einer hohen Abfindung -, so kann man weiterhin auf ein durch die Ehefrau abgesichertes Familieneinkommen vertrauen.
Es gilt jedoch auch noch weitere Vorteile zu berücksichtigen: Als Ehemann einer Beamtin ist man beihilfeberechtigt und genießt als Privatpatient bei allen Arztbesuchen eine bevorrechtigte Sonderbehandlung. Namentliche Begrüßung, verminderte Wartezeiten, Chefarztbehandlung usw. usw. (siehe dazu auch den Beitrag: „Der Beamte als Ehemann").
Und sollte man sich trotz der enormen finanziellen Absicherung, welche die Ehe mit einer Beamtin mit sich bringt, dennoch dazu entschließen, selbst einem geregelten Erwerbsleben nachzugehen, so ist die Kinderbetreuung durch eine im öffentlichen Dienst beschäftigte

bessere Hälfte bestens gesichert. Elternzeit bis zum vollendeten dritten Lebensjahr des ersten Kindes mit anschließendem Urlaub aus familienpolitischen Gründen bis zum vollendeten 18. Lebensjahr des (jüngsten) Kindes sind garantiert, vgl. § 92 BBG und das jeweilige Landesbeamtenrecht.

Wird es der Ehefrau bei der Erziehung aber dann doch langweilig, so kann sie jederzeit in ihr früheres Beschäftigungsverhältnis als Beamtin zurückkehren. Sie hat dann sogar einen Rechtsanspruch auf eine **Teilzeittätigkeit** von nur wenigen Stunden pro Woche – auch begrenzt auf nur einen einzigen und von ihr bestimmten Wochentag. Günstig für die Wiedereinsteigerin ist es dabei, wenn die Wahl des einen Arbeitstages auf den Montag oder den Donnerstag fällt, denn auf diese Wochentage fallen statistisch gesehen die meisten Feiertage und das für teilzeitbeschäftigte Beamtinnen geltende Feiertagsgesetz des jeweiligen Landes bestimmt: „Die Sonntage und die gesetzlichen Feiertage sind als Tage der Arbeitsruhe geschützt."

Ganz wichtig: Absolut jede noch so geringe Teilzeittätigkeit berechtigt zur **Beihilfe** und zählt schon bei der Berechnung der Probezeit als volle Dienstzeit, wie auch später bei der Ermittlung der für die Beförderung maßgeblichen Dienstzeit! Da staunen nicht nur alle (normal denkenden) Durchschnittsbürger (siehe bereits das Vorwort), sondern auch alle Kolleginnen und Kollegen der Beamtin, die ihren Dienst in Vollzeit erbringen. Aber wo kein Richter, da kein Henker, und wenn der Dienstherr diese Möglichkeit eröffnet – warum dann die Chance nicht auch wahrnehmen?

Es geht weiter: Auch nach der Vollendung des 18. Lebensjahres des (jüngsten) Kindes ist eine Teilzeittätigkeit der Ehefrau nach dem Beamtenrecht gesichert – auf Wunsch der Beamtin sogar bis zum Eintritt in den Ruhestand (§ 91 BBG). Dabei sollten sowohl die Beamtin als auch ihr Ehemann nicht außer Acht lassen, dass sich durch eine Teilzeittätigkeit die **Besoldung** verringert, denn nach § 6 Abs. 1 BBesG werden die Dienstbezüge im gleichen Verhältnis wie die Arbeitszeit gekürzt. Außerdem vermindert sich die später zu erwartende **Pension**, denn die Zeiten einer Teilzeitbeschäftigung sind nur zu dem Teil ruhegehaltfähig, der dem Verhältnis der ermäßigten zur regelmäßigen Arbeitszeit entspricht (§ 6 Abs. 1 BeamtVG). Aber um

sich noch ein klein wenig im Dienst und vor allem in den Pausen zu amüsieren, kann man das schon einmal machen.
Das Recht auf eine angemessene Alimentation der Beamtin besteht aber nicht nur während des aktiven Dienstes, sondern auch noch wegen des Bezugs einer gesetzlich festgelegten Pension im Ruhestand und - was wohl besonders erfreulich ist - auch noch für den hinterbliebenen Ehemann. Hierauf sollte man sich aber nicht verlassen, denn nach einer allgemein bekannten demografischen Untersuchung sterben Männer im Durchschnitt 7,2 Jahre früher als Frauen. Nach einer weiteren Untersuchung des Rostocker Zentrums zur Erforschung des Demografischen Wandels leben Beamte - und damit erst recht Beamtinnen - im Durchschnitt weitere fünf Jahre länger als der „Ottonormalbürger". Wenn man also der durchschnittlichen Lebenserwartung von Frauen, die gegenwärtig bei 82 Jahren und sechs Monaten liegt, auch noch diese fünf Jahre hinzurechnet, so ist mit einem üblichen Ableben der Ehefrau nicht vor 87 Jahren und sechs Monaten zu rechnen. Die Aussicht auf eine **Witwerpension** besteht also in der Regel nur dann, wenn man eine wesentlich ältere Beamtin zum Traualtar führt. An dieser Stelle wird man auch diese Heiratskandidaten an die Auswüchse der sogenannten „Versorgungsehe" erinnern müssen (BVerwG vom 27. Mai 2009, BVerwGE 134, 99).
Man sollte dabei nicht verschweigen, dass das Zusammenleben mit einer Beamtin den einen oder anderen Nachteil mit sich bringen kann, denn dieses Zusammenleben wird naturgemäß durch ihren Beruf geprägt. Hat die Ehefrau auf der behördeninternen Karriereleiter vielleicht schon so etliche Sprossen erklommen, leitet sie etwa ein mehr oder minder großes Sachgebiet, ist sie gar Referats- oder Abteilungsleiterin, dann ist sie es auch gewohnt, Weisungen zu erteilen und Termine zu bestimmen. Eine Widerrede kennt sie schon vom Ansatz her nicht, weil schließlich schon ihre im Beruf untergebenen „Mitarbeiter" auf ein bloßes **Remonstrationsrecht** beschränkt sind. Klagen gegen ihre Weisungen sind nicht nur völlig unbegründet, ja sie wären nach der einschlägigen beamtenrechtlichen Rechtsprechung mangels der erforderlichen Klagebefugnis (§ 42 Abs. 2 VwGO) noch nicht einmal zulässig.
Also aufgemerkt!

Die Besonderheiten des Zusammenlebens mit einer verbeamteten Ehefrau möchte ich Ihnen an einem Beispiel zeigen, das sich genau so zugetragen hat, wie ich es Ihnen jetzt schildere:
Vor ein paar Tagen wollte ich per E-Mail als Termin für ein Treffen mit einem besonders lieben Kollegen den folgenden Donnerstag vorschlagen. Aber wieder einmal war es so weit: „Der Mensch denkt und Gott lenkt ..." Gott lenkt? Nun, so mancher hat daran vielleicht seine Zweifel, aber in diesem Fall steht dies zumindest fest. Gerade als ich mit meiner E-Mail fertig war, kam ein Anruf der Frau des Kollegen und unsere allerbesten Hälften haben im Rahmen des Gespräches einen ganz anderen Zeitpunkt vereinbart. Unmittelbar nach dem Gespräch sagte meine ebenfalls im öffentlichen Dienst stehende Ehefrau zu mir: „Dienstag, 12.00 Uhr im Cupido! Ist Dir das recht?" Ihr Blick hat mir gleich verraten, dass es sich hierbei nicht um eine Frage, sondern um die unumstößliche Feststellung handelte, dass ich selbst dann zu erscheinen hätte, wenn mir an diesem Tag eine Beförderung, der Nobelpreis oder die Regentschaft über ein x-beliebiges Königreich angetragen würde – und das geht mit Sicherheit auch anderen Ehemännern so, deren allerbeste Hälfte nicht Beamtin ist.
„Der Mensch denkt und Gott lenkt." Die Aussage besitzt sicher einen Wahrheitswert, weil – quod erat demonstrandum – mein gedachter Vorschlag durch die Abmachung unserer Göttergattinnen praktisch „gottgleich" überhöht wurde. Will man die Aussage „Der Mensch denkt und Gott lenkt" mit dem Begriff „Göttergattin" verknüpfen, so werden wir Männer glasklar und beinhart mit dem Boden der Tatsachen konfrontiert.

Fazit:
Eine „Göttergattin" ist bekanntlich die Gattin eines Gottes, was wir unseren Ehefrauen gegenüber nicht nur aus Gründen der Höflichkeit, sondern aus Gründen des Selbstschutzes besser unerwähnt lassen – aber das gilt wohl in gleicher Weise auch dann, wenn sie keine Beamtinnen sind …

**„Bevor es zu spät ist, frage Dich:
Willst Du sie als Chefin haben?“**

(Raymond Chandler)

Der Beamte als Ehemann

In den Umfragen zu den begehrtesten Berufen potenzieller Ehemänner belegen Ärzte, Architekten, Rechtsanwälte und Unternehmer regelmäßig die ersten Plätze. Einen Beamten als Ehemann wünscht sich dagegen kaum eine der dort abstimmenden heiratswilligen Damen. Hier gilt es mit einem alten Vorurteil aufzuräumen. In diesem Beitrag soll deshalb bewiesen werden: Beamte sind doch die besseren Ehemänner!

Bei einem Vergleich der begehrtesten Berufsgruppen von potenziellen Ehemännern heiratswilliger Damen muss endlich einmal eine Lanze für den völlig unterschätzten Beamten gebrochen werden.

1. Der Beamte weist schon kraft seines Berufes besondere, unabdingbare **Eigenschaften** auf, die ihn als Ehemann geradezu prädestinieren.

Ein Beamter ist ausnahmslos **treu** (Art. 33 Abs. 4 GG). Dies hat er am Anfang seiner Karriere sogar durch einen Eid zu bekräftigen (§ 38 BeamtStG). Wenn er sich in die Ehe begibt, so tut er dies mit **vollem persönlichem Einsatz** (§ 34 Satz 1 BeamtStG). Er ist stets zur uneingeschränkten **Wahrheit** verpflichtet (Zängl in Weiß/Niedermaier/Summer, § 34 BeamtStG, Rn. 174 ff. m.w.N.), weshalb er seine Ehefrau niemals belügen wird. Nicht zuletzt erscheint ein „Ehestreik" bei ihm völlig ausgeschlossen, denn er unterliegt schon nach einem althergebrachten Grundsatz des Berufsbeamtentums (Art. 33 Abs. 5 GG) einem strikten, lebenslangen **Streikverbot.**

Im Umgang mit seinen Schwiegereltern erscheint eine weitere Eigenschaft des Beamten von nicht untergeordneter Bedeutung: Er ist zur **Mäßigung und Zurückhaltung** verpflichtet (Art. 33 Abs. 2 BeamtStG). Sein Verhalten muss schließlich auch außerhalb des Dienstes der **Achtung** und dem **Vertrauen** gerecht werden, die sein Amt erfordern (§ 34 Satz 2 BeamtStG). Sollte er tatsächlich einmal von seiner geliebten Schwiegermutter einen Verweis erhalten (für den dienstlichen Bereich vgl. § 6 BDG), so wird er diesen mit dem größten Bedauern des eigenen Fehlverhaltens ohne Widerrede entgegennehmen. Er wird darüber kraft der ihm obliegenden **Verschwiegenheitspflicht** (§ 37 BeamtStG) kein weiteres Wort verlieren. Der Tatsache, dass er andererseits eben wegen dieser Obliegenheit auch im engsten Familienkreise nicht über seine spannende amtliche Tätigkeit berichten darf (§ 37 Abs. 3 Satz 1 BeamtStG), wird man dagegen allenfalls eine untergeordnete Bedeutung zumessen können.

Für Hausarbeiten aller Art ist der Beamte bestens zu gebrauchen. Er wird sie zur vollsten Zufriedenheit seiner Gattin gründlich und mit großer Ausdauer erledigen, denn er ist zur ständigen **Unterstützung** von Vorgesetzten (§ 35 Satz 1 BBG) und zu **Mehrarbeit** (§ 88 BBG) verpflichtet. Müßiggang kennt er nicht, schon das Wort „Faulheit" ist ihm fremd. Der Beamte hat es vielmehr in jahrelanger Übung gelernt, zu **dienen** (Art. 33 Abs. 4 GG) und **Weisungen** schnell und genau zu befolgen (§ 35 Satz 2 BeamtStG). Ein Auflehnen (im Beamtenrecht: „**Remonstration**", vgl. § 36 Abs. 2 BeamtStG) kommt für ihn so gut wie nie infrage, weil er bereits aufgrund seiner dienstlichen Erfahrungen weiß, dass eine Widerrede in keinem Fall von Erfolg gekrönt sein wird. Ein Streik würde überdies schon im Ansatz scheitern (siehe oben).

Außerdem kann man davon ausgehen, dass der Beamte bei Eingehen der Ehe **gesund** ist, denn schon vor der ersten Ernennung (§ 8 Abs. 1 Satz 1 BeamtStG) musste er sich einer umfassenden amtsärztlichen Prüfung unterziehen, anderenfalls hätte er gar nicht zum Beamten ernannt werden dürfen (§ 9 BeamtStG). Später, wenn er bereits einige Sprossen der ihm sicheren Karriereleiter erklommen hat – oder wenn er bei einer obersten Dienstbehörde (§ 3 Abs. 1 BBG) tätig ist –, stählt er Geist und Körper durch ausgiebiges „Radfahren". Sollte er tatsächlich (im Ausnahmefall) einmal erkranken, so ist er zur schnellstmöglichen Wiederherstellung seiner Gesundheit verpflichtet (Zängl in Weiß/ Niedermaier/ Summer, § 34 BeamtStG, Rn. 83 ff. m.w.N.). **Alkoholgenuss**, **Drogenkonsum** oder **Medikamentenmissbrauch** sind bei einem Beamten entweder von vorneherein ausgeschlossen oder wenigstens auf ein Mindestmaß reduziert (Zängl, ebd. Rn. 100 ff. m.w.N.).

Im Straßenverkehr kann seine bessere Hälfte ihm gerne das Steuer überlassen. Schließlich wird der Beamte sich dort strikt an Geschwindigkeitsbegrenzungen, wie an alle anderen **gesetzliche Vorgaben** halten (§ 36 Abs. 1 BeamtStG). Eine Beleidigung weniger gut geschulter Verkehrsteilnehmer/innen durch entsprechende Handzeichen liegt ihm fern (§§ 34 Satz 3 / 47 Abs. 1 Satz 2 BeamtStG). Trunkenheit im Verkehr scheidet bereits aus den oben genannten Gründen aus.

Bei **Zuwendungen** weist der Beruf des Beamten weitere Vorzüge auf, die sich im Laufe einer Ehe als überaus positiv herausstellen werden: Zugriffe auf fremdes Gut und Geld sind ihm ebenso verwehrt wie die Annahme von **Belohnungen** (§ 71 BBG). Bei der Entgegennahme von **Geschenken** ist er nach den geltenden Richtlinien äußerst genügsam. Der Höchstwert beträgt üblicherweise 5 Euro (siehe z.B. Ziff. 2 des „Merkblattes zur Entgegennahme von Belohnungen und Geschenken" des Ministeriums für Kultus, Jugend und Sport in Baden-Württemberg). Genügsamkeit hat er im Übrigen bei zahlreichen unterbliebenen Besoldungsanpassungen leidvoll gelernt. Dagegen erweist er sich beim Beschenken seiner Ehefrau als **uneigennützig** (§ 34 Satz 2 BeamtStG) und ist schon deshalb ungemein großzügig und freigiebig.

2. Der Stellenwert des Berufsbeamten bei der Ehefindung wird gerade durch eine vom Grundgesetz nur ihm gewährte Rechtsposition deutlich: die **Alimentation** (Art. 33 Abs. 5 GG).

Der Dienstherr des Beamten (§ 2 BeamtStG) ist verpflichtet, nicht nur diesen, sondern seine gesamte Familie – und damit besonders seine Ehefrau – mit den seinem Amt entsprechenden **Geldmitteln** auszustatten (BVerfG vom 27. September 2005, BVerfGE 114, 258 / 287). Das Recht auf eine angemessene Alimentation besteht aber nicht nur während des aktiven Dienstes, sondern auch noch im Ruhestand und – was wohl besonders zu Buche schlagen wird – auch noch für die Hinterbliebenen des verstorbenen Beamten. Die Aussicht auf eine **Witwenpension** könnte allerdings dazu führen, vor allem ältere Beamte in die engere Auswahl heiratswilliger Damen mit der Überlegung einzubeziehen, dass gerade diese Art der Alimentation doch für eine möglichst lange Zeit ihre Früchte tragen sollte. An dieser Stelle sei jedoch an die bereits im Beitrag „Eine Beamtin zur Ehefrau" erwähnten Auswüchse der sogenannten „Versorgungsehe" erinnert (BVerwG vom 27. Mai2009, BVerwGE 134, 99).

3. Oft wird das **Ansehen** des Berufsbeamten in der Öffentlichkeit völlig verkannt.

So befinden sich der Beamte und seine Ehefrau nicht etwa in den Niederungen der gesetzlichen Krankenversicherung (§ 10 SGB V). Mit der Eheschließung wird auch die Ehefrau **beihilfeberechtigt** (Näheres siehe die Beihilfeverordnungen von Bund und Ländern). Beide Ehegatten genießen damit ab diesem Zeitpunkt als **Privatpatienten** bei allen Arztbesuchen eine bevorrechtigte Sonderbehandlung: Namentliche Begrüßung, verminderte Wartezeiten, Chefarztbehandlung – muss man da noch überlegen?

Apropos „namentliche Begrüßung": Jeder Beamte ist berechtigt, seine **Amtsbezeichnung** auch außerhalb des Dienstes zu führen (§ 86 Abs. 2 Satz 2 BBG). Damit wäre eine Tischbestellung im Restaurant auch unter „Inspektor X", „Leitender Ministerialrat Y" oder sogar „Hauptsekretär Z" möglich. Im Ausland (Österreich) wird die Ehegattin im Lokal dann traditionell mit „Frau Inspektor X", „Frau Leitender Ministerialrat Y" oder eben mit „Frau Hauptsekretär Z" angesprochen. Damit ist der ihr gebührende gesellschaftliche Rang auch während des gesetzlichen **Erholungsurlaubs** (§ 44 BeamtStG) garantiert.

4. **Volle Hingabe** ist selbstverständlich.

Last but not least: Für so manche Dame dürfte schließlich folgende Tatsache nicht von ganz untergeordneter Bedeutung sein: In jeder nur denkbaren ehelichen Situation schuldet der Beamte seiner Ehefrau die bestmögliche **Leistung** (Art. 33 Abs. 2 GG) und immerwährende **volle Hingabe** (§ 34 Satz 1 BeamtStG). Sollte das ersehnte Ziel des Öfteren trotz aller Bemühungen nicht mehr erreicht worden sein, so steht dem Beamten für entsprechende medizinische Hilfsmittel unter Umständen sogar ein Beihilfeanspruch zu!

Fazit:

Als all dem folgt: Beamte sind doch wirklich die besseren Ehemänner!

„Eine gute Ehefrau vergibt ihrem Mann, wenn sie sich geirrt hat!“

(Christiane Hörbiger)

Kapitel 2: Unglaublich, aber wahr!

Beamte haben es bei der Erfüllung ihrer dienstlichen Aufgaben oftmals alles andere als leicht. Sie müssen bei ihrer Amtsführung auf das Wohl der Allgemeinheit Bedacht nehmen (§§ 33 Abs. 1 Satz 1 BeamtStG) und tragen für die Rechtmäßigkeit ihrer Handlungen stets die volle persönliche Verantwortung (§ 36 Abs. 1 BeamtStG).
Manchmal müssen sie aber auch auf ganz merkwürdige Situationen reagieren und oftmals wiehert der allseits bekannte „Amtsschimmel" ganz gehörig laut …

Ein (zu) dicker Hund für Beamte

Und wieder einmal ist das Veterinäramt Augsburg in den Schlagzeilen. Während das Amt vor einiger Zeit unverständlicherweise entschieden hatte, dass in der Gegenwart eines Kaninchens, das ein Zauberer bei seinen Vorstellungen für Kinder aus seinem Hut holte, nicht mehr geklatscht werden durfte (siehe den Beitrag: in Band 1 mit dem Titel: „Der Amtsschimmel ist des Hasen Tod!") hatte es sich diesmal – in einer durchaus verständlichen Entscheidung – mit zwei ganz besonderen „Tierfreunden" auseinanderzusetzen.

Von Beamten müssen oftmals bei recht seltsamen Sachverhalten auch recht merkwürdige Entscheidungen getroffen werden. So etwa im Falle von Herrchen und Frauchen der Pekinesen-Mischlingshündin „Daisy".

Daisys Besitzer, ein älteres Ehepaar, hatten ihren Vierbeiner „aus Liebe" überfüttert. Die Hündin brachte 19 statt der durchschnittlichen und artgerechten 6 Kilogramm auf die Waage.

„Daisy konnte nicht mehr laufen, hatte Kreuzbandrisse an den Hinterläufen", so der Amtstierarzt. Er empfahl eine strenge „Hundediät". Doch die Besitzer stopften den Hund nach den Erkenntnissen des Veterinäramts weiter mit Billig-Pralinen voll, weshalb der Doktor dann nicht einmal mehr die Herztöne des Tieres hören konnte. Konsequenterweise erfolgte eine Anzeige wegen Tierquälerei sowie wegen Beleidigung und Bedrohung des Arztes.

Einen Strafbefehl über 6.000 Euro wollten die beiden Hundehalter jedoch nicht akzeptieren und legten gegen diesen Widerspruch ein. Die beiden „Hundefreunde" bestritten ihre Tat und stellten sich auf den Standpunkt, ihr Hund sei „fresssüchtig". Damit landete der Streit um den viel zu dicken Hund vor dem Amtsgericht Augsburg. Der Prozess um die Hundedame, die mehr als das Dreifache des normalen „Hundekörpergewichts" auf die Waage brachte, musste zunächst verschoben werden. „Angeblich waren die Angeklagten (nicht der Hund) aus gesundheitlichen Gründen derzeit nicht verhandlungsfähig", sagte ein Sprecher des zuständigen Amtsgerichts.

Übrigens: Die Augsburger Amtsträger mussten hier schon aufgrund eines Verfassungsauftrages nach Art. 20 a GG tätig werden.
Art. 20 a GG lautet:

Der Staat schützt auch in Verantwortung für die künftigen Generationen die natürlichen Lebensgrundlagen und die Tiere im Rahmen der verfassungsmäßigen Ordnung durch die Gesetzgebung und nach Maßgabe von Gesetz und Recht durch die vollziehende Gewalt und die Rechtsprechung.

Findige Beamte könnten bei diesem Fall aber durchaus auch auf andere Möglichkeiten der Problemlösung verweisen:

- Da wäre zum Beispiel eine Dauerkarte in einem Hundefitnesscenter eine Idee: Mit Gymnastikball, Stepper und Unterwasser-Laufband oder auch in einem speziellen Bauch-Beine-Po-Kurs für Hunde könnte Daisy hier ihre Pfunde purzeln lassen.
- Vielleicht sollte das Veterinäramt der Daisy (und den beiden Tierfreunden) aber nach dem Grundsatz des „geringstmöglichen Eingriffs" einfach nur ein überdimensionales und damit hundegerechtes Hamsterrad zur Verfügung stellen. Das würde außerdem den Vorteil haben, dass „Herrchen" und „Frauchen" die Abnehmbemühungen ihres Lieblings bequem vom Fernsehsessel aus und unter Genuss mehrerer Flaschen Bier, einer Tüte Chips, einer Schachtel Weinbrandbohnen und gesalzenen Erdnüssen kontrollieren könnten. Das „Gassi gehen" würde sich auf diese Weise ja auch auf die Erledigung allerdringendster Geschäfte beschränken.

Das Veterinäramt sollte jedenfalls für gleichgelagerte zukünftige Fälle schon einmal im Wege der Amtshilfe von den zuständigen Stellen prüfen lassen, ob derartige Leistungen vielleicht von der Sozialhilfe und damit der öffentlichen Hand finanziert werden könnten. Sollte einer der beiden Hundehalter allerdings Beamter (gewesen) sein, so wäre natürlich auch über einen finanziellen Ausgleich im Wege der Beihilfe nachzudenken.

„Ein dicker Mensch, der seinem Hund bei Hitze Schatten spendet, gewinnt vor Gott jede Schönheitskonkurrenz!“

(*Karl-Heinz Karius*)

Warum es keine dicken Beamten gibt

Ab einem bestimmten Body-Mass-Index kommt die Übernahme ins Beamtenverhältnis auf Lebenszeit nicht mehr infrage. Grund: Mit der Übergewichtigkeit geht ein höheres Risiko für eine spätere dauerhafte Erkrankung einher.

Der Begriff der Eignung umfasst die charakterlichen, körperlichen, gesundheitlichen und geistigen Voraussetzungen eines Beamten. Das Maß der Dinge hat bei schwergewichtigen Beamten einen Namen: Es ist der sogenannte Body-Mass-Index, kurz BMI. Berechnet wird die Zahl, die über Ernennung oder Entlassung entscheidet, mit der weit verbreiteten Formel:

„Gewicht durch Körpergröße in Metern zum Quadrat".

Der Grenzwert für die Verbeamtung auf Lebenszeit liegt bei 30.
An dieser Stelle soll zunächst an den Fall einer Beamtin erinnert werden, auf welchen bereits in dem Beitrag „Dicke Beamte – Vorsicht ist geboten!" (Der Beamte als Ehemann, Band 1) Bezug genommen worden ist:
Michaela S. diente als Beamtin auf Probe und brachte bei einer Körpergröße von 1,74 Meter 85 Kilogramm auf die Waage. Und genau diese Kilos, die sie von einer „normalgewichtigen" zu einer „übergewichtigen" Beamtin machten, hinderten sie daran, in das Beamtenverhältnis auf Lebenszeit übernommen zu werden.
Aufgrund der mannigfaltigen negativen Folgen des Übergewichtes auf praktisch jedes Organ befürchten Ernennungsbehörden und Gerichte ein untragbares finanzielles Risiko für den Steuerzahler. Denn Risikofaktoren wie Bluthochdruck, Herzschwäche, Fettstoffwechselkrankheiten und Diabetes könnten sich negativ auf die lebenslange Dienstleistung auswirken. Man befürchtet insbesondere den Eintritt der vorzeitigen Dienstunfähigkeit, deren finanzielle Folgen die Gemeinschaft der Steuerzahler für den schwergewichtigen Beamten zu tragen habe.

In der Folge gab es einen weiteren Fall, der sich allerdings zum Glücklichen wendete: Elke N. ist 1,70 m groß und wiegt 89 Kilo. Die technisch-musische Fachlehrerin wurde deshalb nicht wie erhofft auf Lebenszeit ernannt, stattdessen wurde ihre Probezeit um sechs Monate verlängert.

Der Amtsarzt hatte dem Dienstherrn zunächst bescheinigt, dass die Lehrerin zwar übergewichtig, für ihren Beruf aber dennoch gesundheitlich durchaus geeignet sei. Der zuständige Schulrat meldete jedoch Zweifel an und vermerkte in der Personalakte, dass die Beamtin „erheblich übergewichtig" sei. Daraufhin wurde die medizinische Untersuchungsstelle der Regierung von Oberbayern eingeschaltet. Ohne dass sie ein weiteres Mal untersucht wurde, kam der Arzt dort zu einer ganz anderen Schlussfolgerung als der Amtsarzt: Aufgrund des hohen Body-Mass-Index sei das Risiko einer Erkrankung zu groß. Elke N. klagte vor dem Verwaltungsgericht München. Hier wurde das Verfahren überraschend eingestellt.

War das wirklich ein Durchbruch?

Die Antwort auf diese Frage lautet eindeutig: Nein!

1. Das Gericht machte in der mündlichen Verhandlung zum einen klar, dass die Ablehnung der Lebenszeitverbeamtung im konkreten Fall sehr wohl der allgemeinen Rechtsprechung folge. Ein BMI von 30 sei bei einer Ernennung auf Lebenszeit stets die oberste Grenze.
2. Die Einstellung des gerichtlichen Verfahrens erfolgte zum anderen nur deshalb, weil man vonseiten der Regierung von Oberbayern als Vertreterin des Dienstherrn ankündigte, man werde die Beamtin in wenigen Tagen in den Beamtenstatus auf Lebenszeit berufen, aber nur, weil Elke N. schon bei der Untersuchung schwanger gewesen sei.

Da wird sich dem durchschnittlich denkenden Normalbürger (siehe Prolog) die Frage stellen:

Gibt nicht die Natur schon vor, dass Schwangere in aller Regel an Gewicht zunehmen?

Es handelt sich hier also – leider – um einen Ausnahmefall. Wäre keine Einstellung des Verfahrens wegen ihrer Schwangerschaft erfolgt, so hätte das Gericht die Klage der Elke. N. ohne die Ankündigung des Dienstherrn vermutlich wegen mangelnder gesundheitlicher Eignung abgewiesen (siehe OVG Greifswald, NordÖR 99, 237). Mittlerweile scheint sich aber auch hier der „gesunde Menschenverstand" langsam durchgesetzt zu haben, worauf der Beschluss des Bundesverwaltungsgerichts vom 13. Dezember 2013 (Az.: 2 B 37.13) schließen lässt. Die Wertungskriterien der gesundheitlichen Eignung stellen sich nach dem BVerwG jetzt wie folgt dar:

Ein Beamtenbewerber ist gesundheitlich nur dann nicht geeignet, wenn tatsächliche Anhaltspunkte die Annahme rechtfertigen, dass mit überwiegender Wahrscheinlichkeit vom Eintritt einer Dienstunfähigkeit oder mit häufigeren Erkrankungen jeweils vor Erreichen der gesetzlichen Altersgrenze auszugehen ist.

Bei dem Problem der „übergewichtigen Beamten" ist zudem noch zu berücksichtigen, dass der Dienstherr bei unveränderter Sachlage an seine Bewertung der gesundheitlichen Eignung vor Begründung des Probebeamtenverhältnisses gebunden ist.

Das bedeutet:

War die Adipositas einer Probebeamtin bereits vor der Begründung dieses Beamtenverhältnisses bekannt, so darf der Dienstherr die gesundheitliche Eignung bei der anstehenden Ernennung auf Lebenszeit nur dann verneinen, wenn sich die Grundlagen der Bewertung inzwischen geändert haben (BVerwG, Urteil v. 30. Oktober 2013 – BVerwG 2 C 16.12).

Gut, dass Helmut Kohl Bundeskanzler, Franz Josef Strauß Ministerpräsident und Peter Altmaier Wirtschaftsminister wurden, denn einen Beamtenstatus hätten sie niemals erreichen können!

Unglaublich, aber wahr: Bier gibt's nur für Autofahrer!

Und wieder einmal wiehert der Amtsschimmel ganz gewaltig! Nach der unten angeführten Bekanntmachung des Bayerischen Staatsministeriums für Arbeit und Sozialordnung, Familie und Frauen durften nur Autofahrer und deren Beifahrer – nicht aber Fußgänger oder Radfahrer – nach 20 Uhr an bayerischen Tankstellen noch bis zu jeweils 2 Liter = 4 Flaschen Bier einkaufen.

Die Party des Regierungsinspektoranwärters *Fritz Findig* vom ZBFS (Zentrum Bayern für Familie und Soziales; früher Versorgungsamt) war in vollem Gange, nur leider gingen schon um 21 Uhr die Getränke aus. Wie üblich ging man zur benachbarten Tankstelle, um den Vorrat an alkoholischen Getränken durch den Kauf einer Kiste Bier zu ergänzen. Doch Findig und seine Freunde staunten nicht schlecht. Tankstellenpächter *Bruno Brav* verwies auf eine seit Kurzem geltende ministerielle Neuregelung.
In dieser Regelung des Bayerischen Arbeits- und Sozialministeriums wird bestimmt, dass „Tankstellen ohne Gaststättenerlaubnis nach Ladenschluss (20 Uhr) kleinere Mengen an Lebens- und Genussmitteln nur noch an Reisende verkaufen dürfen".

Als Reisende gelten danach aber nur Kraftfahrer und Mitfahrer eines Kraftfahrzeugs!

Man bedenke: Fußgänger und Radfahrer sind nach dieser Definition keine Reisenden.
Dies bedeutet im Klartext: Wer nach 20 Uhr joggend zu Fuß oder mit dem Rad unterwegs ist und nach einer schweißtreibenden körperlichen Ertüchtigung seinen Mineralienmangel an der Tankstelle noch schnell durch den Kauf und den Genuss einer Flasche Mineralwasser ausgleichen möchte, der geht leer aus. Autofahrer hingegen bekommen sogar noch alle beliebigen alkoholischen Getränke – allerdings nur in der durch die Bekanntmachung vorgegebenen Menge.

Nur Auto- und Motorradfahrer und deren Beifahrer können danach legal bei Bedarf

- zwei Liter Bier (= 4 Flaschen zu 0,5 Liter),
- eine Literflasche Wein oder
- 0,1 Liter Whisky oder Wodka etc.

erwerben.

Was kann der Grund für diese Unterscheidung sein? Vielleicht geht die Regelung ja auf eine Aussage des ehemaligen bayerischen Ministerpräsidenten *Günter Beckstein* zurück. Dieser hatte bekanntlich festgestellt, dass man in Bayern mit zwei Maß (= 2 Liter) Bier immer noch unbeschwert und einwandfrei sein Auto fahren könne (siehe dazu den folgenden Beitrag).

Auffällig ist: Exakt diese Menge (zwei Liter) durfte jetzt von einem Tankstellenpächter auch noch nach 20 Uhr an Autofahrer ausgegeben werden.

Wer dagegen quasi im „Öko-Terroristenstil" und unter Vorgaukelung der Umweltschonung das Rad nimmt oder wie Findig gar zu Fuß unterwegs ist, der bekommt – nichts!

Regierungsinspektoranwärter Findig und seine Freunde gingen also zurück zu ihrer Party, um ihr weiteres Vorgehen zu beraten, und sie fanden auch ganz schnell eine pragmatische Lösung des anstehenden Problems: Findigs Kollegin *Sigi Süß* war mit dem VW- Bus ihres Vaters zur Party erschienen. Der hatte neun Sitze. Man fuhr also vollbesetzt zur Tankstelle und erwarb ganz legal 9 x 4 = 36 Flaschen Bier statt der ursprünglich geplanten 20 Flaschen.

Aus gewöhnlich sehr gut unterrichteten Kreisen konnte später in Erfahrung gebracht werden, dass sich die seit langem beste und lustigste Party anschloss.

Dem Ministerium sei Dank! (Sigi Süß übernachtete übrigens anschließend in ihrem Bus.)

Ob die „Generalin" und später geschasste Arbeits- und Sozialministerin *Haderthauer* bei der Bekanntmachung ihres Ministeriums wohl auch an diese Lösung dachte? Zumindest sollte ihr der Einfallsreichtum ihrer künftigen jungen Mitarbeiter vom ZBFS doch wohl ein großes Lob wert sein.

Noch ein guter Trick für den gesetzestreuen Alkoholiker:
Wem als Autofahrer kein VW-Bus zur Verfügung steht und wem auch zwei Liter Bier nicht reichen sollten, der kann mehrere Tankstellen anfahren und bei jeder Tankstelle die jeweils zulässige Menge an Alkohol erwerben …

7157.0-A: Vollzugshinweise zu § 6 Ladenschlussgesetz (Abgabe von Alkohol als Reisebedarf an Tankstellen)

Bekanntmachung des Bayerischen Staatsministeriums für Arbeit und Sozialordnung, Familie und Frauen vom 4. Mai 2012 Az.: II3/6131-1/147

An
die Regierungen, die Kreisverwaltungsbehörden, die Gemeinden….

Die nachfolgenden klarstellenden Hinweise haben im Wesentlichen die Thematik „Abgabe von Alkohol als Reisebedarf an Tankstellen" zum Gegenstand. Für die Auslegung des § 6 Abs. 2 LadSchIG in Verbindung mit § 2 Abs. 2 LadSchIG ist insoweit Folgendes zu beachten:

1. Reisebedarf

Gemäß § 2 Abs. 2 LadSchlG sind unter Reisebedarf Zeitungen, Zeitschriften, Straßenkarten, Stadtpläne, Reiselektüre, Schreibmaterialien, Tabakwaren, Schnittblumen, Reisetoilettenartikel, Filme, Tonträger, Bedarf für Reiseapotheken, Reiseandenken und Spielzeug geringeren Wertes, Lebens- und Genussmittel in kleineren Mengen sowie ausländische Geldsorten zu verstehen.

2. Lebens- und Genussmittel in kleineren Mengen

2.1 Zu den Lebens- und Genussmitteln in kleineren Mengen gehören auch alkoholische Getränke, wie zum Beispiel Bier, Wein und Sekt …

2.2

Was alkoholische Getränke betrifft, ist jedoch zu beachten, dass eine Blutalkoholkonzentration von 0,5 ‰ (oder eine entsprechende Atemalkoholkonzentration) in der Regel zu einem Fahrverbot führt …

2.3 Soweit der Verkauf einer „kleineren Menge" alkoholischer Getränke als Reisebedarf an Reisende nach Nrn. 2.1 und 2.2 zulässig ist, werden zur einheitlichen Auslegung des Begriffs der „kleineren Menge" in Anlehnung an die Urteile des Bundesverwaltungsgerichts vom 23. Februar 2011 (Az.: 8 C 50/09 und 8 C 51/09) nachfolgende Mengenobergrenzen vorgegeben: Zulässig ist der Verkauf von

- alkoholischen Getränken mit einem Alkoholgehalt bis zu 8 Volumenprozent in einer Menge bis zu zwei Liter pro Person oder
- alkoholischen Getränken mit einem Alkoholgehalt von über 8 bis 14 Volumenprozent in einer Menge bis zu ein Liter pro Person oder
- alkoholischen Getränken mit einem Alkoholgehalt von über 14 Volumenprozent in einer Menge bis zu 0,1 Liter pro Person.

3. Eingrenzung des Kundenkreises

Die Ausnahme des § 6 LadSchlG für Tankstellen dient der Befriedigung des Versorgungsbedürfnisses der Reisenden und Mitreisenden des Kraftfahrzeugverkehrs ... Daher gilt diese Ausnahme auch nur für die Abgabe des in § 6 Abs. 2 LadSchlG genannten Warensortiments an Reisende und Mitreisende des Kraftfahrzeugverkehrs, d. h. an Kraftfahrer und deren Mitfahrer. Eine Abgabe im Sinn des § 6 Abs. 2 LadSchlG an „Nichtreisende" ist nicht zulässig.

4. Ordnungswidrigkeiten

Die Nichteinhaltung der unter Nr. 2 dieser Bekanntmachung genannten Mengenobergrenzen für die Abgabe von alkoholischen Getränken als Reisebedarf sowie die Abgabe an „Nichtreisende" nach Maßgabe der Nr. 3 dieser Bekanntmachung stellen als Verstöße gegen § 6 Abs. 2 LadSchlG Ordnungswidrigkeiten gemäß § 24 Abs. 2 Buchst. a LadSchlG dar und sind entsprechend von den zuständigen Behörden zu ahnden.

Seitz
Ministerialdirektor

Ministerpräsident a. D. Beckstein und die außerdienstliche Trunkenheitsfahrt des Beamten

Wer in Deutschland mit 0,5 Promille Blutalkohol ein Auto fährt, muss mit einer Geldstrafe in Höhe von 250 Euro und einem Monat Fahrverbot rechnen. Ist man aber nach gemütlichen zwei Maß (= Liter) Bier eigentlich noch fahrtüchtig?

Bayerns Kurzzeit-Ministerpräsident Beckstein meinte bekanntlich, die Fahrtüchtigkeit sei nach dem Genuss von zwei Maß Bier in Bayern überhaupt kein Problem, wenn man sich beim Trinken nur etwas Zeit ließe …

Alkohol und die Teilnahme am Straßenverkehr passen nicht zusammen. Bei einem Beamten kann dabei auch bei privaten Fahrten unter bestimmten Voraussetzungen eine Dienstpflichtverletzung gegeben sein. Ein Verhalten außerhalb des Dienstes ist gemäß § 47 Abs. 1 Satz 2 BeamtStG (Landesbeamte) und § 77 Abs. 1 Satz 2 BBG (Bundesbeamte) jedoch nur dann ein Dienstvergehen, wenn es nach den Umständen des Einzelfalls in besonderem Maße geeignet ist, das Vertrauen in einer für ihr Amt bedeutsamen Weise zu beeinträchtigen.

Im Straßenverkehr gelten allgemein folgende Promillegrenzen:

- **0,3 Promille:**
  Verhält sich ein Autofahrer durch Fahrfehler (Schlangenlinien, Überfahren einer Verkehrsampel bei „Rot", Benutzen der falschen Straßenseite, Beschädigung anderer Fahrzeuge beim Ein- und Ausparken etc.) auffällig oder verursacht er einen Unfall, so kann dies bereits ab 0,3 Promille zu erheblichen rechtlichen Konsequenzen führen, wenn durch ein rechtsmedizinisches Gutachten nachgewiesen wird, dass sein Fahrfehler alkoholbedingt war.
- **0,5 Promille:**
  Auch ohne Fahrfehler begeht der Fahrer eine Ordnungswidrigkeit. Diese wird mit einem Bußgeld, einem Fahrverbot und Punkten in Flensburg geahndet (§ 24 a StVG).
- **1,1 Promille:**

Ab 1,1 Promille gilt der Fahrer eines Kfz unwiderlegbar als fahruntüchtig (= absolute Fahruntüchtigkeit). Es wird ein Strafverfahren nach § 316 StGB (Trunkenheit im Verkehr) eingeleitet. Hier droht eine hohe Geldstrafe oder gar eine Haftstrafe. Der Führerschein kann für bis zu 5 Jahre eingezogen werden.

- **1,6 Promille:**
  Wer mit 1,6 Promille und mehr ein Fahrzeug lenkt, muss sich darüber hinaus zwingend einer medizinisch-psychologischen Untersuchung (MPU) unterziehen, bevor er seine Fahrerlaubnis wieder neu erwerben kann.

Welche zusätzlichen disziplinarrechtlichen Folgen ergeben sich nun, wenn ein Beamter eine außerdienstliche Trunkenheitsfahrt begeht?

Ein rechtswidriges Verhalten im Straßenverkehr kann nach der Rechtsprechung des Bundesverwaltungsgerichts (BVerwGE 33, 58) nur dann – gleichzeitig – eine **Dienstpflichtverletzung** darstellen, wenn es sich um eine „bedeutsame Pflicht" im Straßenverkehr handelt und die Schuld des Beamten „das Durchschnittsmaß übersteigt". Eine relevante Pflichtverletzung ist auch dann gegeben, wenn – bei sonst geringem Verschulden – erschwerende Umstände hinzutreten, welche

1. auf ein charakterliches Fehlverhalten schließen lassen und
2. die „Schuld das Durchschnittsmaß übersteigt".

Bei der disziplinären Ahndung eines Verhaltens im Straßenverkehr müssen nicht die straßenverkehrsrechtlichen oder strafrechtlichen, sondern die dienstrechtlichen Aspekte im Vordergrund stehen. Aus einem erstmaligen Verstoß gegen die 0,5-Promille-Grenze lässt sich jedenfalls nach der Rechtsprechung noch kein Persönlichkeitsmangel ableiten, der bei einem Beamten automatisch zu einer außerdienstlichen Pflichtverletzung und damit zu einer zusätzlichen Disziplinarmaßnahme führt. **Ministerpräsident a.D. Beckstein lässt grüßen!**

Wie stellt sich die Rechtslage aber bei einer Fahrt mit mehr als 1,1 Promille und damit bei einem Verstoß gegen die Strafvorschrift des § 316 StGB (Trunkenheit im Verkehr) dar?

Nach einer langjährigen Rechtsprechung wurde ein solches Delikt als außerdienstliches Fehlverhalten gewertet, welches eine zusätzliche disziplinarrechtliche Maßnahme erforderte. Dies zeigte sich in Entscheidungen des Bundesverwaltungsgerichts (Beispiel: BVerwGE 103, 375). Im Jahr 2000 wurde diese Rechtsprechung jedoch aufgegeben (BVerwGE 112, 1). Danach wird selbst in einem (erstmaligen) Verstoß gegen § 316 StGB keine außerdienstliche Pflichtverletzung mehr gesehen. Der Grund: Weder eine erstmalige vorsätzliche noch eine fahrlässige Trunkenheitsfahrt lässt einen (regelmäßigen) Rückschluss auf ein Fehlverhalten zu, das zu dienstrechtlichen Konsequenzen führen muss.

Daneben ist zu bedenken, dass nach § 14 BDG und den entsprechenden Vorschriften der Landesdisziplinargesetze wegen des „Doppelbestrafungsverbotes" des Art. 103 Abs. 3 GG („Niemand darf wegen derselben Tat aufgrund der allgemeinen Strafgesetze mehrmals bestraft werden") insofern eine weitere Einschränkung gegeben ist, als nach einer Strafe, Geldbuße oder Ordnungsmaßnahme wegen desselben Sachverhalts

1. ein Verweis, eine Geldbuße oder eine Kürzung des Ruhegehalts nicht ausgesprochen werden darf und
2. eine Kürzung der Dienstbezüge nur ausgesprochen werden kann, wenn dies zusätzlich erforderlich ist, um den Beamten zur Pflichterfüllung anzuhalten.

Ein solcher Sonderfall ist etwa dann gegeben, wenn der Beamte – wie etwa ein Polizeibeamter – auch dienstlich mit dem Führen eines Kfz betraut ist oder sich bereits wiederholt eines Alkoholvergehens im Straßenverkehr schuldig macht.

Man sollte nicht vergessen, dass Bier in Bayern schon immer in erster Linie „Grundnahrungsmittel" war – und das gilt selbstverständlich auch für Beamte!

Integration und Amtsschimmel: Deutschlehrer dringend gesucht!

Unter der Überschrift „Deutschlehrer dringend gesucht" erschienen vor einiger Zeit gleich mehrere Zeitungsartikel, die sich allesamt mit dem Problem der Integration von Ausländern befassten. Aber selbst hier treibt die Bürokratie wieder einmal ihre unbegreiflichen Blüten.

„Der Wiesmoorer Generationenverein braucht Unterstützung bei seiner Integrationsarbeit ... Wir leisten Integrationshilfe und hoffen, den Alltag in ihrer neuen Heimat erleichtern zu können", so lautete eine Nachricht der Ostfriesenzeitung. Und um noch mehr Asylbewerbern in Wiesmoor helfen zu können, ist der Verein ständig auf der Suche nach Freiwilligen, die Deutsch unterrichten.

Deutschlehrer werden nicht nur in Ostfriesland dringend gesucht, um die Integration von Ausländern zu fördern. Wenn das aber nur so einfach wäre. Zumindest in Bayern scheint der Amtsschimmel auch hier leider wieder einmal fürchterlich laut zu wiehern.

So berichtete etwa die Passauer Neue Presse in ihrer Ausgabe vom 23.4.2015, dass zwar überall Deutschlehrer dringend für die Volkshochschulen (VHS) gesucht würden, um bei der Integration von Ausländern durch die Vermittlung von Grundkenntnissen der deutschen Sprache zu helfen. Ob die VHS genügend Kursplätze anbieten könne, stehe in den Sternen. Schon jetzt scheiterten geplante Abendkurse ganz einfach am fehlenden Personal.

So weit so gut! Aber: Beileibe nicht jeder kann da so einfach an der VHS „ehrenamtlich" tätig sein und „Integrationskurse" im Fach Deutsch halten. Denn für das Unterrichten ist eine besondere Lizenz nötig! Diese ist aber teuer und ihr Erwerb ist sehr zeitintensiv: 700 Euro kostet die „kurze" Ausbildung im Umfang von 70 Stunden und sogar 1.400 Euro die „erweiterte" mit insgesamt 140 Unterrichtsstunden.

„Ich kenne zwar genügend Leute, die ich guten Gewissens unterrichten lassen würde", so der Leiter einer Volkshochschule, „aber diesen fehlt eben einfach die nötige Lizenz."

Das rief einen seit vielen Jahren als Dozent an der Hochschule für öffentliche Verwaltung und in der Ausbildung von Rechtsreferendaren tätigen Beamten (nennen wir ihn *Maximilian B.*), der in seinem Fachgebiet „Beamtenrecht" schon zahllose Veröffentlichungen verfasst hat, auf den Plan.
Er bot sich bei der im Zeitungsartikel erwähnten zuständigen Stelle unter Hinweis auf seine berufliche Tätigkeit an und erklärte sich bereit, ausländischen Mitbürgern und Asylsuchenden **unentgeltlich** durch Kurse im Fach Deutsch zu helfen.
Und was bekam er daraufhin wohl zur Antwort?

1. Ein entsprechender Unterricht an der VHS erfordere stets die bereits oben erwähnte Lizenz.
2. Deren Kosten könnten nicht übernommen werden.
3. Außerdem sei eine solche Lehrtätigkeit schon gar nicht unentgeltlich möglich!

Über diese Antwort informierte der Hochschuldozent den befreundeten Lehrer *Ludwig W.* Dieser unterrichtete seit vielen Jahren am Gymnasium die Fächer Deutsch und Geschichte und bot seine Dienste der VHS wie Maximilian B. unentgeltlich an.
Auch er erhielt eine Absage mit der bereits bekannten Begründung!

Fazit:
Ganz Schilda lässt doch da den bayerischen Amtsschimmel herzlich grüßen!

Und täglich grüßt nicht nur das Murmeltier, täglich wiehert auch der Amtsschimmel!

Beamter erscheint sechs Jahre nicht zur Arbeit – und niemandem fällt es auf!

Warum dürfen Beamte nicht streiken? Ja, warum eigentlich nicht, würde doch eh' keiner merken! Dieser häufig erzählte Witz könnte einen wahren Kern in sich tragen, wenn man den folgenden Fall in Betracht zieht: Ein Beamter war ohne Krankmeldung sechs Jahre lang nicht zur Arbeit erschienen – und hat trotzdem sein Gehalt bezogen.

Ein Beamter ist mehr als sechs Jahre lang nicht zur Arbeit erschienen, ohne dass es seinem Dienstvorgesetzten ein einziges Mal aufgefallen wäre. Während der gesamten Zeit bezog er jeden Monat sein Gehalt. Die Abwesenheit des Beamten wurde von der Stadtverwaltung erst bemerkt, als der Bürgermeister ihm aus Anlass eines Dienstjubiläums eine Ehrung zuteilwerden lassen wollte.

Dass der Beamte seiner Arbeit so lange unbemerkt fernbleiben konnte, lag der Stadt zufolge an einer mangelhaften internen Abstimmung. Der Mann war von der Stadtverwaltung zu den Wasserwerken versetzt worden und sollte dort den Bau einer Kläranlage überwachen.

„Im Rathaus dachte man, er sei bei den Wasserwerken und der Direktor der Wasserwerke wähnte ihn in der Stadtverwaltung", erklärte ein Stadtrat.

Der Beamte hingegen sah sich als Opfer „politischen Mobbings". Er hielt der Stadtverwaltung vor, ihn aus politischen Gründen auf einen inhaltsleeren Posten abgeschoben zu haben. Obwohl es für ihn nichts, aber auch gar nichts zu tun gegeben habe, sei er gelegentlich in seinem Büro erschienen. G. bestritt allerdings nicht, über Jahre hinweg für sein Nichtstun bezahlt worden zu sein.

Die Stadt leitete ein Verfahren ein und verlangte im Jahr 2016 die Rückzahlung der Besoldung – allerdings nur für ein Jahr. Sie bekam vor Gericht Recht. In der Verhandlung tauchte auch die Frage auf, wie das Fernbleiben über Jahre hinweg unbemerkt bleiben konnte. Der Vertreter der Wasserwerke erklärte, seine Behörde sei davon ausgegangen, dass G. von der Stadtverwaltung dienstlich beaufsichtigt werde. Diese nahm wiederum an, dass die dienstliche Aufsicht allein den Wasserwerken obliege. So konnte der Beamte jahrelang unentdeckt der Arbeit fernbleiben.

Ergänzend sei erwähnt, dass sich dieser Fall in der spanischen Stadt Cadiz zugetragen hat.

Fazit:
In Deutschland könnte sich Derartiges niemals ereignen – oder?

„Dem Herrn Inspektor tut's so gut,
wenn er nach Tisch ein wenig ruht!"

(Wilhelm Busch)

Polizist fälschte vor 33 Jahren sein Schulzeugnis und verliert deswegen den Beamtenstatus

33 Jahre lang versah ein bayerischer Polizist seinen Dienst ohne Fehl und Tadel. In zwei Briefen an den Polizeipräsidenten und die Lokalzeitung forderte jetzt ein anonymer Schreiber, man solle doch einmal die Zeugnisse des Gesetzeshüters überprüfen.

Der Beamte – nennen wir ihn *Sepp Schummler* – hatte sich vor Kurzem scheiden lassen. Während seiner Ehe hatte er seiner früheren Ehefrau – also vermutlich der anonymen Anschwärzerin aus seinem privaten Umfeld – gestanden, dass er vor nunmehr 33 Jahren sein Schulzeugnis gefälscht hatte. Eine daraufhin eingeleitete Überprüfung ergab: Das Zeugnis des Polizisten war tatsächlich von diesem im Alter von 17 Jahren mit Tipp-Ex bezüglich seiner Noten so nach oben hin abgeändert worden, dass er in den Staatsdienst übernommen werden konnte.

Nach einem Bericht des Münchner Merkur verlor der 51-jährige Polizeibeamte daraufhin „durch Entlassung" seinen Beamtenstatus.

Der des Beamtenrechts nicht ganz unkundige Leser wird sofort der Frage nachgehen, ob es sich bei der Maßnahme um eine „Entlassung" handelte. Er wird jedoch keinen Entlassungstatbestand in dem für den Beamten maßgeblichen Beamtenstatusgesetz finden.

Richtig ist:

Bei Handlungen, die vor der Einstellung in das Beamtenverhältnis (auf Widerruf) begangen wurden, kommt eine Entlassung nicht infrage. Richtigerweise wurde die ursprüngliche Ernennung vielmehr nach § 12 Abs. 1 Nr. 1 BeamtStG vom Polizeipräsidium zurückgenommen.

§ 12 Abs. 1 Nr. 1 BeamtStG lautet:

*„Die Ernennung **ist mit Wirkung für die Vergangenheit zurückzunehmen**, wenn sie durch Zwang, arglistige Täuschung oder Bestechung herbeigeführt wurde."*

Eine arglistige Täuschung durch den Beamten liegt hier ohne jeden Zweifel vor.

Man könnte nun aber der Meinung sein, dass die Rücknahme wegen einer arglistigen Täuschung **„verjährt"** sei, weil die Schummelei bereits 33 Jahre zurücklag.

Hierzu bestimmt jedoch Art. 21 Abs. 2 Satz 2 BayBG:

„Die Ernennung kann in den Fällen des § 12 Abs. 1 Nrn. 1 bis 3 BeamtStG nur innerhalb einer Frist von sechs Monaten … zurückgenommen werden, nachdem die oberste Dienstbehörde … von der Ernennung und ***dem Rücknahmegrund Kenntnis erlangt*** *hat."*

Die Kenntnisnahme erfolgte tatsächlich erst jetzt nach Zugang des anonymen Briefes.

Man könnte weiterhin der Meinung sein, dass ja nach der ersten Ernennung des Beamten mittlerweile mehrere andere Ernennungen erfolgt sind, wodurch die Rücknahme der Ernennung zum Beamten auf Widerruf **überholt** sei.

Weit gefehlt:

Die Rücknahme der Ernennung erfolgt nach § 12 Abs. 1 BeamtStG „mit Wirkung für die Vergangenheit" und hat die Unwirksamkeit der Ernennung „von Anfang an" zur Folge. Dazu bestimmt § 43 Abs. 2 VwVfG:

„Ein Verwaltungsakt bleibt wirksam, solange und soweit er nicht zurückgenommen, widerrufen, anderweitig aufgehoben oder durch Zeitablauf oder auf andere Weise erledigt ist."

Hier ist die Ernennung zurückgenommen worden. Die Unwirksamkeit der ersten Ernennung hat automatisch die Unwirksamkeit der darauf aufbauenden Ernennungen zur Folge.

Das bedeutet:

Selbst wenn Sepp Schummler als Polizeianwärter eingestellt und in den folgenden Jahren dann die Karriereleiter mit großem Erfolg und unter Anerkennung seiner beruflichen Leistungen bis hin zum Polizeidirektor erklommen hat, musste die erste Ernennung (Polizeianwärter) zurückgenommen werden, und alle auf sie aufbauenden Beförderungen waren in der Folge ebenfalls unwirksam.

Man könnte nun der Meinung sein, dass die Rücknahme „**unverhältnismäßig**" sei. Staatliches Eingriffshandeln muss stets auch verhältnismäßig (= zumutbar und angemessen) sein. Es muss also die Zweck-Mittel-Relation zwischen dem staatlichen Eingriff und dem damit erzielten und beabsichtigten Erfolg gegeben sein.
Aber:
Dort, wo das Gesetz der Verwaltung zwingend ein bestimmtes Handeln vorschreibt (Stichwort: „gebundene Verwaltung"), darf sich die Verwaltung dieser Bindung nicht unter Berufung auf das Verhältnismäßigkeitsprinzip entledigen. Die „Bindung der Verwaltung an Gesetz und Recht" ist ihr nach Art. 20 Abs. 3 GG insoweit zwingend vorgegeben Im Falle einer arglistigen Täuschung bei einer Ernennung liegt ein solches „gebundenes Verwaltungshandeln" vor, weil § 12 Abs. 1 BeamtStG bestimmt: „Die Ernennung **ist** zurückzunehmen" (siehe oben).
Das Polizeipräsidium hat also sich bei seiner Entscheidung exakt an die Vorgaben der Gesetze gehalten.

Ergänzung:
Der Vollständigkeit halber muss erwähnt werden, dass das VG München auf die Klage des Sepp Schummler hin die Entscheidung des Polizeipräsidiums dennoch wegen „Unverhältnismäßigkeit" aufgehoben hat. Obwohl diese Entscheidung nach Auffassung aller Experten rechtlich falsch war, zeugt sie doch davon, dass selbst Richter einmal „menschlich" handeln können.

Ein Aprilscherz der Bayerischen Staatsregierung?

Viele hätten es tatsächlich für einen verspäteten Aprilscherz halten können, nur war es eben leider keiner: Am 16. April 2019 wurde in GVBl Nr. 6 S. 98 ff. die „Verordnung zur Anpassung des Landesrechts an die geltende Geschäftsverteilung der Bayerischen Staatsregierung" veröffentlicht. Dabei handelt es sich um ein schier unglaubliches Beispiel des sonst so unisono verteufelten Bürokratismus.

Wir befinden uns im Jahre 2019 n. Chr. Ganz Deutschland ist mit modernen, den Bürokratismus bekämpfenden Staatsdienern besetzt … Ganz Deutschland? Nein! Die von unbeugsamen und modularisierten Beamten bevölkerte Bayerische Staatsregierung hört nicht auf, jeder einfachen und kostengünstigen Lösung Widerstand zu leisten … Und das Leben ist nicht leicht für die ministeriellen Hüter der öffentlichen Ordnung am Anfang des 21. Jahrhunderts …
Vielleicht hätte ja Asterix seine Freude daran: „Die Verordnung zur Anpassung des Landesrechts an die geltende Geschäftsverteilung" der Bayerischen Staatsregierung vom 26. März 2019 befasst sich auf insgesamt 45 (!) Seiten und in 372 (!!!) Einzelbestimmungen mit nichts anderem als mit der Angleichung von Gesetzen und Verordnungen an die neuen Bezeichnungen der bayerischen Ministerien.
Nur ein (wortgetreues) Beispiel für diese Bestimmungen:

„In § 2 der Eisenbahnausgleichsverordnung (AEGKostenZustV) vom 19. Februar 2002 (GVBl. S. 64, BayRS 930-2-B), die durch § 1 Nr. 430 der Verordnung vom 22. Juli 2014 (GVBl. S. 286) geändert worden ist, werden die Wörter ‚des Innern, für Bau und Verkehr' durch die Wörter ‚für Wohnen, Bau und Verkehr' ersetzt."

Und so geht es 372 Mal immer wieder – rauf und runter!
Nun muss eine Verordnung nicht nur erlassen und veröffentlicht, sie muss in den einzelnen Ministerien auch erarbeitet, formuliert, diskutiert und vorlagefähig gemacht werden – und das bedarf natürlich jeder Menge (Verwaltungs-)Arbeit!
Aber damit noch lange nicht genug: Die 372 neu formulierten Bestimmungen müssen Eingang in die tägliche Arbeit der Staatsdiener „vor Ort" finden – also in allen „einfachen" Behörden und Dienst-

stellen –, das sind diejenigen, mit denen es der Bürger letztendlich zu tun hat, und die den Unsinn dann auch umzusetzen haben. Dabei geht es nicht nur um das Einordnen dieser Bestimmungen in die Arbeitsunterlagen jedes einzelnen Beschäftigten oder das Ausbessern von Bescheiden, Mitteilungen etc., sondern ggf. auch darum, wie man einem Bürger und Steuerzahler diesen Unfug erklärt.
Warum also einfach und kostensparend, wenn es auch teuer und kompliziert geht!
Vielleicht hilft ja für die Zukunft folgender **Verbesserungsvorschlag**: Der „durchschnittlich denkende Normalbürger" (siehe Prolog) wird sich vermutlich auch diesmal wieder fragen, warum nicht einfach die „Kernbereiche" der jeweiligen Ministerien als Bezeichnung verwendet werden. Ein „Innenministerium", ein „Arbeitsministerium", ein „Wirtschaftsministerium", ein „Landwirtschaftsministerium" oder ein „Finanzministerium" nimmt stets identische für seinen Bereich typische Aufgaben wahr - ganz gleich, welche sonstigen Aufgaben ihm durch die Geschäftsverteilung noch zusätzlich übertragen werden.
Der Bürger kennt diese Bezeichnungen und kann damit etwas anfangen. So ist in Bayern derzeit *Albert Füracker* in den Augen der Öffentlichkeit eben nun einmal „Finanzminister", *Hubert Aiwanger* „Wirtschaftsminister" und *Joachim Herrmann* „Innenminister"- unabhängig davon, welche zusätzlichen Aufgaben in ihr jeweiliges Ressort fallen.

Fazit:
Nach den bisherigen Erfahrungen darf man wohl nicht davon ausgehen, dass ein solch überaus sinnvoller Verbesserungsvorschlag aufgegriffen wird.
Aber die Verordnung hat zumindest auch etwas Gutes: Man weiß jetzt wenigstens, wie hart die Ministerialbeamten für ihre versorgungsfeste Ministerialzulage arbeiten müssen!

„Es ist das Vorrecht von Politikern, auf Dinge stolz zu sein, bei denen ihr Leistungsanteil gleich Null ist."

(Gregor Gysi)

Beamte mit Glatze: Beihilfe zahlt Perücke

Nach einer Entscheidung des Bundessozialgerichts muss die gesetzliche Krankenkasse unter bestimmten Umständen für die Perücke eines Arbeitnehmers aufkommen. Die Entscheidung muss natürlich entsprechend auf das Beamtenrecht übertragen werden.

Die Entscheidungen der Sozialgerichte haben häufig Auswirkungen auf das Beamtenrecht. Speziell bei der Erstattungspflicht der gesetzlichen Krankenkassen und der Beihilfefähigkeit von Leistungen ergeben sich immer wieder Parallelen. Auch das hier vorliegende Urteil des BSG vom 22. April 2015 (Az.: B 3 KR 3/14 R) zum Ersatz einer Perücke bei einer vorhandenen Glatze kann und muss als Vorlage für die Beihilfefähigkeit von Aufwendungen im Beamtenrecht aus Fürsorgegründen herangezogen werden.

Gleich vorweg: Nicht jeder haarlose Beamte erhält Beihilfe für eine gewünschte Perücke. Das Gericht hatte hierzu entschieden: Grundsätzlich können Männer nur in bestimmten Fällen eine Perücke von der Krankenkasse bezahlt bekommen. Allerdings muss dann eine Krankheit vorliegen und der unbehaarte Kopf muss zusätzlich eine entstellende Wirkung haben. Das sei in der Regel aber allenfalls bei Jugendlichen und jungen Männern gegeben.

Der Kläger argumentierte in dem hier vorliegenden Fall, der Haarverlust verursache bei ihm einen hohen psychischen Leidensdruck. Weil zudem Frauen in gleicher Lage von der gesetzlichen Krankenkasse ohne Weiteres mit Perücken ausgestattet würden, fühle er sich schon wegen seines Geschlechts benachteiligt.

Die Vorinstanzen hatten die Klage abgewiesen: Eine Glatze werde bei Männern, nicht aber bei Frauen in den Augen der Öffentlichkeit akzeptiert, lautete die Argumentation – zu Recht, wie das BSG nun bestätigte. Eine Haarlosigkeit habe bei Männern grundsätzlich noch keine entstellende Wirkung. Dass der Betroffene das anders empfinde, sei dabei nicht maßgeblich.

Eine „normale Glatze", wie sie bei vielen älteren Männern möglich ist, reicht also für eine Erstattung durch die Beihilfe nicht. Gerade

weil bei Männern der Verlust des Kopfhaares öfters auftritt als bei Frauen, ist eine männliche Glatze auch eher hinzunehmen. Bei Frauen komme dagegen eine Kahlheit aus biologischen Gründen äußerst selten vor und wirke dann auch in aller Regel entstellend. Für das weibliche Geschlecht könne die unfreiwillige Haarlosigkeit ein „ernsthaftes Außenseiterproblem" sein und eine Perücke rechtfertigen, so das Gericht.
Das Bundessozialgericht führt weiter aus:

„Der alleinige Verlust des Kopfhaares bei einem Mann ist jedoch nicht als Krankheit zu werten, weil er weder die Körperfunktionen beeinträchtigt noch entstellend wirkt."

Die überwiegende Zahl der Männer verliere - so das Gericht - im Laufe des Lebens ganz oder teilweise das Kopfhaar. Dadurch erregen Männer aber weder besondere Aufmerksamkeit im Sinne von Angestarrt-Werden noch werden sie stigmatisiert. Demgegenüber tritt bei Frauen aus biologischen Gründen in der Regel im Laufe des Lebens kein entsprechender Haarverlust ein. Eine Frau ohne Kopfhaar fällt daher besonders auf und zieht die Blicke anderer auf sich. Dieser bei Frauen von der Norm deutlich abweichende Zustand ist - weil er entstellend wirkt - krankheitswertig, sodass die Versorgung mit einer Perücke bei Frauen eine Aufgabe der gesetzlichen Krankenversicherung ist.
Eine Ungleichbehandlung zwischen jungen und alten Männern oder zwischen Männern und Frauen liegt nach Auffassung des Gerichts nicht vor.

Fazit:
Allenfalls ein jüngerer männlicher Beamter mit Glatze hat im Falle eines Perückenkaufes Chancen auf eine Beihilfeleistung und das auch nur dann, wenn er einen psychischen Schaden nachweisen kann. Eine glatzköpfige Beamtin kann dagegen immer mit einer finanziellen Unterstützung rechnen!
Der Entscheidung ist zuzustimmen. Während sich heutzutage viele Männer sogar eine Glatze rasieren, ist das bei Frauen wohl noch eher selten der Fall. Aber auch das kann sich schnell ändern ...

„Ein schönes Gesicht braucht eben viel Platz!“

(Deutsche Redewendung)

© Ekaterina Vakhrameeva | Dreamstime.com

Tätowierte Beamte – Eignung fraglich?

Hildegard A. hat sich für den Staatsdienst beworben. Bei der ärztlichen Untersuchung stellte sich heraus, dass sie auf ihrem Rücken ein ca. 40 cm großes Bild ihres Sohnes und zusätzlich chinesische Schriftzeichen als Tätowierung trug.

Auf die Frage beim Einstellungsgespräch, was denn die Schriftzeichen auf ihrem Rücken bedeuteten, gab sie zur Antwort, diese würden nach Auskunft ihres Tätowierers übersetzt lauten: „Du bist mein Glück!" (Dieser Fall entspricht dem Sachverhalt einer Prüfung im Beamtenrecht.)

Nach § 9 BBG und § 9 BeamtStG darf nur derjenige in das Beamtenverhältnis übernommen werden, der sich charakterlich für diese Übernahme eignet. Die Verwaltungsgerichte hatten sich schon mehrfach mit der Frage auseinanderzusetzen, ob ein tätowierter Bewerber für die Übernahme in das Beamtenverhältnis geeignet erscheint oder nicht.

Das VG Aachen hatte am 29. November 2012 (Az.: 1 K 1518/12) entschieden, dass ein Bewerber um die Einstellung in den Polizeidienst auch dann noch charakterlich geeignet ist, wenn er Tätowierungen an Schultern und Armen in einer Größe von 40–60 cm trägt, welche die Darstellungen eines aggressiven und gefährlichen Kampfhundes (American-Stafford) und einer mexikanischen Totenmaske mit zugenähtem Mund beinhalten.

Die gesellschaftliche Akzeptanz von Tätowierungen hat in den vergangenen Jahren stark zugenommen. Tätowierungen sind nicht mehr nur den Insassen von Justizvollzugsanstalten und Seeleuten zuzuordnen, sie sind mittlerweile eine Modeerscheinung, die spätestens seit dem Einzug der Ehefrau des Kurzzeitbundespräsidenten *Christian Wulff* ins Schloss Bellevue in nahezu allen gesellschaftlichen Schichten anzutreffen ist. Es fragt sich, ob die geänderten Anschauungen in der Öffentlichkeit über Tätowierungen automatisch auch zu einer Anpassung der Rechtsprechung führen können.

Man wird sich nach wie vor fragen müssen: Was erwartet die Allgemeinheit vom Berufsbild des Polizeibeamten?

Uniformträger haben nach wie vor bei ihrem äußeren Erscheinungsbild Basisanforderungen der Neutralität zu wahren und seriös aufzutreten. Eine in Körperbemalungen ausgedrückte überzogene Individualität beansprucht die Toleranz einer großen Mehrzahl von Bürgern im Verhältnis zu Vertretern der Staatsgewalt übermäßig und beeinträchtigt die Vertrauenswürdigkeit von Polizisten.

Nach dem BVerwG (BVerwGE 125, 85) ist eine Begrenzung des Erscheinungsbildes uniformierter Beamter dann rechtmäßig, wenn sie dienstlichen Erfordernissen dient. Bestimmte Tattoos, die zum Beispiel Landser, Kampfhunde und Totenköpfe zeigen, können aber wohl trotz der geänderten Einstellung der Allgemeinheit gerade bei einem bestimmten „Klientel" der Polizei provozierend wirken. Sie können aber auch – gerade bei älteren Mitbürgern – Hemmnisse bezüglich der Neutralität von Beamten hervorrufen und somit zu Einschränkungen führen, mit diesen Beamten in Kontakt zu treten.

Es fragt sich weiterhin, ob Beamte, die nur im Innendienst beschäftigt sind oder zu deren Aufgabengebiet kein Publikumsverkehr gehört, anders zu behandeln sind als Beamte im Außendienst. Zu Beantwortung dieser Frage kann ein Hinweis auf den Begriff der Polizeidienstfähigkeit hilfreich sein: Eine (volle) Polizeidienstfähigkeit setzt nach § 4 BpolBG und den entsprechenden Landesbeamtengesetzen voraus, dass ein Beamter nach seiner physischen und psychischen Konstitution im **gesamten Polizeibereich** einsetzbar ist.

Viele Tätowierungen sind durch das Tragen der üblichen Polizeiuniform für die Allgemeinheit während des Dienstes verdeckt. Hierzu ist allerdings Folgendes zu bedenken: Polizeibeamte sind an die Vorgaben des § 61 Abs. 1 Satz 3 BBG (Bundesbeamte) und § 34 Satz 3 BeamtStG (Landes- und Kommunalbeamte) gebunden. Spätestens beim Besuch einer Sauna oder einer öffentlichen Badeanstalt enthält jede Tätowierung eine dann allgemein bekannte Aussage.

Einige Bestimmungen zum äußeren Erscheinungsbild von Polizeibeamten verbieten jedenfalls großflächige Tätowierungen.

Sowohl nach dem BayVGH (Urteil v. 14. November 2018, Az.: 3 BV 16.2072) als auch nach dem BVerwG (Urteil v. 14. Mai 2020, Az.: C 13/19) entspricht das Bayerische Tätowierungsverbot für Beamte der

Verfassung. Der Bund will diesen bayerischen Weg im Jahr 2021 auch in seine Beamtengesetze übernehmen.
Das Polizeipräsidium gab die chinesischen Schriftzeichen, die Hildegard A. tätowiert hatte, zur Übersetzung an das Landeskriminalamt. Die Worte lauteten: „Alle Macht dem Führer!"

Ergebnis:
Hildegard A. kann nicht in das Beamtenverhältnis übernommen werden. Selbst wenn der chinesische Schriftzug nur ein „Scherz" des Tätowierers war, käme eine Ernennung nur infrage, wenn sie diese verfassungswidrigen Schriftzeichen entfernen lassen würde.

Ziffer 4 der Bekanntmachung des Bayerischen Staatsministeriums des Innern, für Sport und Integration vom 7. April 2020, Az. C5-0335-5-2 zum Erscheinungsbild der Bayerischen Polizei lautet:
Tätowierungen und Körpermodifikationen:
Im Dienst – ausgenommen Dienstsport und Maßnahmen des behördlichen Gesundheitsmanagements– dürfen Tätowierungen, Brandings, Mehndis (durch Henna verursachte Hautverfärbungen) und Ähnliches nicht sichtbar sein. Soweit Tätowierungen getragen werden, dürfen diese inhaltlich nicht gegen die Grundsätze der freiheitlichen demokratischen Grundordnung verstoßen sowie keine sexuellen, diskriminierenden, gewaltverherrlichenden oder ähnliche Motive darstellen.

Schönheitskönigin mit Brustimplantat für den Polizeivollzugsdienst ungeeignet

Bally Prell (Name geändert) nahm bereits mehrmals an Schönheitswettbewerben teil. Ihren nur mäßigen Erfolg führte sie darauf zurück, dass sie von der Natur nicht mit einer ausreichenden Brustgröße ausgestattet war. Aus diesem Grunde ließ sie eine entsprechende Implantation vornehmen. Da ihr aber auch jetzt der so sehr ersehnte Erfolg versagt blieb - lediglich auf dem Volksfest in Schneitzlreuth ging sie als Siegerin hervor –, bewarb sie sich um eine Einstellung in den Polizeivollzugsdienst.

Das Landesamt für Ausbildung, Fortbildung und Personalangelegenheiten der Polizei Nordrhein-Westfalen (LAFP NRW) für die Einstellung in den gehobenen Polizeivollzugsdienst lehnte eine Einstellung *Bally Prells* in den Polizeivollzugsdienst wegen mangelnder gesundheitlicher Eignung ab. Die Bewerberin wurde im Rahmen des Auswahlverfahrens hinsichtlich ihrer Tauglichkeit für die Einstellung in den Polizeivollzugsdienst polizeiärztlich untersucht. Hierbei wurde festgestellt, dass bei ihr infolge einer Brustkorrektur Brustimplantate eingesetzt sind und deshalb die volle Polizeidiensttauglichkeit nicht gegeben sei. Daraufhin teilte ihr das LAFP NRW mit, dass sie wegen festgestellter Polizeidienstuntauglichkeit für eine Einstellung in den Polizeivollzugsdienst des Landes Nordrhein-Westfalen nicht berücksichtigt werden könne.
Die Einstellungsbehörde argumentierte dabei wie folgt:
Bereits in der Ausbildung als Anwärterin für den Polizeivollzugsdienst, beim Dienstsport (z.B. im Fach Selbstverteidigung) und später während der Dienstverrichtung bei möglicherweise notwendig werdender körperlicher Gewaltanwendung gegen Rechtsbrecher könnten Prellungen im Bereich des Oberkörpers nicht ausgeschlossen werden. Nach einer Bewertung der Klinik für Plastische-, Hand- und Wiederherstellungschirurgie, Schwerstverbrannten- und Replantationszentrum der Medizinischen Hochschule Hannover könne selbst bei Verwendung von modernen Brustimplantaten ein Reißen der Implantatkapsel gerade bei traumatischen Einwirkungen

nicht ausgeschlossen werden. Bei jedem schweren Trauma sei zumindest mit einer Schädigung der Bindegewebskapsel zu rechnen. Hinzu komme, dass insbesondere bei älter werdenden Implantaten wegen der Degeneration der Implantathülle bereits ein Bagatelltrauma eine Ruptur hervorrufen könne. Bei traumatischen Verletzungen der Bindegewebskapsel könne es zudem zu narben- und kapselbedingten Bewegungseinschränkungen und ggf. Schwellungen kommen, die eine uneingeschränkte Belastbarkeit im Rahmen der einsatzbezogenen Selbstverteidigung und im Rahmen des Dienstsportes infrage stellten. Bei einem nennenswerten Anteil von Implantatträgerinnen komme es im Verlauf zur Ausbildung einer verletzungsunabhängigen Kapselfibrose, die zu langwierigen und schmerzhaften Krankheitsverläufen führe. Nach dem derzeitigen Stand der wissenschaftlichen Forschung könne eine vorzeitige Dienstunfähigkeit bzw. eine nicht mehr uneingeschränkte Verwendbarkeit der Klägerin im Polizeivollzugsdienst vor Ablauf des 62. Lebensjahres wegen Implantatkomplikationen aber nicht sicher ausgeschlossen werden ...

Bally Prell hat gegen diese Anlehnungsentscheidung vor dem VG Gelsenkirchen Klage erhoben – und sie hatte damit Erfolg (VG Gelsenkirchen vom 23. November 2016, Az.: 1 K 2166/14). Die Ablehnung ist vom Gericht zu Recht als rechtswidrig eingestuft worden, denn sie verstößt eindeutig gegen die neue Rechtsprechung des BVerwG (Urteil v. 30. Oktober 2013 – Az.: 2 C 16.12) zur gesundheitlichen Eignung.

Der Dienstherr hat danach die Umstände der gesundheitlichen Nichteignung nachzuweisen und er trägt insoweit auch die Beweislast. Lassen sich vorzeitige dauernde Dienstunfähigkeit oder krankheitsbedingte erhebliche und regelmäßige Ausfallzeiten nach Ausschöpfen der zugänglichen Beweisquellen weder feststellen noch ausschließen („non liquet"), so geht dies zu Lasten des Dienstherrn. Bloße Zweifel des Dienstherrn an der gesundheitlichen Eignung des Bewerbers /der Bewerberin, die den genannten Anforderungen nicht genügen, sind dagegen nicht (mehr) maßgeblich.

Auch das VG Berlin hatte vorher in einem ähnlichen Fall entschieden: Eine erhebliche höhere Gefährdung von Leben und Gesundheit von Polizeivollzugsbeamtinnen mit Brustimplantaten und damit die

Notwendigkeit für Verwendungseinschränkungen lässt sich aus Gründen der Fürsorgepflicht medizinisch nicht begründen (VG Berlin, Urteil v. 22. Januar 2014, Az. 7 K 117.13).

Fazit:
Bally Prell wird wohl auch deshalb mit der Entscheidung des VG Gelsenkirchen sehr zufrieden sein, weil ein vorderer Platz bei der Teilnahme an einer Schönheitskonkurrenz mit zunehmendem Alter immer unwahrscheinlicher wird – selbst beim Schönheitsköniginnenwettbewerb in Schneitzlreuth …

Um den Vertreterinnen des Genderismus gleich im Vorhinein den Wind aus den Segeln zu nehmen: Das gilt selbstverständlich in gleicher Weise für Frauen und für Männer …

„Sie ist ein gebildetes Mädchen, denn sie hat volle Brüste und trägt ein weißes Kleid ...“

(Heinrich Heine)

Wie sexy darf eine Polizistin sein?

Es ist allgemein bekannt, dass die Polizei gerade in den „neuen" Bundesländern und in den Ballungszentren ein Nachwuchsproblem hat. Der Polizeiberuf ist zwar alles andere als langweilig, aber man verdient zu wenig, darf keine Tattoos tragen, und selbst wenn man einer lukrativen Nebenbeschäftigung – etwa als Instagram-Star oder YouTube-Bloggerin – nachgehen möchte, bestehen dafür hohe beamtenrechtliche Hürden.

Mehtap Öger ist Beamtin bei der Schutzpolizei Berlin. Die 34-Jährige betreibt einen Instagram-Account, auf dem sie sich neben privaten Outfits auch in einer Polizeiuniform zeigt. Als Beamtin repräsentiert das Model aber auch den Staat und ihre Behörde.
Adrienne Koleszar wiederum soll die schönste Polizistin Sachsens sein. Auch sie veröffentlicht „sexy" Bilder im Internet.
Die Frage ist, ob solche Auftritte zulässig sind oder aber dem Beamtenethos widersprechen.
Die Antwort hierauf hängt zunächst davon ab, ob es sich um eine bezahlte Tätigkeit oder ein reines Hobby handelt. Nebentätigkeiten bedürfen grundsätzlich der Genehmigung, wenn sie gegen Entgelt ausgeübt werden. Nach Art. 2 Abs. 1 und Art. 12 GG hat aber jeder Beamte/jede Beamtin einen Rechtsanspruch auf Erteilung einer solchen Genehmigung, wenn kein öffentliches Interesse an einer Ablehnung eines entsprechenden Antrags besteht.
Der einzige denkbare Ablehnungsgrund eines entsprechenden Antrags könnte hier das „Ansehen der öffentlichen Verwaltung" sein. Aber auch hierzu hat sich die Einstellung der Allgemeinheit in den vergangenen Jahren wesentlich geändert. Gerade neue Medien bieten neue Nebentätigkeitsmöglichkeiten für die Beamten und dazu gehört die Veröffentlichung von Bildern. Und man muss wohl auch in die Überlegung mit einbeziehen, dass durch diese neuen Medien ein breites Publikum angesprochen wird und damit ein nicht zu unterschätzender Werbeeffekt für den öffentlichen Dienst – speziell für die Polizei – gegeben ist …

Wie sich hier die Ansichten geändert haben, das zeigt das Beispiel eines „Spießer-Mädchen" aus der TV-Werbung, die auch noch in den Krimi-Serien „Wolffs Revier" und „SOKO Leipzig" mitspielte. Inzwischen leiht *Lena Beyerling* ihr Gesicht auch der Imagekampagne der Polizei Sachsen-Anhalt und absolviert eine Ausbildung an der Polizeifachhochschule. Gleichzeitig veröffentlicht sie Nacktfotos im Internet.

„Dabei handelt es sich um Privatangelegenheiten der betreffenden Person, eine Illegalität und ein Widerspruch zu den Zielen der Kampagne sind nicht erkennbar", so der Sprecher der Polizei.

Man sollte seitens des Dienstherrn insbesondere auch berücksichtigen, dass sich gutes Aussehen und Berufsbeamtentum heutzutage nicht mehr gegenseitig ausschließen.

Mindestgröße bei Polizeibeamten

Max Schmeling (Name geändert) war nicht nur Rettungsschwimmer, sondern auch Landesmeister in Karate und Kickboxen. Er wollte in den Polizeidienst eintreten, wurde jedoch abgelehnt, weil er mit 1,66 Meter die erforderliche Mindestgröße für Polizeibeamte nicht aufweisen konnte.

Im Polizeidienst muss die körperliche Eignung gegeben sein, damit ein Beamter in ein Beamtenverhältnis berufen werden kann. Dabei stellen die einzelnen Landesvorschriften für den Polizeivollzugsdienst darauf ab, dass eine körperliche Eignung nur bei Vorliegen einer bestimmten Mindestgröße des Bewerbers gegeben ist. Der EuGH (Rechtssache C-409/16 - Maria-Eleni Kalliri) hat sich zu den Mindestgrößen von männlichen und weiblichen Bewerbern in einer Entscheidung geäußert und eine unterschiedliche Festlegung gefordert. *Max Schmeling* hat gegen das Land NRW geklagt, weil er mit 1,66 Meter Körpergröße kein Polizist werden konnte. Wer nämlich als männlicher Bewerber in NRW Polizist werden will, der muss nach einem Erlass des Innenministeriums in NRW eine Mindestgröße von 1,68 Meter aufweisen. Frauen dürfen jedoch auch kleiner sein (1,63 Meter).

Die Begründung für die auch in anderen Bundesländern erforderliche Mindestgröße lautet unisono: Wer die Allgemeinheit schützen soll, der müsse auch in der Lage sein, sich selbst zu schützen.

Das Verwaltungsgericht Gelsenkirchen (Urteil v. 14. März 2016, Az.: 1 K 3788/14) hat dem Max Schmeling auf seine Klage hin Recht gegeben. Begründet wurde diese Entscheidung wie folgt:

- Es mangele an einer aktuellen wissenschaftlichen Grundlage für die Festsetzung der Mindestkörpergröße.

Um einen ordnungsgemäßen Polizeidienst zu gewährleisten, sei es zwar grundsätzlich erforderlich, eine Mindestgröße festzusetzen. Dafür müsse es aber neueste und wissenschaftlich nachvollziehbare Gründe und Kriterien geben.

- Eine Diskriminierung des männlichen Geschlechts liege wegen der bei Frauen erforderlichen geringeren Körpergröße dagegen nicht vor.

Nach Auffassung des Gerichts spiegelt diese Unterscheidung lediglich den natürlichen Größenunterschied wider. Dieses Ergebnis entspricht der Rechtsprechung des EuGH (siehe oben). Verhandelt wurde dabei ein Fall aus Griechenland. Hier hatte eine Polizeianwärterin geklagt, dass eine vorgeschriebene Körpergröße für alle Beamten – egal ob Männer oder Frauen – unzulässig sei. Tatsächlich handele es sich bei der Vorschrift nach dem EuGH um eine „mittelbare Diskriminierung", denn viel mehr Frauen als Männer würden durch die Vorgabe einen Nachteil erfahren.

In einem „obiter dictum" hat der EuGH zudem entschieden, dass Mindestgrößen nur für bestimmte polizeiliche Tätigkeiten erforderlich seien, aber eben nicht für alle.

Diese letztgenannte Auffassung des höchsten europäischen Gerichts ist auf das deutsche Beamtenrecht allerdings nicht übertragbar. Bei der nach nationalem Recht geforderten „Polizeidienstfähigkeit" muss davon ausgegangen werden, dass ein Polizeibeamter/eine Polizeibeamtin in einem breiten Bereich verwendbar sein muss. Entsprechende Umsetzungen – zum Beispiel vom Innen- in den Außendienst (und umgekehrt) – müssen folglich jederzeit möglich sein.

Richtig ist: Es kann sehr wohl zu Problemen bei der polizeilichen Aufgabenbewältigung im operativen Dienst kommen, wenn man gänzlich von einer Mindestgröße absieht. Dies gilt etwa für den Bekleidungsbereich (Einsatzhelme und dazugehörige ABC-Schutzmasken). In Einzelfällen kann auch der Fahrersitz des Dienstwagens vielleicht nicht so weit nach vorne geschoben werden, dass die Pedale noch sicher bedient werden können

In dem vorliegenden Fall hatte Max Schmeling bereits mehrere Tests erfolgreich absolviert; er hatte sein Sportabzeichen und das Rettungsschwimmabzeichen der DLRG vorgelegt und auch darauf hingewiesen, dass er seit Jahren mit großem Erfolg Kampfsport betreibe.

Der Bewerber erwies sich nach den Vorgaben des Innenministeriums aber als zu klein. Aus Sicht der Einstellungsbehörde war er damit für den Polizeiberuf körperlich schlicht und einfach nicht geeignet.

Als **Lösung** böte sich dem „durchschnittlich denkenden Normalbürger“ (siehe Prolog) an:
Der (künftige) Dienstherr sollte in Hinblick auf die hervorragenden sportlichen Leistungen eine Ausnahme zulassen, denn dann wäre das Problem behoben. Solche Ausnahmen müssten nur generell in den Mindestgrößenbestimmungen aufgenommen werden.

Und wieder einmal gilt:
Warum einfach, wenn es auch umständlich geht?

Von rechtsradikalen Polizisten und faulen Lehrern

29 Polizistinnen und Polizisten standen 2020 in Hessen unter Verdacht, über Jahre hinweg rechtsextremistische Propaganda in privaten Chatgruppen verschickt und empfangen zu haben. Diese Fälle scheinen den Verdacht zu bestätigen: Gerade bei der Polizei befinden sich besonders viele Beamte mit einem faschistischen Gedankengut.

Was könnten dafür die Gründe sein?
Zur Beantwortung dieser Frage mag eine weitere hilfreich sein: **Warum wird jemand überhaupt Polizeibeamter?**
Die stereotype Antwort in den Augen der Öffentlichkeit könnte sein: Die Polizei verkörpert nicht nur einen Teil der Staatsmacht, sie ist geradezu ihr Inbild. Seine Schutzaufgaben kann der Staat nur wahrnehmen, wenn er seine Beamten mit entsprechenden Machtbefugnissen ausstattet.
Geht es also dem einen oder anderen Bewerber für den Polizeivollzugsdienst vielleicht gerade darum, „Macht ausüben zu können", und besteht hier vielleicht – psychologisch gesehen – bereits eine gewisse Parallele zum faschistischen Gedankengut?

Dann könnte man aber genauso gut die Frage stellen, **warum jemand Lehrer werden will.**
Auch hierzu besteht eine „allgemeine Meinung": Lehrer müssen nur einen halben Tag in der Schule verbringen, sie üben damit im Grunde nur einen vollbezahlten Halbtagsjob aus. Lehrer haben nicht nur 30 Tage (= 6 Wochen) Urlaub, sondern sie profitieren über das ganze Jahr gesehen von den Schulferien und können so insgesamt gleich mehrere Monate zuhause bleiben oder in den Urlaub fahren. Liegt darin vielleicht nicht schon vom Ansatz her – wieder psychologisch gesehen – eine gewisse Tendenz zur Faulheit?
Aber:
Bei einem Stereotyp werden einer Person Eigenschaften zugeschrieben, weil sie einer ganz bestimmten Kategorie (Polizei, Lehrer) ange-

hört und diese aufgrund von Einzelfällen ermittelten Eigenschaften (angeblich) für alle Mitglieder dieser sozialen Kategorie typisch sind. Negative Einzelfälle prägen also die allgemeine Auffassung. Oder handelt es sich häufig gar nicht einmal nur um wahllos herausgegriffene Einzelfälle?
Auch *Sebastian Fiedler* vom Bund Deutscher Kriminalbeamter äußerte die Meinung, es könne niemanden mehr überraschen, dass es Rechtsextremismus bei der Polizei gebe. Was kann man aber vonseiten des Beamtenrechts gegen diese Missstände unternehmen?

- Zunächst müssen bereits bei der Einstellung der Polizeianwärter die Kontrollmechanismen deutlich verbessert werden. Dies könnte etwa durch eine obligatorische zusätzliche psychologische Einstellungsprüfung geschehen.
- Als nächstes wäre eine genaue Beobachtung des Verhaltens in der Probezeit bei einem Einsatz auf mehreren Dienstposten durch den jeweiligen Vorgesetzten unbedingt erforderlich, zumal die „charakterliche Eignung“ ein wesentliches Merkmal der Probezeitbeurteilung darstellt.

Äußerst kontraproduktiv erweisen sich hier bereits getroffene gesetzliche Maßnahmen wie etwa die allgemeine Verkürzung der Probezeit von drei auf nur mehr zwei Jahre in Bayern (Art. 12 Abs. 2 Satz 2 LlbG), aber auch der Wegfall der Altersgrenze von 27 Lebensjahren für die Übernahme in das Beamtenverhältnis auf Lebenszeit im Rahmen des neuen Dienstrechts in Deutschland.

„Mit Vorurteilen aufzuräumen,
das sollte man niemals versäumen!
Denn so manches Vorurteil entspringt
demjenigen, dem halt nichts gelingt!
Das sind, man muss es sagen – leider,
in vielen Fällen oft nur Neider!“

(Maximilian Baßlsperger)

Einstellungsgespräch: Blöd gelaufen!

Hans Berger meldete sich zu einem Vorstellungsgespräch bei der Polizei, um Informationen über eine Karriere als Polizeibewerber in Schwabach bei Nürnberg zu erhalten Der 24-Jährige wurde noch in der Dienststelle festgenommen. Was war passiert?

Hans Berger wollte sich bei dem Gespräch lediglich über die Anforderungen und Voraussetzungen erkundigen, die für eine Einstellung bei der bayerischen Polizei nötig sind. Dabei stellte sich bei der routinemäßigen Überprüfung seiner Person heraus, dass gegen ihn ein sogenannter „Erzwingungshaftbefehl" wegen einer Ordnungswidrigkeit im Straßenverkehr vorlag.

Nachdem er den im Haftbefehl geforderten Geldbetrag von 20 Euro (zusätzlich der Bearbeitungsgebühr) bezahlt hatte, konnte Hans Berger wieder nach Hause gehen.

Ob er weiterhin Polizist werden wollte, ist nicht bekannt. Es fragt sich jedenfalls, ob er überhaupt die nach § 9 BeamtStG und Art. 33 Abs. 2 GG für eine Einstellung in den Polizeidienst erforderliche „charakterliche Eignung" besitzt oder nicht. Die Meinungen gehen jedenfalls stark auseinander.

Dazu ist Folgendes zu bemerken:

Die Begriffe Charakter und Persönlichkeit erfassen ein breites Spektrum persönlicher Eigenschaften und Verhaltensweisen. Sie werden in der Wissenschaft – je nach Fachrichtung – unterschiedlich definiert. Bei der Beurteilung von Charakter und Persönlichkeit als Eignungskriterien für die Wahrnehmung öffentlicher Ämter geht es vor allem um die Eigenschaften und Verhaltensweisen, die in positiver oder negativer Hinsicht für die Dienstleistung sowie für Achtung und Vertrauen in die Person und die Amtsführung des Beamten von Bedeutung sind.

Bei einem Einstellungsgespräch geht es vor allem darum, ob ein Bewerber bisher ein Verhalten gezeigt hat, das begründete Zweifel hervorruft, dass er in einem späteren Beamtenverhältnis der beamten-

rechtlichen Pflicht des achtungs- und vertrauenswürdigen Verhaltens (§ 34 S. 3 BeamtStG) gerecht werden wird.
Die charakterliche Eignung eines Einstellungsbewerbers ist dabei ein Unterfall der persönlichen Eignung des Beamten. Hierfür ist die prognostische Einschätzung entscheidend, inwieweit der Bewerber der von ihm zu fordernden Loyalität, Aufrichtigkeit, Zuverlässigkeit, Fähigkeit zur Zusammenarbeit und Dienstauffassung gerecht werden wird (BVerwG v. 20. Juli 2016, Az.: 2 B 17/15).
Dies erfordert eine wertende Würdigung des Verhaltens des Einstellungsbewerbers, die einen Rückschluss auf die für die charakterliche Eignung relevanten persönlichen Merkmale zulässt.
Für den hier vorliegenden Fall stehen sich zunächst zwei Meinungen wie Pol und Antipol gegenüber:

- Führt das bloße „Vergessen" eines Strafzettels über vielleicht nur 20 Euro tatsächlich bereits zu einer völligen „Nichteignung" des Bewerbers und damit zu dessen Ablehnung?
- Muss man nicht gerade als angehender Polizeibeamter einen „Erzwingungshaftbefehl" tunlichst vermeiden, um als charakterlich gefestigt eingestuft zu werden?

Man wird aber wohl auch bei einem noch so großen Mangel an Nachwuchskräften gerade im Polizeidienst nicht davon ausgehen müssen, dass auch noch jeder Bewerber die Chance erhalten muss, in ein Beamtenverhältnis berufen zu werden.

Fazit:
Im vorliegenden Fall wird man außerdem besonders prüfen müssen, ob Hans Berger die erforderliche geistige Eignung besitzt, wenn er sich bei Vorliegen eines Erzwingungshaftbefehls ausgerechnet um eine Ernennung zum Polizeibeamten bewirbt.

„Zwei Dinge sind unendlich, das Universum und die menschliche Dummheit, aber bei dem Universum bin ich mir noch nicht ganz sicher."

(Albert Einstein)

Die „geistige Eignung" des Beamten

Während die Ernennungsvoraussetzungen der charakterlichen und der gesundheitlichen Eignung sehr häufig Gegenstand von Gerichtsentscheidungen sind, wurden hinsichtlich der ebenfalls obligatorischen Voraussetzung der geistigen Eignung von Bewerbern bislang nur wenige Rechtsstreitigkeiten geführt.

Die geistige (intellektuelle) Eignung wird in der Regel bereits durch die Vorbildung eines Bewerbers um eine Ernennung nachgewiesen. Allerdings reicht dieser Nachweis nicht immer aus, wie etwa eine Entscheidung des OVG Lüneburg vom 16. November 2012 (Az.: 5 ME 254/12) gezeigt hat.

Das Gericht hatte hier entschieden, dass die personenbezogene Eignung nicht allein aufgrund des (guten) Prüfungszeugnisses von *Amanda Lier*, einer Bewerberin um die konkret ausgeschriebene Stelle, bereits feststehe, wenn das Einstellungsverfahren bei der Auswahlentscheidung neben dem Nachweis der allgemeinen Befähigung auch noch ein Auswahlgespräch vorsieht, denn im Rahmen von Auswahlgesprächen können zu der geistigen Eignung weitere – positive und negative – Erkenntnisse getroffen werden.

Was ist aber nun mit „geistiger Eignung" gemeint?

Das OVG Lüneburg bezieht diesen Begriff auf die intellektuellen Fähigkeiten des Bewerbers, wobei Eigenschaften wie

- geistige Beweglichkeit,
- Denkvermögen,
- Urteilsvermögen,
- und Auffassungsgabe

berücksichtigt werden.

Im konkreten Fall hatte die Auswahlkommission zur Besetzung einer Lehramtsstelle festgestellt,

- dass von der Bewerberin Textaussagen nur oberflächlich wahrgenommen würden;

- wichtige Themenkreise nur in allgemeiner Weise problematisiert würden;
- das Reflexionsniveau niedrig sei;
- die Bewerberin nur mangelnde Fachkenntnisse aufweise;
- sie eine fehlende Beweglichkeit zeige, um didaktisch-methodische Fragen angemessen zu thematisieren;
- die Bewerberin nur sehr pauschale Aussagen zur Notengebung äußerte, wobei eine Sensibilität für schwierige Einzelfälle nicht deutlich geworden sei;
- fachliche Defizite bzw. fehlende Flexibilität ein didaktisch-methodisches Gespräch auf angemessenem Niveau mit der Bewerberin verhindere;
- die Bewerberin zu allgemein und nicht zielgerichtet argumentiere;
- viel zu vage Planungsüberlegungen angestellt habe.

Das Auswahlgremium stellte abschließend fest, dass Amanda in Bezug auf die ausgeschriebene Stelle mit den Lernfächern Kunst und Deutsch insbesondere aufgrund begrenzter sprachlich-kommunikativer Mittel, fehlender Flexibilität und eines niedrigen Reflexionsniveaus die persönliche, intellektuelle Fähigkeit fehle, ihre durch die Prüfungszeugnisse festgestellte Lehrbefähigung zur praktischen Anwendung zu bringen.

Dazu das Gericht:

„Die Auswahlkommission hat nicht die durch zwei Staatsexamina nachgewiesene Lehrbefähigung der Antragstellerin grundsätzlich infrage gestellt, sondern durch eine eigene Befähigungseinschätzung ersetzt."

Anmerkung:

Was sind das vom Staat geregelte Studium und die beiden Lehramtsprüfungen wert, wenn irgendeine aus meist selbst ernannten Universalspezialisten zusammengesetzte Kommission im Nachhinein erklären kann, ein Bewerber sei mangels der erforderlichen geistigen Eignung zu dumm?

Eigentlich müssten sich die für die Ausbildung verantwortlichen Beamten und Lehrpersonen doch zunächst an die eigene Nase fassen!

„Wenn sich Experten einig sind, ist Vorsicht geboten!"

(Bertrand Russel)

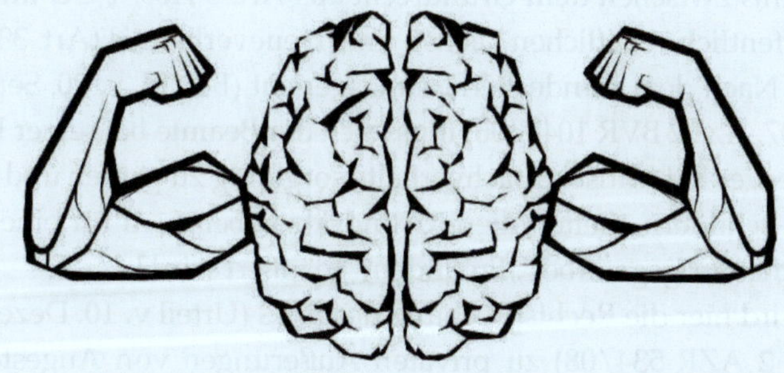

Facebook- und Twitter-Freunde im Beamtenrecht

Facebook, Twitter und andere sogenannten „soziale Netzwerke" sind aus dem Umfeld gerade junger Mitbürger kaum mehr wegzudenken. Eine Eintragung kann aber beamtenrechtlich selbst dann problematisch werden, wenn diese ausschließlich für „Freunde" bestimmt ist.

Zum Fall:

Der Lebenszeitbeamte *Franz Frustig* war über seine dienstliche Beurteilung so erzürnt, dass er bei einer Party, die er für 10 Personen seines engsten Familien- und Freundeskreises initiiert hatte, seinen unmittelbaren Vorgesetzten und seinen Dienstvorgesetzten als „inkompetente Sozialpfürze" und „Speichellecker" bezeichnete. Seine gesamte Dienststelle sei außerdem ein „völlig undemokratischer und dunkelbrauner Nazihaufen". Diese Aussage stellte er für seine „Facebook-Freunde" anschließend ins Internet. Einer dieser „Freunde" leitete den Beitrag an den Vorgesetzten des Franz Frustig weiter. Liegt ein hier Dienstvergehen vor?

Dabei gilt: Die Meinungsfreiheit des Beamten steht im Spannungsverhältnis zwischen dem Grundrecht aus Art. 5 Abs. 1 GG und seinem öffentlich-rechtlichen Dienst- und Treueverhältnis (Art. 33 Abs. 4 GG). Nach dem Bundesverfassungsgericht (Beschl. v. 20. September 2007, Az.: 2 BVR 1047/06) muss sich der Beamte bei seiner Kritik mäßigen, er hat kritische Sachverhalte sorgfältig zu prüfen und sachlich zu schildern. Gelten diese Grundsätze aber auch für eine Meinung, die nur gegenüber „Freunden" geäußert wird?

Man wird hier die Rechtsprechung des BAG (Urteil v. 10. Dezember 2009 - 2 AZR 534/08) zu privaten Äußerungen von Angestellten auch auf Facebook-Eintragungen von Beamten übertragen können. Äußerungen, die gegenüber Außenstehenden oder der Öffentlichkeit wegen ihres ehrverletzenden Gehalts nicht schutzwürdig wären, genießen nach dem BAG in Vertraulichkeitsbeziehungen als Ausdruck der Persönlichkeit (Art. 2 Abs. 1 GG) verfassungsrechtlichen Schutz, der dem Schutz der Ehre des durch die Äußerung Betroffenen vorgeht. Allerdings wird man davon ausgehen müssen, dass der

Kreis derjenigen, die Zugang zu solchen Äußerungen des Beamten haben können, überschaubar und mit einem privaten Freundeskreis vergleichbar sein muss. Die Kundgabe an persönlich nicht bekannte Nutzer kann ebenso wenig unter den Schutzbereich der Privatsphäre fallen wie an eine zwar begrenzte, aber nicht mehr überschaubare Zahl von „Facebook- oder Twitter-Freunden". Gerade hierin liegt der wesentliche Unterschied zwischen geschützter Privatsphäre und Internet.

Der Beamte begeht also ein Dienstvergehen (vgl.: § 77 Abs. 1 BBG und § 47 Abs. 1 BeamtStG), weil er seine Pflicht zum achtungswürdigen Verhaltens (§ 34 Satz 3 BeamtStG und § 62 Abs. 1 Satz 3 BBG) schuldhaft verletzt. Ein Verhalten außerhalb des Dienstes wird dabei nur dann als Dienstvergehen gewertet, wenn es – wie im Fall des Franz Frustig – nach den Umständen des Einzelfalls in besonderem Maße geeignet ist, das Vertrauen des Dienstherrn oder der Öffentlichkeit in einer für das Amt des Beamten bedeutsamen Weise zu beeinträchtigen. Franz Frustig muss also mit disziplinarrechtlichen Folgen bis hin zur Entfernung aus dem Dienst rechnen.

Für den Arbeitnehmerbereich haben die Arbeitsgerichte in solchen Fällen bereits entschieden, dass eine fristlose Entlassung durch den Arbeitgeber gerechtfertigt ist (Arbeitsgericht Duisburg, Urteil v. 26. September 2012, Az.: 5 Ca 949/12).

Außerdem kann insbesondere eine Kommunikation mit „Facebook-Freunden" während des Dienstes ein Dienstvergehen darstellen, weil sich der Beamte nach § 34 Satz 1 BeamtStG und § 61 Abs. 1 Satz 1 BBG seinem Dienst mit „vollem persönlichem Einsatz" zu widmen hat. In manchen Behörden wird allerdings eine kurzzeitige Benutzung von sozialen Netzwerken toleriert, weshalb dann ein „Rechtfertigungsgrund" gegeben ist.

Falsche Freunde erkennt man bekanntlich immer erst, wenn es zu spät ist und Facebook- und Twitter-Freunde sind eben keine Freunde!

Ein kurioser Fall: Die Ernennung zum Beamten auf Lebenszeit wurde vergessen!

Bei einem geschäftsleitenden Beamten einer bayerischen Kommune wurde die Ernennung zum Beamten auf Lebenszeit schlichtweg „vergessen". Da dieser Beamte jetzt kurz vor dem Eintritt in den Ruhestand steht, wollte er wissen, wie ihm hier geholfen werden kann.

Vor einiger Zeit wurde mir der Fall des Beamten *Xaver Pframminger* vorgetragen, bei dem die Umwandlung in ein Lebenszeitbeamtenverhältnis von seiner Dienstherrin - einer bayerischen Gemeinde - vor vielen Jahren schlichtweg vergessen und später auch nicht nachgeholt wurde.
Xaver P. begann seine Laufbahn vor mehreren Jahrzehnten im mittleren Dienst, bestand die Laufbahnprüfung und wurde ins Beamtenverhältnis auf Probe ernannt. Offensichtlich legte er seine - damals noch dreijährige - Probezeit mit gutem Erfolg ab, denn er wurde in seiner Laufbahn mehrfach befördert - allerdings ohne dass sein Beamtenverhältnis jemals in ein solches auf Lebenszeit umgewandelt wurde. Xaver P. absolvierte sogar den Aufstieg vom mittleren in den gehobenen Dienst und er bekleidet jetzt - kurz vor seiner geplanten Pensionierung - als Geschäftsleiter seiner Kommune das Amt eines Verwaltungsrats der Besoldungsgruppe A 13. Da der Eintritt in den gesetzlichen Ruhestand aber nach § 25 BeamtStG nur für Beamte auf Lebenszeit möglich ist, war guter Rat teuer.

Erste Lösungsmöglichkeit:
Man könnte zunächst daran denken, die Regelung des § 11 Abs. 2 Nr. 1 BeamtStG bei der ersten Beförderung, die nach Ablauf der Probezeit und der damaligen Altersgrenze von 27 Jahren erfolgte, sinngemäß anzuwenden: Wenn aus der Urkunde oder aus dem Akteninhalt eindeutig hervorgeht, dass die für die Ernennung zuständige Stelle ein bestehendes Beamtenverhältnis in ein solches anderer Art umwandeln wollte - für das die sonstigen Voraussetzungen vorliegen - und die für die Ernennung zuständige Stelle die Wirksamkeit

schriftlich bestätigt, ist die Ernennung nach dem BeamtStG geheilt und als von Anfang an als wirksam anzusehen. In der nächsten Ernennung (= 2. Beförderung) könnte – durch eine entsprechende Auslegung des Willens der Kommune – dann die schriftliche Bestätigung der Umwandlung des Beamtenverhältnisses auf Probe in ein solches auf Lebenszeit gesehen werden.

Dabei ergibt sich allerdings noch ein weiteres Problem: Die Heilungsmöglichkeit des § 11 BeamtStG bezieht sich ausschließlich auf Ernennungen nach § 8 BeamtStG, also auf Ernennungen, die nach dem 1. April 2009 erfolgten. Fehler, die bei Ernennungen vorliegen, die bereits vor dem 1. April 2009 wirksam wurden, wären damit nach der (früheren) Vorschrift (vgl. § 8 BRRG und das jeweilige Landesrecht) zu behandeln. Es hätte damit bei Xaver P. also eine sogenannte – unwirksame – „Nichternennung" vorgelegen.

Nach der allgemein im Verwaltungsrecht anzuwendenden „Meistbegünstigungsklausel" gilt jedoch Folgendes: Soweit § 11 Abs. 2 BeamtStG eine weitergehende Heilungsmöglichkeit als das frühere Landesrecht vorsieht, ist zugunsten des betroffenen Beamten diese erweiterte (bessere) Heilungsmöglichkeit anzuwenden. Voraussetzung ist lediglich, dass – wie im Fall des Xaver P. – die zuständige Ernennungsbehörde (nicht die oberste Dienstbehörde) bei der Heilung der Nichtigkeit tätig geworden ist.

Zweite Lösungsmöglichkeit:

Die Kommune wandelt – durch einen entsprechenden neuen Gemeinderatsbeschluss – jetzt noch vor Beginn des Ruhestandes das Beamtenverhältnis des Verwaltungsrats Xaver P. mit der Besoldungsgruppe A 13 in ein solches auf Lebenszeit um. Dies würde zwar vielleicht einen übersteigerten Formalismus bedeuten, die Angelegenheit befände sich dann aber auf jeden Fall in trockenen Tüchern.

Dritte Lösungsmöglichkeit:

Man unternimmt gar nichts, geht von einer ordnungsgemäßen gesetzlichen Ruhestandsversetzung aus und lässt den Dingen einfach ihren Lauf. Dies wäre zwar eine pragmatische Lösung „contra legem", aber es würde wohl „kein Hahn danach krähen", zumal sich die Gemeinde gegebenenfalls Schadensersatzansprüchen des Xaver P. ausgesetzt sehen würde. Allerdings ist die Verwaltung nach Art. 20 Abs. 3 GG an Recht und Gesetz gebunden, was gegen diese pragmatische Lösung spricht.

Ergänzend sei noch erwähnt: Die Beförderungen des Xaver P. waren auch ohne ein bestehendes Beamtenverhältnis auf Lebenszeit wirksam gewesen, weil sich das entsprechende Beförderungsverbot nur auf Ernennungen bezieht (bzw. damals bezog), die während der Probezeit vorgenommen werden. Diese war jedoch - wie erwähnt - bereits abgelaufen.

**Es gibt gerade im Beamtenrecht Fälle,
die es niemals geben dürfte!**

Chinesische Mandarine und Deutsche Beamte: Verblüffende Parallelen

Mandarine waren Beamte der chinesischen Staatsverwaltung der Ming-Dynastie (1368–1644) und der Qing-Dynastie (in China 1644–1911), die ihren Dienst in allen Bereichen der chinesischen Verwaltung versahen. Wenn man das alte chinesische Dienstrechtssystem mit den heutigen, in Deutschland geltenden Grundsätzen vergleicht, ergeben sich eine ganze Reihe verblüffender Parallelen.

Im Folgenden wird versucht, einige der Parallelen zwischen chinesischen Mandarinen und deutschen Beamten durch Klammerzusätze zu verdeutlichen:

Ihr Amt (= Ämterprinzip) und die damit verbundenen Titel (= Amtsbezeichnung) und Ränge wurden den Mandarinen nach einer jahrelangen, elitären Ausbildung (= Anwärter- bzw. Referendarzeit) verliehen. Dabei waren sie einem rigorosen Auswahl- und Prüfungssystem (= Leistungsprinzip) unterworfen, das garantieren sollte, dass die Verwaltung des Landes nur durch die gelehrtesten und fähigsten Köpfe wahrgenommen wurde.

Die Amtsausübungsbefähigung (= Laufbahnbefähigung) eines jeden Mandarins wurde regelmäßig streng kontrolliert (= dienstliche Beurteilung).

Eine Auswahl der Beamten durch Prüfungen (= Laufbahnprüfungen) war in China eine Tradition. Die Lehrpläne der staatlichen Schulen und Universitäten waren mit den in den staatlichen Prüfungen abgefragten Inhalten koordiniert. Selbst diejenigen, die aus Adelsfamilien stammten und erbliche Ansprüche auf einen Titel hatten, hatten keine Aussicht auf eine erfolgreiche Beamtenlaufbahn, wenn sie die Prüfungen nicht bestanden (= keine Ernennung ohne Laufbahnbefähigung). Die Absolvierung der Prüfungen war der einzige Weg, der eine Übernahme in eine Tätigkeit (= Dienstleistung) bis in die höchsten Beamtenposten (= Führungspositionen) ermöglichte. Die Absolventen erwarben durch die Prüfungen einen Gelehrtenstatus

(= Diplom, Bachelor, Master), der sie zum Mandarin (Beamten) befähigte.
Die Prüfungen selbst wurden von bewährten Beamten, die speziell für diesen Zweck von der Zentralregierung entsandt worden waren, durchgeführt und überwacht (= Prüfungskommission). Die Prüfungen erfolgten in einem abgeschlossenen Gebäude. Soldaten (= Prüfungsaufsichten) überwachten, dass keine versteckte Literatur etc. zum Einsatz kam und die Prüflinge keinen Kontakt untereinander aufnahmen (= Unterbindung von Unterschleif). Nach jedem Prüfungsabschnitt wurden die Arbeiten der Prüflinge abgeschrieben und mit einem Code versehen, sodass die Prüfer weder durch die Handschrift noch durch den Namen des Kandidaten beeinflusst werden konnten (= Anonymitätsprinzip bei staatlichen Prüfungen). Die Namen der erfolgreichen Kandidaten wurden in der Reihenfolge ihrer Ergebnisse veröffentlicht (= Bekanntgabe der Prüfungsergebnisse) und die Absolventen öffentlich geehrt (= Diplomierungsfeier etc.).
Nach bestandener Prüfung und soweit eine Stelle frei war (= haushaltsrechtliche Planstelle; offener Dienstposten), wurde dem Absolventen diese vom Personalministerium zugewiesen.
Jedem Posten (Dienstposten) war ein bestimmter Rang zugeordnet (= Dienstpostenbewertung). Die den Absolventen zugewiesenen Stellen richteten sich nach den in den Prüfungen erzielten Ergebnissen (= Platzziffernverzeichnis). Jeder Verwaltungsbestandteil hatte drei Ebenen (= Laufbahngruppen): eine obere auf Hauptstadtebene, eine mittlere auf der Ebene der Provinzen und eine untere auf der Ebene der Präfekturen und Landkreise.
Jeder fest bestallte Beamte jeder Verwaltungsebene wurde jährlich von seinem Vorgesetzten beurteilt und alle drei Jahre erfolgte eine Einschätzung, ob er überdurchschnittlich, durchschnittlich oder unterdurchschnittlich geeignet sei. Die dreijährlichen Beurteilungen (= Beurteilungszeitraum) gingen an das Personalministerium, das bei einer überdurchschnittlichen Bewertung eine vorzeitige Beförderung und bei unterdurchschnittlicher Bewertung eine Herabstufung in Erwägung ziehen konnte. Beurteilt wurden Kriterien wie Habgier, Unmenschlichkeit, Leichtfertigkeit, Unangemessenheit, Senilität, Krankheit, Überdruss und Tatenlosigkeit.

Reguläre Beförderungen erfolgten im Normalfall frühestens nach mehreren Jahren der Bewährung auf einem Posten (= Bewährungszeit) – es sei denn, der Kandidat war den Vorgesetzten durch besonders herausragende Leistungen aufgefallen (= Verkürzung der Bewährungszeit). Dann konnte eine Ernennung auch früher infrage kommen (siehe oben, letzter Absatz). Dabei konnte kein Beamter um zwei Ränge in einem Schritt befördert werden (= Verbot der Sprungbeförderung).

Die Zahlung des Soldes (= Besoldung) erfolgte durch den Staat und war entsprechend dem Rang (= amtsgemäße Besoldung) gestaffelt. Ursprünglich war der Sold als Naturalabgabe in Reis festgelegt, den der Mandarin dann verbrauchen oder auf dem Markt verkaufen sollte.

Erkrankten Beamte, so konnten sie sich mit Erlaubnis des Personalministeriums unter Fortzahlung der Bezüge bis zu drei Monate beurlauben (= Alimentationsprinzip) lassen.

Das normale Alter für das Ausscheiden aus dem Amt lag bei 70 Jahren (heute: 67 Jahre). Bei Vorliegen körperlichen oder geistigen Verfalls war eine Pensionierung möglich (= Ruhestandsversetzung wegen Dienstunfähigkeit). Drohte dem ehemaligen Amtsinhaber in beiden Fällen nach dem Ausscheiden Armut, erhielt er weiter Bezüge (= Pension) und ihm wurde Dienstpersonal zur Verfügung gestellt.

Wie Sie daraus ersehen können, hat sich das alte chinesische System in einigen Punkten bis heute offensichtlich bestens bewährt.

Vielleicht zum Leidwesen so manches deutschen Beamten gab es dennoch einige nicht ganz unwesentliche **Unterschiede**:

- Ein Mandarin konnte mehrere Frauen haben.
- Das Familienleben eines Mandarins war strikt androkratisch, also auf strikte Männerherrschaft ausgerichtet. Neben der Hauptfrau gab es oft eingeheiratete Nebenfrauen und Konkubinen (heute zumindest offiziell undenkbar).
- Die Entlohnung erfolgte bei knappen Staatskassen – also etwa bei einer schlechten Reisernte – durch eine Bezahlung in Bier oder anderen alkoholischen Getränken, auch hier wieder wahlweise zum Weiterverkauf oder zum Eigenverbrauch.

„Mandarin müsste man (gewesen) sein!“, denkt sich vielleicht heute der eine oder andere deutsche Staatsdiener.

Hochschule für den öffentlichen Dienst in Bayern: Von der Fachhochschule zur Universität

Um geadelt zu werden braucht es oft nicht viel. Und am einfachsten geht es, wenn ein Landesgesetzgeber aus Prestigegründen nicht hinter anderen Bundesländern zurückstehen will. So etwa im Fall des Aufstiegs einer Bildungseinrichtung zur „Hochschule für den öffentlichen Dienst in Bayern".

Im Jahr 1974 wurde in Bayern die Beamtenfachhochschule als eigenständige staatliche Bildungseinrichtung für die Beamtenausbildung des gehobenen Dienstes gegründet. Im Jahr 2003 erfolgte eine Umbenennung in „Fachhochschule für öffentliche Verwaltung und Rechtspflege in Bayern". Man wollte damals den als negativ empfundenen Zusatz „Beamten-" vermeiden. Seit einigen Jahren lautet die Bezeichnung nunmehr „Hochschule für den öffentlichen Dienst in Bayern". Mit Schreiben vom 7. Februar 2017 teilte deren Präsident den Beschäftigten über die Fachbereichsleitungen die offizielle internationale Bezeichnung mit.
Diese lautet: **„University of Applied Sciences for Public Service in Bavaria"**.
Interessant ist dabei, dass sich außer dem Namen nicht das Geringste – weder an der Organisation noch an der Ausbildung der Beamten der mittlerweile „dritten Qualifikationsebene" — änderte. Aber wenn beispielsweise schon die frühere „Verwaltungsschule der Sozialverwaltung" jetzt – ebenfalls ohne jegliche Änderung des Tätigkeitsbereiches – wie vom heiteren Himmel heraus in „Akademie der Sozialverwaltung" umbenannt wurde und diesen hochtrabenden Titel trägt, dann führt die frühere „Beamtenfachhochschule" ihre neue, oben angeführte deutsche und internationale Bezeichnung als Hochschule bzw. University mit Fug und Recht! Schließlich findet ja auch die Ausbildung der Beamten des gehobenen Dienstes in der Bundesverwaltung an der „Hochschule des Bundes für öffentliche Verwaltung" mit Hauptsitz in Brühl bei Köln statt.
Es geht hier also doch nicht um eine bloße Selbstdarstellung, sondern um eine sachgerechte Gleichstellung mit vergleichbaren Einrichtun-

gen. Dass damit auch eine graduelle Abgrenzung zu jüngeren „Emporkömmlingen", wie der genannten „Akademie" gegeben ist, erscheint in diesem Zusammenhang lediglich als längst fälliger, überaus sachgerechter und willkommener Nebeneffekt.
Allerdings: Die hauptamtlichen Dozenten an der Hochschule des Bundes werden im Gegensatz zu ihren bayerischen Kollegen als „Professoren" berufen. In Bayern sind hauptberuflich Lehrende an der „Hochschule für den öffentlichen Dienst" weiterhin schlichte „Verwaltungsbeamte".
Aber auch das ist irgendwie sachgerecht und hat folgenden Grund: Nach dem Hochschulrecht des Bundes müssen Professoren an allen Hochschulen ihre Lehrbefähigung und ihre wissenschaftliche Qualität in der Regel durch eine Promotion nachweisen. In Bayern brauchen die Dozenten solche Nachweise nicht zu erbringen. Im Gegenteil: Diese Voraussetzung wäre hier die große Ausnahme, denn nicht die Beamten mit einem (richtigen) Hochschulstudium, sondern solche des gehobenen Dienstes bilden einen wesentlichen Grundstock der Lehrpersonen an dieser Bildungseinrichtung. Aber nicht nur aus diesem Grund muss dieser Bildungseinrichtung der wissenschaftliche Charakter wohl eher abgesprochen werden.
In diesem Zusammenhang muss auf Folgendes hingewiesen werden: In Bayern lautet Art. 1 Abs. 1 BayHSchPG:
„Dieses Gesetz gilt für Personen, die haupt- oder nebenberuflich an den Hochschulen des Freistaates Bayern wissenschaftlich oder künstlerisch tätig sind; die Hochschule für den öffentlichen Dienst in Bayern wird durch dieses Gesetz nicht berührt."

Außerdem wurden an der bayerischen „Hochschule für den öffentlichen Dienst" als akademische Grade weiterhin nicht Bachelor- und Mastergrade verliehen, sondern nach wie vor „Diplome" (Diplomverwaltungswirt, Diplomfinanzwirt etc.). Aber auch das hat seinen Sinn. Denken Sie nur einmal an die vor der Europäisierung des Bildungswesens üblichen Diplomabschlüsse: Ein Diplomingenieur mit einer Ausbildung an einer deutschen Universität hatte Weltgeltung! Davon kann man nach der europaweiten Verallgemeinerung der

Hochschulausbildung bei einem „Bachelor" oder einem „Master" nun sicher nicht mehr ausgehen.
Allerdings: Bis vor einiger Zeit wurden Diplome an der (damaligen) Fachhochschule für die öffentliche Verwaltung und Rechtspflege in Bayern jahrelang sogar ohne Diplomarbeit verliehen, was zumindest am Fachbereich Sozialverwaltung eventuell damit erklärt werden konnte, dass der zuständige Referatsleiter im Sozialministerium selbst weder ein solches Diplom noch sonst irgendeinen akademischen Abschluss besaß.

Fazit:

„Mehr Schein als Sein – oder: Kleider (Titel) machen Leute!"

(Gottfried Keller)

Kapitel 3: „Das Wams des Staates ist warm, aber eng!"

Mit diesen von Friedrich dem Großen stammenden Worten beschrieb der Staatsrechtler Otto Mayer (1846–1924) die Situation des öffentlichen Dienstes bereits vor mehr als hundert Jahren aufs Trefflichste – und mit permanenter Aktualität.

Beamte haben mit voller Hingabe 24 Stunden am Tag dem Staat zu dienen. Sie werden dabei nicht reich, aber sie fristen, von wenigen Ausnahmen abgesehen, ein bescheidenes jedoch in aller Regel finanziell abgesichertes Leben.

Zum einen macht sie diese Sicherheit in den Augen der Öffentlichkeit zu einem permanenten Feindbild, zum anderen schauen vermeintlich gleich oder auch weniger gebildete Mitbürger mit einem wesentlich höheren Einkommen aus einer für den Staatsdiener nie zu erreichenden finanziellen Ebene auf sie mit unverhohlenem Spott herab.

Gleichwohl: Eine penibel sparsame Haushaltsführung ist oberstes Gebot – sowohl für den Beamten als auch für seinen Dienstherrn …

Das Abschiedsgeschenk: Vom Grundsatz der sparsamen Haushaltsführung

Hauptdarsteller der nun folgenden kleinen Geschichte sind zwei Gemeindebeamte, die in jedem Ort und jeder Stadt eine herausragende Rolle spielen: Der 1. Bürgermeister und der Stadtkämmerer. Beide sind nach den haushaltsrechtlichen Bestimmungen zu einem gewissenhaften Umgang mit den ihnen anvertrauten öffentlichen Geldern verpflichtet. Dies kann im Einzelfall zu recht sonderbaren Ergebnissen führen …

Der Stadtkämmerer einer kleinen Stadt aus dem bayerischen Voralpenland – nennen wir ihn *Hans Kracherl* – hatte schon seit vielen Jahren seinen Dienst zur vollsten Zufriedenheit der Bürger, aber auch der Stadtverwaltung verrichtet. Fast ebenso lang stand dieser kleinen Stadt *Max Saalbruch* als 1. Bürgermeister vor. Man hatte zwar allgemein erwartet, dass der Hans Kracherl seine Amtszeit sicher bis zum letztmöglichen Tag auskosten werde, aber er entschloss sich zur Verwunderung aller, die Segnungen der beamtenrechtlichen Vorruhestandsregelung in Anspruch zu nehmen und frühzeitig in Pension zu gehen.
Da tat sich natürlich dem Herrn Bürgermeister und damit automatisch auch dem Stadtrat und dem gesamten Beraterstab die ganz wesentliche Frage auf: Was soll man dem verdienten Kämmerer nur im Namen der Stadt – und damit auch auf deren Kosten – zum Abschied überreichen? Der Saalbruch Max hatte die ganz außergewöhnliche Idee, seinem langjährigen und stets treu ergebenen Mitarbeiter ein Fahrrad zum Abschied zu schenken. Denn damit kann ein städtischer Beamter, der doch schon einige Stufen der vorgegebenen Hierarchieleiter erklommen hat, auch in der Pension noch ganz gut das tun, was er sein ganzes Beamtenleben lang gewohnt war, nämlich weiterhin ausgiebig „Rad fahren" und damit buckeln und treten ...
Es stellten sich der gesamten Stadtverwaltung aber im Weiteren doch noch einige Fragen von durchaus grundsätzlicher Bedeutung. So ergab sich zunächst das haushaltsrechtliche Problem, zu welchem Preis man ein solches Fahrrad erwerben durfte. Da gab es einmal die

Möglichkeit, das Rad bei dem einzigen am Ort ansässigen Fahrradgeschäft zu erstehen. Dafür sprach vor allem auch, dass dieses Fahrradgeschäft vom Vetter der Frau des Kämmerers, dem *Pfaffinger Peter,* einem alteingesessenen Bürger der kleinen Stadt, betrieben wurde. Außerdem arbeitete in diesem Geschäft die Frau des Kämmerers Kracherl an einem Nachmittag in der Woche und verdiente sich auf diese Weise noch etwas Taschengeld hinzu.

Für einen Ankauf des Fahrrads beim Pfaffinger sprach außerdem das legitime Anliegen des örtlichen Gewerbeverbandes, jeder Bürger der kleinen Stadt möge seine Einkäufe nach Möglichkeit auch in seinem Heimatort tätigen. Begründet wurde dies vom Verbandsvorsitzenden, *Romuald Schmidwerner,* stets mit dem nicht zu widerlegenden Argument, ein solcher Einkauf komme letztendlich wieder allen Bürgern der Stadt über die Gewerbesteuer zugute. Dass die Geschäftsleute dadurch auch mehr verdienen, spielte in der Argumentation des Gewerbeverbandes, dessen Mitglieder in großer Zahl im Stadtrat vertreten waren, eine eher untergeordnete Rolle, und so wurde öffentlich erst gar nicht darüber gesprochen.

Das alles wurde vom Max Saalbruch als Stadtoberhaupt und natürlich auch von seinen Beratern, die er sowohl aus dem Kreis der Stadträte als auch aus der Verwaltung rekrutierte, in Erwägung gezogen. Bei einem ehemaligen Stadtkämmerer bestand jedoch noch eine ganz wesentliche Besonderheit. Der musste ja schließlich als verantwortungsbewusster und für die Finanzen der Kleinstadt zuständiger Beamter über Jahrzehnte hinweg mit dem Grundsatz einer sparsamen Haushaltsführung umgehen können und da konnte man doch diesen Grundsatz nicht einfach gerade dann, wenn er in den Ruhestand treten wollte, von jetzt auf sofort unbeachtet lassen.

Nein, es ging auch jetzt nicht an, öffentliche Gelder zu vergeuden!

„Im Vordergrund stand und steht nun einmal in erster Linie die sparsame Haushaltsführung!" Mit diesen Worten des Bürgermeisters sollte der als Amtsnachfolger des Stadtkämmerers vorgesehene Verwaltungsbeamte *Georg Zwickl* am nächsten Tag, gleich zu Dienstbeginn mit dem städtischen Dienstwagen des 1. Bürgermeisters zu einem Supermarkt geschickt werden, um einen Preisvergleich anzustellen und schließlich das Abschiedsgeschenk für seinen Vorgänger zu besorgen. Dabei konnte er seine Fähigkeiten zur sparsamen Haushaltsführung (Art. 34 Abs. 2 BayHO) auch gleich ein erstes Mal in der Praxis beweisen.

Der künftige Stadtkämmerer wollte aber seine erste wichtige Entscheidung nicht ganz alleine treffen und bat deshalb seinen Freund und Kollegen, *Max Grün*, den Standesbeamten der kleinen Stadt, ihn bei seiner Dienstfahrt am nächsten Tag zu begleiten. Grün wiederum wusste, dass der *Bachl Sepp*, ein weiterer Kollege aus dem Einwohnermeldeamt, erst vor wenigen Wochen ein überaus günstiges Fahrrad erstanden hatte und man sollte doch auf seine Erfahrungen schon aus diesem Grunde unbedingt zurückgreifen. Zufälligerweise konnte sich auch der Bachl Sepp am nächsten Tag der wichtigen Mission, die ja im Auftrag des Bürgermeisters während der üblichen Arbeitszeit stattfinden sollte, gut annehmen, und er schilderte auch gleich und sehr ausführlich, welches Glück er beim Kauf seines Rades hatte und welch' große Freude es ihm doch jeden Tag bereite.

Zu dritt machten sich die Beamten also am folgenden Morgen auf, um das richtige Geschenk für ihren Freund und Kollegen zu besorgen und sie nahmen sich dabei den Grundsatz der sparsamen Haushaltsführung ganz besonders zu Herzen. Erst am Abend kamen sie von ihrer Fahrt mit dem Dienstwagen des Bürgermeisters zurück und der Zwickl berichtete dem Stadtoberhaupt mit großem Stolz, dass sie nicht nur in dem einzigen Supermarkt in der Nachbarstadt, sondern in allen Supermärkten der näheren und weiteren Umgebung nach einem besonders guten Angebot Ausschau gehalten hätten und schließlich auch in einem neu eröffneten Einkaufszentrum in Burghauen und damit in der Nähe der Grenze zu Österreich fündig geworden seien. Einen ganz besonderen Vorteil sahen sie im Übrigen darin, dass sie sich dazu entschlossen hatten – der sparsamen Haushaltsführung wegen –, das Fahrrad als Bausatz zu erwerben. Das hätte man vorher am Stammtisch des „Müllerbräu" einstimmig beschlossen.

Der Bausatz konnte ja von den erfahrenen Arbeitern des städtischen Bauhofes montiert und dann dem verdienten Stadtkämmerer bei dessen Verabschiedung als Geschenk überreicht werden. Außerdem entrichtete der Zwickl dem Herrn Bürgermeister noch die herzlichsten Grüße vom Wirt des Weinhauses *Pachler* in Ach bei Burghausen, einem alten Freund des Stadtoberhauptes. Das Weinhaus lag am österreichischen Ufer der Salzach, gleich hinter der Grenze. Diese Gastwirtschaft war nicht nur mit einer wunderschönen, von Weinreben geschützten Terrasse ausgestattet, sondern mit seiner vorzüglichen österreichischen Küche aufs Beste für ein gemütliches Mittagessen geeignet. Dort, so berichtete Zwickl, hatten sich die drei Beamten kurz und gut mit ein paar „Gespritzen" (Wein mit Mineralwasser verdünnt) und dem Gulasch gestärkt, für das der Pachler ja weit über die Grenzen Oberösterreichs hinaus bekannt war – natürlich nicht ohne dort die Angelegenheit noch einmal ausführlichst zu diskutieren.

Dann kam der Zwickl aber wieder auf den eigentlichen Grund der Dienstfahrt zu sprechen und verkündete, man sei erst am späten Nachmittag, nach all den großen Anstrengungen, im besagten Einkaufszentrum erfolgreich gewesen und man habe dort ein Fahrrad als Bausatz erstanden, das wohl seinesgleichen suche und genau das richtige Abschiedsgeschenk für den scheidenden Herrn Stadtkämmerer Kracherl darstelle – nicht zu modern, aber doch mit allen technischen Raffinessen. Da die offizielle Verabschiedung des Stadtkämmerers bereits auf den übernächsten Tag festgesetzt war, habe man den Bausatz gleich beim Leiter des Bauhofes mit einem entsprechenden Auftrag abgeliefert. Der habe die rechtzeitige Bearbeitung zugesichert.

Die Montage des Fahrrads gestaltete sich dann allerdings nicht ganz so einfach, wie es ursprünglich den Anschein hatte. Der Leiter des Bauhofes, *Franz Mühsam*, sah sich jedenfalls nicht in der Lage, den Auftrag vereinbarungsgemäß durchzuführen. Dies lag in erster Linie daran, dass die Montageanleitung des Bausatzes zwar in englischer, französischer, spanischer, italienischer, japanischer, chinesischer und russischer, nicht aber in deutscher Sprache abgedruckt war.

Franz Mühsam war jedoch keiner dieser Fremdsprachen mächtig, was die Angelegenheit in der Tat sehr erschwerte. Aus diesem Grunde bat er zunächst seinen Stellvertreter *Max Mutig* um Hilfe. Aber auch der besaß keinerlei Kenntnisse in den in der Anleitung angebotenen fremden Sprachen und zudem hatte er nach eigener Aussage mit der Montage von Fahrrad-Bausätzen keinerlei Erfahrung. Also hieß es „Probieren geht über Studieren". Das bedeutete wiederum, dass sämtliche im Bauhof beschäftigten Arbeitnehmer der kleinen Stadt den ganzen Donnerstag damit zu tun hatten, das Rad zusammenzubauen oder zumindest ihre Vorschläge und Meinungen zu einer irgendwie vertretbaren Lösung des anstehenden Problems einbrachten – und das sogar während der üblichen Brotzeitpausen. Allein, man konnte bis zum Abend keinen Erfolg verbuchen und da blieb Franz Mühsam nichts anderes übrig, als den künftigen Stadtkämmerer Zwickl anzurufen und über die fehlgeschlagenen Bemühungen zu berichten.

Georg Zwickl war allerdings nur vorübergehend etwas ratlos. Als überaus findiger Beamter hatte er gleich zwei Ideen, wie man die leidliche Angelegenheit vielleicht doch noch zu einem glücklichen Abschluss bringen könnte. Die erste Idee, den Fahrrad-Pfaffinger zu bitten, das Rad zusammenzustellen, wurde als doch etwas zu peinlich verworfen. Nachdem der Zwickl sich beim Bauhofleiter vergewissert hatte, dass eine der fremden Sprachen in der Aufbauanleitung Englisch war, bat er den Franz Mühsam, unbedingt noch im Büro auf ihn zu warten. Er, der Zwickl, werde sogleich selbst vorbeikommen und sich persönlich um die Angelegenheit kümmern.

Der Chef des Bauhofes wies jedoch auf den nahenden Feierabend hin und konnte nur durch die Auslobung von „zwei bis drei Maß Bier" und einer Brotzeit zum Verweilen überredet werden.

Georg Zwickl wusste, dass sein Freund und Kollege Max Grün eine Schwester hatte, die nach Amerika ausgewandert war und die der Grün schon öfters dort besuchen konnte. Der Kollege sprach deshalb ein leidlich gepflegtes Englisch. Der Zwickl verlor keine Sekunde und suchte den Max Grün in dessen Büro auf. Dieser war gerade dabei, die Bürotür abzuschließen. Er hatte die Tennistasche geschultert, denn es war Donnerstag und dieser Abend war für sein liebstes Steckenpferd reserviert. Der Zwickl schilderte ihm aufgeregt das Dilemma mit der für den Bauhof unbrauchbaren Aufbauanleitung und bat ihn deshalb eindringlich, beim Zusammenbau des „Abschiedsgeschenks" behilflich zu sein und ausnahmsweise auf sein Tennisspiel zu verzichten.

Gemeinsam fuhren sie zum Bauhof, wo sie der Mühsam bereits erwartete. Mithilfe der Englischkenntnisse des Max Grün gelang es innerhalb der nächsten beiden Stunden, das anstehende Problem mehr schlecht als recht zu lösen, und als das Fahrrad dann endlich zumindest einigermaßen fahrbereit war, sandte Georg Zwickl ein Dankgebet zum Himmel.

Am nächsten Tag war es dann endlich so weit. Die Verabschiedung des Stadtkämmerers war ein großes Ereignis. Die Presse war erschienen und die Laudatio hielt natürlich der 1. Bürgermeister und selbstverständlich trug er zu diesem Anlass seine Amtskette. Alles war sehr feierlich. Das Stadtoberhaupt beschrieb den beruflichen Werdegang des Hans Kracherl in den schillerndsten Farben und hob dabei ganz besonders die hervorragende Fähigkeit des ausscheidenden Beamten zur sparsamen Haushaltsführung hervor. Der Bürgermeister gab aber auch der Hoffnung Ausdruck, dass der künftige Stadtkämmerer in gleichem Maße ein Auge auf die Finanzen der Stadt werfen werde wie der scheidende Kämmerer. Unter lautem Applaus des Auditoriums überreichte Max Saalbruch dem verdienten Beamten das zusammengebaute Fahrrad als Abschiedsgeschenk.

Aus allgemein gut unterrichteten Kreisen war jedoch nur wenig später zu hören, das Fahrrad sei in einem solchen Maße mangelhaft gewesen, dass es der frischgebackene Ruheständler dem benannten Einkaufszentrum unter Androhung einer zivilgerichtlichen Klage zurückgegeben und für den wieder ausbezahlten Kaufpreis ein Radl beim Fahrradgeschäft Pfaffinger erstanden haben soll. Dabei musste er allerdings alle seine früheren Haushaltsgrundsätze völlig außer Acht lassen und ein paar Euro mehr investieren

Die Ausgabe hatte sich gelohnt, denn er konnte jetzt endlich (wieder) richtig Rad fahren.

Und die Moral von der Geschicht'?

„Sparst Du als Beamter am falschen Platz,
ist alles oftmals für die Katz!"

(Maximilian Baßlsperger)

Von Gratifikationen, Bonuszahlungen und Jubiläumszuwendungen

Ehrungen dienen sowohl der Anerkennung der in der Vergangenheit gezeigten Leistungen als auch der Motivation für die künftigen Aufgaben. In der Privatwirtschaft erfolgen diese im Rahmen von Bonuszahlungen und Gratifikationen. Auch im öffentlichen Dienst ist es üblich, einem Beamten mittels einer Jubiläumszuwendung Dank und Anerkennung abzustatten.

Millionenschwere Bonuszahlungen an Vorstände in Krisenzeiten wie bei Volkswagen und anderen Firmen führen zum einen zur Unzufriedenheit bei den Mitarbeitern und zum anderen zu Unmut in der Öffentlichkeit. Gerade auch kleine Aktionäre können sich um ihre Dividende gebracht fühlen, wenn Boni ausbezahlt werden. Bei Banken und anderen großen Unternehmen war es üblich, den Mitarbeitern ein 13. und 14. Monatsgehalt auszuzahlen oder sie auf andere Weise am geschäftlichen Erfolg zu beteiligen.
Nicht viel anders gestaltet sich die Lage im öffentlichen Dienst, denn der Beamte erhält geradezu unbegreiflich hohe sogenannte „Jubiläumszuwendungen".

1. Jubiläumszuwendungen

Hierunter sind die Leistungen zu verstehen, welche die Dienstherrn aus Anlass eines Dienstjubiläums gewähren. Und natürlich bedarf es dazu einer gesetzlichen Grundlage.
§ 84 BBG und die entsprechenden Vorschriften der Landesbeamtengesetze bestimmen demgemäß für die Beamten, dass bei Dienstjubiläen eine Jubiläumszuwendung gewährt wird. Die nähere Ausgestaltung zum Anspruch auf eine Jubiläumszuwendung enthält etwa die Verordnung über die Gewährung von Jubiläumszuwendungen an Beamte und Richter des Bundes (**JubV vom 24. Mai 1962**), deren Beträge **seit 60 Jahren nahezu gleichgeblieben** sind.
Die Jubiläumszuwendung beträgt danach die folgenden unglaublichen Summen:

- bei einer Dienstzeit von 25 Jahren 307 Euro,

- bei einer Dienstzeit von 40 Jahren 410 Euro,
- bei einer Dienstzeit von 50 Jahren 512 Euro.

Werden Leistungen im Rahmen von Teilzeitbeschäftigungen nur teilweise gewährt, so zählen die entsprechenden Zeitabschnitte nach § 3 Abs. 1 Nr. 1 JubV dennoch voll als Jubiläumsdienstzeit. Teilzeitbeschäftigte Beamte erhalten damit dieselben Beträge wie vollzeitbeschäftigte. Die Regelung ist nach Ansicht des Gesetzgebers konsequent, denn der Hauptzweck und Sinn der Jubiläumszuwendung ist die Honorierung der „Betriebstreue" des Beamten/der Beamtin. Diese Betriebstreue ist aber genauso bei einer Teilzeitbeschäftigung gegeben – so jedenfalls die Gesetzesbegründung.

Ergänzend sei noch Folgendes erwähnt:

Die frühere Nummer 52 des § 3 EStG ist weggefallen. Die darin enthaltene Steuerfreiheit der Jubiläumszuwendung ist damit aufgehoben worden. Damit unterliegt auch die Jubiläumszuwendung **in vollem Umfang der Einkommensteuer**.

2. Ein Tag dienstfrei

Aber damit noch lange nicht genug des staatlichen Wohlwollens: So wird den Beamten in mehr als großzügiger Weise eine **Freistellung vom Dienst** gewährt. Diese beträgt bei einem 25-, 40- und 50-jährigen Dienstjubiläum jeweils einen Arbeitstag.

Dabei gilt folgender Grundsatz zur Jubiläumszuwendung und zum dienstfreien Tag:

Höhere oder andere Leistungen sind nach dem Rechtssatz des „Vorrangs des Gesetzes" (Art. 20 Abs. 3 GG) nicht zulässig.

3. Eine schöne Urkunde

Aber auch damit noch lange nicht genug! Der Beamte erhält von seinem Dienstherrn außerdem noch eine nach strengen Formulierungsvorschriften gestaltete „Dankesurkunde"!

Die entsprechende Bestimmung lautet:

- „Wird eine entsprechende Urkunde überreicht, so soll diese von der Leiterin oder dem Leiter der zuständigen Behörde oder – in Ausnahmefällen – von deren bestellten Vertretern handschriftlich unterzeichnet und mit einem Dienstsiegel versehen werden. Die Aushändigung der Urkunde soll außerdem in ‚würdiger Form' vom Behördenleiter vorgenommen werden.

- Der Beamte kann auf die Übergabe der Dankesurkunde aber auch jederzeit verzichten. Ein eingeleitetes oder bereits durchgeführtes Disziplinarverfahren kann der Aushändigung einer Dankesurkunde entgegenstehen."

„Man darf nur mit ganz kleinen Sachen den Staatsdienern eine Freude machen!"

(Maximilian Baßlsperger)

Ein Geschenk mit kuriosen Folgen: Lehrerin zahlt 4.000 Euro Strafe

Eine Berliner Lehrerin muss wegen eines Geschenkes, das sie von Schülern ihres Abiturkurses erhalten hat, eine Strafe von 4.000 Euro zahlen. Der Vater eines Schülers hatte die Lehrerin wegen Vorteilsannahme (§ 331 StGB) angezeigt, weil sie das Geschenk im Wert von 200 Euro angenommen hatte. Besonders kurios: Der Vater, der die Lehrerin anzeigte, war selbst Lehrer.

Auch das soll es heute noch geben: Schüler, die mit ihrem Lehrer/ihrer Lehrerin über viele Jahre hinweg ein gutes Verhältnis haben und ihm/ihr deswegen aus besonderen Anlässen eine Freude bereiten wollen. Ein solcher Anlass kann, wie in dem konkreten Fall, eine bestandene Abiturprüfung sein.

Was viele Lehrer – und besonders deren Schüler – nicht wissen: Beamte (und Angestellte des öffentlichen Dienstes) dürfen Geschenke nur dann annehmen, wenn sie einen bestimmten Wert nicht übersteigen. Dieser Wert beträgt in Berlin nach einer Ausführungsvorschrift für den gesamten öffentlichen Dienst, die im Januar 2013 von der Innenverwaltung aktualisiert wurde, maximal 10 Euro. Dabei gibt es aber eine weitere Einschränkung: Nach dieser Vorschrift dürfen Staatsbedienstete „geringwertige Werbegeschenke wie Kalender oder Kugelschreiber" nur bis zu einem Wert von fünf Euro „je Vorteilsgeber und Kalenderjahr" annehmen.

Eine Aufmerksamkeit einzelner Bürger, „mit der der Dank der Allgemeinheit uneigennützig zum Ausdruck gebracht werden soll" (beispielsweise ein Blumenstrauß), ist bis zu einem Wert von insgesamt 10 Euro zulässig. Dies gilt nach der einschlägigen Bestimmung auch für „Geschenke von Eltern oder Schülerinnen oder Schüler, die damit im eigenen Namen oder im Namen einer Gruppe oder Klasse Dank zum Ausdruck bringen wollen".

Das Ergebnis:
Durch die Annahme des Geschenkes beging die Lehrerin eine Straftat (Vorteilsannahme, § 331 StGB). Sie wurde zu einer Geldstrafe von 4.000 Euro verurteilt.

> Dabei scheint es allerdings so, dass die entsprechenden Verwaltungsregelungen die Grenzen des „normal denkenden Durchschnittsbürgers“ (siehe Prolog) weit überschreiten!

Gewiss: Die Annahme von Belohnungen und Geschenken für Beamte und Angestellte des öffentlichen Dienstes muss begrenzt bleiben, denn es gilt, das Ansehen und die Integrität des Berufsbeamtentums zu wahren. Die engen Regelungen für die Annahme solcher Belohnungen und Geschenken könnten allerdings von Außenstehenden als „scheinheilig“ eingestuft werden, wenn man bedankt, dass Lehrer weiterhin „Freifahrten, Freiflüge oder Freiplätze“ etwa von Reiseveranstaltern annehmen dürfen, weil dadurch die Ausgaben, die ansonsten ihrem Dienstherrn zur Last fielen eingespart werden.
Sinn und Zweck: Auf diese Weise sollen für den Dienstherrn der Beamten die Kosten für die Dienstreisen minimiert werden.
Weiterhin stellt sich die Frage: Worin sollte jetzt noch – nach Abschluss der Abiturprüfung – ein Vorteil oder Entgegenkommen liegen, das sich die Schüler oder ihre Eltern von einem Lehrer erhoffen? Wie „sinnvoll“ und praxisfern die „10-Euro-Regelung“ ist, zeigen außerdem die folgenden **Beispiele:**

- Ein Abiturjahrgang besteht aus 40 Schülern. Aus Wertschätzung der jahrelangen Verdienste, die sich eine Lehrerin erworben hat, will er dieser Pädagogin ein Abschiedsgeschenk machen. Bei der Höchstgrenze von 10 Euro darf der Klassensprecher **von jedem Schüler 25 Cent** einsammeln.
- Zum Blumenstrauß (siehe das oben angeführte Beispiel der Berliner Verwaltungsvorschrift): Eine langstielige Rose kostet heute in einem Blumengeschäft 4 Euro. Die Abiturklasse könnte ihrer Lehrerin also (rein rechnerisch) **2,5 Rosen** – ohne Verpackungsmaterial – als Anerkennung ihrer jahrelangen erfolgreichen Arbeit überreichen!

Zum Schluss noch ein paar Worte über den „Kollegen“ der die Lehrerin anzeigte:
Ein weiteres Zusammenarbeiten mit diesem „Kollegen“ würde alleine bereits eine Beförderung oder zumindest eine Gratifikation für die beliebte Lehrerin rechtfertigen.

Nachbarschaftshilfe, oder: Warum einfach, wenn es auch völlig kompliziert geht?

Im Rahmen der guten Nachbarschaft wäre es denkbar, dass sich etwa eine Gemeinde der Kenntnisse eines Standesbeamten einer anderen Kommune bedient und ihn im Wege der Amtshilfe (§ 5 Abs. 1 Nr. 2 VwVfG) als Vertreter des wegen Krankheit verhinderten eigenen Standesbeamten einsetzt. Bei einem solchen Einsatz sind aber vorab etliche wichtige beamtenrechtliche Fragen zu klären.

Der Standesbeamte *Paul Pech* übt normalerweise bei der Gemeinde A. eine amtliche Tätigkeit aus. Leider ist er gegenwärtig für eine vorübergehende Zeit dienstunfähig. Der ebenfalls als Standesbeamte tätige Kollege *Günther Glück* aus der Nachbarstadt B. würde, falls er den Beamten bei der Gemeinde A. vertritt, eine nebenamtliche Tätigkeit ausüben. Er würde dabei als Vertreter Kenntnisse benötigen und umsetzen, die er sich bei seinem Dienstherrn (Stadt B.) angeeignet hat und für welche der Stadt B. finanzielle Aufwendungen angefallen sind (Ausbildung, Besuch der einschlägigen Fortbildungsveranstaltungen etc.). Im Rahmen des beamtenrechtlichen Nebentätigkeitsrechts sind dabei folgende Punkte zu berücksichtigen:

1. Nebentätigkeitsgenehmigung

Da eine amtliche Nebentätigkeit nicht unter die Tatbestände der genehmigungsfreien Nebentätigkeiten fällt (vgl. Art. 82 BayBG bzw. das jeweils einschlägige Landesbeamtengesetz), bedarf der Standesbeamte der Stadt B. (Günther Glück) für seine Tätigkeit bei der Gemeinde A. grundsätzlich einer Genehmigung der Stadt B. Die Entscheidung über die Genehmigung der Nebentätigkeit trifft dabei die Stadt B., denn die Frage der Zulässigkeit der nebenamtlichen Tätigkeit und einer evtl. Ablieferungspflicht betrifft ausschließlich die Beschäftigungsbehörde. Die Prüfung der dienstlichen Voraussetzungen für eine Nebentätigkeitsgenehmigung obliegt als beamtenrechtliche Angelegenheit der jeweiligen Kommune. Eventuell auftretende

Probleme müssten allenfalls durch die zuständige Rechtsaufsichtsbehörde geklärt werden.
Der nebenamtlichen Tätigkeit sollten nach eingehender Prüfung jedenfalls keine Bedenken entgegenstehen. Die Beschäftigung darf dabei nur acht Stunden pro Woche nicht überschreiten, sie muss ausschließlich außerhalb der üblichen Dienstzeit bei der Stadt B. und unter Vermeidung sonstiger Interessenskonflikte zwischen den beiden Kommunen ausgeübt werden.

2. Vergütung

Nach § 9 Abs. 1 Nr. 2 BayNV (und den jeweiligen Vorschriften der Nebentätigkeitsverordnung der einzelnen Länder) kann bei einer Vertretung eines Standesbeamten (= Tätigkeit im öffentlichen Dienst nach § 5 BayNV bzw. nach der jeweils einschlägigen Landesverordnung) eine Vergütung gewährt werden, wenn für diese Tätigkeit auf andere Weise eine geeignete Arbeitskraft ohne erheblichen Mehraufwand nicht gewonnen werden kann. Außerdem ist dem nebenamtlich tätigen Standesbeamten die Übernahme des Nebenamts bei der Gemeinde A. ohne Entlastung im Hauptamt grundsätzlich wohl nicht zumutbar (§ 9 Abs. 1 Nr. 3 BayNV bzw. das jeweils einschlägige Landesbeamtengesetz). Damit stellt sich die Frage nach der Ablieferungspflicht der gezahlten Vergütung.

3. Ablieferungspflicht

Die Ablieferungspflicht setzt nach dem Grundsatz des Vorbehalts des Gesetzes eine rechtliche Grundlage voraus. Nach § 10 Abs. 1 Satz 1 BayNV (bzw. nach der jeweils einschlägigen Landesverordnung) sind Vergütungen für eine oder mehrere Nebentätigkeiten, die im öffentlichen oder in dem ihm gleichstehenden Dienst oder auf Vorschlag oder Veranlassung seines Dienstherrn ausgeübt werden, von dem Beamten insoweit an seinen Dienstherrn (Stadt B.) abzuliefern, als sie für die in einem Kalenderjahr ausgeübten Tätigkeiten die jeweiligen Höchstbeträge übersteigen. Soweit es sich bei der Nebentätigkeit aber um Tätigkeiten bei Körperschaften handelt, entfällt der Ablieferungsfreibetrag. Hier handelt es sich um eine Tätigkeit in einer Kommune und damit in einer Körperschaft des öffentlichen

Rechts. Die Folge wäre, dass der Standesbeamte Günther Glück seine Vergütung bei seinem Dienstherrn (Stadt B.) abzuliefern hätte.
Die Stadt B. könnte jedoch auf die Abführungspflicht verzichten (§ 11 Abs. 1 Nr. 11 BayNV und das entsprechende Landesrecht), wenn die Nebentätigkeit **im öffentlichen Interesse** steht. Dabei ist grundsätzlich ein strenger Maßstab anzulegen (siehe auch Ziffer 10.2 der VV BeamtR). Bei dem Begriff des öffentlichen Interesses ist auf das „Gemeinwohl" abzustellen, ein Dienstherrnbezug ist dabei nicht notwendig. Wenn bei der Gemeinde A. kein geeignetes Personal für die Aufgabenstellung gewonnen werden kann oder eine entsprechende Aufgabenerfüllung nicht ohne einen erheblichen finanziellen Mehraufwand möglich wäre, wird ein solches öffentliches Interesse, das zu einem Absehen von der Ablieferungspflicht führt, sehr wohl vorliegen.
Ob die Voraussetzungen für eine Ausnahmeregelung bezüglich der Ablieferungspflicht gegeben sind, stellt eine beamtenrechtliche Frage dar. Die Entscheidungsbefugnis liegt allein beim jeweiligen Dienstherrn, also bei der Stadt B. Eventuell auftretende Probleme müssten – worauf bereits oben hingewiesen wurde – durch die zuständige Rechtsaufsichtsbehörde geklärt werden.

Und Asterix würde wohl auch hierzu sagen:
„Die spinnen, die …"

An- und Ausziehen von Dienstkleidung: Freizeit oder Arbeitszeit?

Dienstkleidung ist eine Kleidung in einheitlicher Farbe, einheitlichem Schnitt und ggf. mit einheitlichen Abzeichen, wie etwa bei Polizei- oder Feuerwehrbeamten. Wird diese Kleidung in den Diensträumen an- und ausgezogen, so stellt sich die Frage, ob damit bereits ein dem Beamten zeitlich anrechenbarer Dienst geleistet wird.

Bestimmte Beamte sind verpflichtet, Dienstkleidung zu tragen (vgl. § 74 BBG und das jeweilige Landesbeamtenrecht). Dienstkleidung ist dabei grundsätzlich von der Schutzkleidung zu unterscheiden. Ist die Dienstkleidung ausnahmsweise gleichzeitig Schutzkleidung – wie dies etwa im Bereich der Bereitschaftspolizei oder bei Feuerwehrbeamten der Fall ist –, gelten die beamtenrechtlichen Bestimmungen über die Dienstkleidung entsprechend (Weiß/Niedermaier/Summer, Art. 75 BayBG, Rn. 5).

Arbeitszeit ist nach der europarechtlichen Vorgabe des Art. 2 Abs. 1 der Richtlinie 2003/88/EG jede Zeitspanne, während der ein Beamter gemäß den einzelstaatlichen Rechtsvorschriften und/oder Gepflogenheiten arbeitet, dem Dienstherrn zur Verfügung steht und seine Tätigkeit ausübt oder Aufgaben wahrnimmt. Diesem Wortlaut lässt sich aber kein Hinweis entnehmen, welche Tätigkeiten im Einzelnen als dienstliche Verrichtungen auf die Arbeitszeit anzurechnen sind. Die Richtlinie regelt nach der Rechtsprechung des BVerwG nicht die Voraussetzungen für Beginn und Ende der Arbeitszeit (vgl. BVerwG, Beschluss v. 25. August 2011, Az.: 2 B 38/11). Zeiten für das An- und Ausziehen der Uniform gehören nach dem BVerwG jedenfalls nicht bereits wegen der dienstlichen Uniformpflicht von bestimmten Beamtengruppen zur Arbeitszeit.

Welche Vorbereitungs- und Nachbereitungshandlungen im Grenz- und Überschneidungsbereich zwischen Dienstausübung und Freizeit des Beamten als dienstliche Verrichtungen auf die Arbeitszeit anzurechnen sind, wird in den Beamtengesetzen von Bund und Ländern nicht geregelt. Beim An- und Ausziehen von Dienstkleidung handelt es sich um Tätigkeiten, die im Grenz- bzw. Überschneidungsbereich zwischen Dienstausübung und Freizeit des Beamten liegen. Dabei ist eine Einstufung durch den jeweiligen Dienstherrn schon aus dem beamtenrechtlichen Dienst- und Treueverhältnis (Art. 33 Abs. 4 GG) und der Fürsorgepflicht nach § 45 BeamtStG/§ 78 BBG vorzunehmen.

Dabei stellen Tätigkeiten mit dienstlichem Bezug, welche die Beamten in der Dienststelle vornehmen müssen, regelmäßig eine Dienstausübung dar und sind deshalb als Arbeitszeit zu bewerten, sofern sie mit einem „mehr als nur geringfügigen zeitlichen Aufwand“ verbunden sind (BVerwG, v. 25. August 2011, Az.: 2 B 38.11-; BayVGH , Urteil v. 8. Oktober 2015; Az.: 3 BV 13.1536; siehe dazu aber auch OVG NRW, Urteil v. 3. November 2016, Az.: 6 A 2250/14 -).

Deshalb gilt:

Nicht jede Inanspruchnahme des Beamten im Dienstgebäude ist Dienst im arbeitszeitrechtlichen Sinne. Erforderlich ist vielmehr, dass die Inanspruchnahme zum Bereich der vom Beamten wahrzunehmenden Aufgaben des ihm übertragenen Amtes gehört oder ihn jedenfalls im Zusammenhang mit der Wahrnehmung von Dienstaufgaben nach den besonderen Umständen des Einzelfalls in seiner Aufmerksamkeit und Dispositionsfreiheit so erheblich in Anspruch nimmt, dass sie den ihm obliegenden Dienstverrichtungen gleich zu achten ist. Dabei bedarf es einer Entscheidung des Dienstherrn mit dem Ergebnis, dass die jeweilige Tätigkeit zu dem Kreis der dienstlichen Aufgaben gehört (BVerwG 25. August 2011, a.a.O.). Dauert das An- und Ausziehen der Dienst- oder Schutzkleidung nur wenige Minuten, so ist von einer geringfügigen dienstlichen Inanspruchnahme auszugehen, auf welche der Dienstherr nicht durch einen anderweitigen zeitlichen Ausgleich reagieren muss.

An dieser Beurteilung ändert sich erst recht dann nichts, wenn sich die Beamten in ihrer Wohnung umziehen können und der zeitliche Aufwand für das Umkleiden dort ebenfalls nicht ins Gewicht fällt (BVerwG 25. August 2011. Az.: 2 B 38.11).

Etwas anderes kann sich allerdings ergeben, wenn das Umkleiden wegen der Besonderheit der Dienstkleidung mit einem zeitlichen Mehraufwand verbunden ist, wie das etwa bei Feuerschutzkleidung, Atemschutzgeräten, Tauchausrüstungen etc. der Fall sein wird. Dies würde auch dann zur Dienstzeit rechnen, wenn das Umziehen zuhause erfolgt!

Fazit:
Diese Rechtsprechung zeugt wieder einmal von einer ganz besonderen Praxisnähe, denn man sieht doch immer wieder Beamte, die sich mit Taucherausrüstung oder Atemschutzgerät in öffentlichen Verkehrsmitteln zu ihrem Dienstort begeben!

„Am schlimmsten sind die Richter, die glauben, schon deshalb recht zu haben, weil sie Recht sprechen dürfen."
(Robert Muthmann)

© Kakigori | Dreamstime.com

„Einser-Abiturienten“ und „Depperlaufstieg“ im öffentlichen Dienst?

Auch als pensionierter Beamter nehme ich ab und zu noch als Gast an einem Behördenstammtisch teil. Einige meiner Stammtischbesuche habe ich in diesem Band dokumentiert. Dabei werden aktuelle Fragen heiß und durchaus kontrovers diskutiert. Das Thema war diesmal ein in allen Tageszeitungen und natürlich auch im Rundfunk und im Fernsehen behandeltes Thema: Jeder vierte Abiturient in Deutschland besitzt einen Notendurchschnitt mit einer „1“ vor dem Komma.

Stammtische haben gerade für die Beschäftigten im öffentlichen Dienst den großen Vorteil, dass man hier unabhängig von seinem jeweiligen Amt so reden kann, soll und darf, „wie einem der Schnabel gewachsen ist“, und man spart deshalb auch nicht mit Kritik. An diesem „heiligen“ Ort gibt es eben weder Standesdünkel noch Laufbahngruppen oder „Qualifikationsebenen“. Jeder legt ohne Rückhalt seine Meinung dar und hält auch meistens daran fest. Ludwig Thoma, der wohl bekannteste bayerische Schriftsteller, meint dazu: Bei einer Verschiedenheit der Meinung obsiegt dabei oft der mächtige Schall der Stimme, nicht aber die Kraft der Gründe …
Am letzten Freitagabend vor unserem Treffen waren Medienberichte, nach denen jeder vierte Abiturient in Deutschland eine „1“ vor dem Komma seines Gesamtergebnisses stehen hat, das Thema der Diskussion beim „Behördenstammtisch“. Dabei wurden im „Huberbräu“ die unterschiedlichsten Positionen bezogen, von denen ich hier nur die „wichtigsten“ wiedergeben will. Natürlich wurden sowohl der Ort der Handlung als auch die Namen der Protagonisten geändert.
Es begann **Rektor Wimmer**. Er meinte, der Anteil der Einser-Abiturienten sei bundesweit in den vergangenen zehn Jahren deutlich gestiegen. Jeder vierte Abiturient habe jetzt nach übereinstimmenden Berichten in der Presse die Note „1“ und in Thüringen sogar schon 40 Prozent. Das gehe doch nicht mit rechten Dingen zu. Die Bewer-

tungen seien zwar hervorragend, zweifelhaft seien aber die Leistungen der Abiturienten.

Amtsrat Meier fuhr fort: „Die Anwärter, die mir zur praktischen Ausbildung zugeteilt sind, haben zwar alle ein gutes Abitur, aber tatsächlich werden sie immer dümmer. Gestern machte mir einer den Vorschlag, man solle belastende Verwaltungsakte doch nur mehr erlassen, wenn das Ergebnis vorher in einem Workshop ergebnisoffen diskutiert wurde." Der Anwärter hätte das so von einem ausgebildeten Psychologen an der „Hochschule für den öffentlichen Dienst" gelernt und auch schon am Gymnasium habe er in Teamarbeit Leistungen erbracht, die ihm letztendlich zu einer Durchschnittsnote im Abitur von 1,5 verholfen hätten.

Verwaltungshauptsekretär Huber fragte, warum man denn an einer „Hochschule für den öffentlichen Dienst" überhaupt einen hauptamtlichen Psychologen brauche, der sei doch „überflüssig wie ein Kropf". Er meinte, es sei doch unglaublich, dass „Gemeinschaftsarbeiten", die mit Sicherheit auf eine Anregung dieses „Pseudowissenschaftlers" zurückzuführen seien, in die Note einfließen würden.

Worauf **Meier** wiederum meinte, dass es im öffentlichen Dienst in der Praxis schon zeitlich gar nicht infrage komme, so zu arbeiten, wie an diesen „Depperlschulen" (gemeint waren Verwaltungsschulen für den mittleren Dienst, die sich mittlerweile „Akademie" nennen, und die Hochschulen für den öffentlichen Dienst, welchen die Ausbildung im gehobenen Dienst anvertraut ist). Wenn er einen Bescheid unterzeichne, dann sei das eben sein Bescheid und nicht der seiner Mitarbeiter.

Regierungsdirektor Schneider warf ein, dass auch beim Aufstieg von Beamten in die nächste Laufbahngruppe nicht mehr nur anonym und persönlich erbrachte Leistungen und individuelle Noten zählten, sondern im Rahmen der „modularen Qualifizierung" schon allein die Teilnahme an einigen Seminaren genügen würde, um in den höheren Dienst aufzusteigen. Und wenn schon einmal eine Leistung bewertet werden müsste, dann geschehe dies aufgrund einer Gruppenarbeit, in der man sich gemeinschaftlich zu irgendeinem Schmarrn wie „Soziale Kompetenz" oder „Bürgerfreundliche Verwaltung" äußern dürfe.

Oberregierungsrat Schulze, der erst kürzlich im Wege der „modularen Qualifizierung" in sein Amt ernannt worden war, warf ein, es gäbe in Bayern ja gar keine Laufbahngruppen mehr, sondern nur eine Einheitslaufbahn mit vier Qualifikationsebenen. Er lobte die neue Form des Aufstiegs, die er ja selber durchlaufen hatte. Die Teilnahmen an diversen Workshops, Gruppendiskussionen und Gesprächskreisen seien zwar tatsächlich das Wichtigste dabei gewesen, aber schließlich hätten auch Prüfungen im Multiple-Choice-Verfahren absolviert werden müssen, und das zeige, dass er zu den selben Leistungen fähig sei, wie ein Jurist als normaler Laufbahnbewerber mit zwei absolvierten Staatsexamina.
Hier entgegnete ihm der pensionierte **Hausmeister Pframminger,** dass das Aufstiegsverfahren im Rahmen der „modularen Qualifizierung" einfach ein Witz sei. „Jeder Trottel kann jetzt in den höheren Dienst kommen, wenn er nur seinen jeweiligen Vorgesetzten genügend hofiert und sich das ‚Radlfahrertum' zu eigen macht: Nach oben buckeln und nach unten treten, dann darf er an dem neuen Verfahren teilnehmen und alles ist gelaufen!" Er bezeichnete diese neue Form der „modularen Qualifizierung" dann auch noch als „Depperlaufstieg".
Schulze war entsetzt, bestritt dies aufs Heftigste und sprach von einer ans Beleidigende grenzenden Aussage, die er nur wegen Pframmingers hohem Alter nicht durch eine Strafanzeige verfolgen würde.
Regierungsoberinspektor Loibl meinte, man solle die Wogen wieder glätten, aber es stehe eindeutig fest, dass die Anwärter, was etwa die Rechtschreibung und auch die praktischen und theoretischen Leistungen in der Ausbildung betreffe, immer schwächer würden. Er führte das darauf zurück, dass man bereits für ein glänzendes Abitur eben nicht mehr annähernd so gute Leistungen erbringen müsse wie noch vor 20 Jahren.
Huber fragte nun, ob das etwa damit zusammenhängen könne, dass man eine so große Anzahl von Lehrern mit Zeitverträgen einsetzen würde, die damit jedes Jahr neu um ihre Zukunft bangen müssten und eben deswegen bereit seien, überdurchschnittlich gute Noten zu verteilen. Entscheidend für einen weiteren Vertrag seien schließlich auch die Bewertungen im Rahmen der „Evaluation" durch die Schü-

ler und deren Eltern. „Gut dastehen tut da immer doch nur der, der sich mit den Schülern bei der Notenvergabe großzügig zeigt!"
Meier erinnerte jetzt an die „Freitagsdemonstrationen" der Schüler für einen besseren Klimaschutz und meinte, wenn man nur vier statt fünf Tage Unterricht habe – und das auch noch im Einverständnis mit den Lehrern und – das schlage dem Fass den Boden aus – auch der Bundeskanzlerin – dann komme eben dabei heraus, dass man jedem vierten Schüler die Note „1" ins Zeugnis schreiben müsse! Das sei die Schuld der „Greta Garbo – oder – wie die heißt!"
Pframminger vertrat die Auffassung, Lehrer hätten doch auch so jeden Nachmittag frei, während „normale" Beamte nur 30 Tage Urlaub im Jahr einbringen könnten, hätten Lehrer Herbst-, Winter-, Faschings-, Oster-, Pfingst- und auch noch große Ferien von insgesamt mindestens 18 Wochen, was rein rechnerisch einer Freistellung von ca. 80 Tagen im Jahr entspreche!
Leitender Regierungsdirektor König berichtete jetzt von einem Fall, den er als ehemaliger Dozent an der Hochschule für den öffentlichen Dienst in Bayern im schönen Wasserburg am Inn erlebt habe. Da habe ein „Studierender" in einer „Diplomarbeit" 57(!) Rechtschreibfehler begangen und dann doch noch die Note „4" erhalten! Jetzt sei er als Akademiker im gehobenen Dienst und werde wohl auch bald den Aufstieg in den höheren Dienst anstreben.
Meier brachte entsetzt zum Ausdruck, dass eine Person, die „kein gescheites Deutsch nicht könne"(!) doch nicht auf die Allgemeinheit losgelassen werden dürfe, auch wenn man an diesem Fachbereich früher das Diplom völlig ohne Diplomarbeit erhalten konnte und man „nur" eine Seminararbeit abzuliefern hatte. Jetzt schreibe man statt „Seminararbeit" nur „Diplomarbeit" darüber.
König entgegnete, man habe die frühere Seminararbeit – weil sich das nach außen besser darstelle – einfach in „Diplomarbeit" umbenannt. Man wolle eben nicht mehr wie früher ein „Diplom ohne Diplomarbeit" vergeben. Die Anforderungen seien sowohl hier als auch sonst bei der Ausbildung aber völlig identisch geblieben.
Schulze vertrat die Ansicht, dass man Schüler und Lehrer doch nicht überfordern dürfe. Für beide Seiten sei das Leben schon schwer genug. Lehrer müssten jeden Tag ihren Unterricht vor- und auch nach-

bereiten. Er wisse das schließlich zur Genüge, da auch seine Gattin Lehrerin am Gymnasium für die Fächer Sport und Geschichte sei.

Pframminger entgegnete, bei den Fächern Sport und Geschichte stelle sich für ihn doch die wohl nicht ganz unberechtigte Frage, was man da noch vorbereiten müsse, denn da könne sich doch rein gar nichts geändert haben.

Loibl ergänzte: „Wenn heute 40 Prozent eines Jahrgangs das Abitur mit einer „1" schaffen, müssen die Anforderungen insgesamt gesunken sein!" Und das dann die Anwärter im öffentlichen Dienst eben „blöder" seien als früher, sei die natürliche Folge dieser Entwicklung. Und auch Lehrer seien nun einmal Angehörige des öffentlichen Dienstes!

König meinte jetzt, weder die Anwärter des gehobenen und des mittleren Dienstes noch die Abiturienten trügen die Verantwortung dafür, dass das Bildungsniveau bei uns immer niedriger werde. Wer einen modularen Aufstieg gesetzlich ermögliche, der handele allein aus politischen Gründen, weil er damit natürlich bei seinen Wählern gut ankomme, er müsse dann aber auch für das gesunkene Niveau die Konsequenzen tragen.

Dem stimmte Pframminger zu und schloss mit einem Zitat von *Kurt Tucholsky:*

„Der Vorteil der Bildung besteht darin, dass man sich dumm stellen kann. Das Gegenteil ist da schon wesentlich schwieriger!"

Man diskutierte noch eine ganze Weile und sogar Pframminger und Schulze versöhnten sich nach dem Genuss diverser alkoholischer Getränke wieder einigermaßen …

Kapitel 4: Vom Privatleben des Beamten

Auch Beamte sollen nach weit verbreiteter Meinung nur Menschen sein und damit steht auch ihnen ab und zu etwas Freizeit und Urlaub zu.
Die nun folgenden Abhandlungen befassen sich mit möglichst sinnvollen Freizeitbeschäftigungen für unsere Beamten, dabei gilt aber stets als oberster Grundsatz: „Beamte und Beamtinnen sind immer im Dienst!“
Dieser Grundsatz greift für sportliche und „ganz persönliche“ Aktivitäten genauso, wie für Maßnahmen, die sein Erscheinungsbild betreffen (Uniform, Körperschmuck, Tätowierungen) …

Golf, die fast ideale Freizeitbeschäftigung für den Beamten

Bei meinen Überlegungen zu einer sinnvollen der Körperertüchtigung dienenden Freizeitbeschäftigung eines Beamten kamen anfangs gleich mehrere Sportarten in die engere Auswahl. Fußball und Skifahren schieden allerdings sofort aus, weil sich hier bekanntlich die mit Abstand meisten Sportverletzungen ereignen und der Beamte schon wegen seines Dienst- und Treueverhältnisses verpflichtet ist, seine Gesundheit nach Möglichkeit bestens zu erhalten und nicht zu gefährden. Obwohl viele Staatsdiener diesen beiden Hobbys nachgehen, können sie also nicht als „ideal" eingestuft werden.

Wegen der zahlreichen körperlichen Angriffe auf Lehrer, Polizisten und Beamte in den Einwanderungs- und Steuerbehörden drängten sich in der Konsequenz Selbstverteidigungsarten wie Judo, Karate oder „Dim Mak" (eine alte chinesische Kampfkunst mit meist tödlichem Ausgang für den jeweiligen Gegner) geradezu auf. Da diese sportlichen Aktivitäten allerdings schon in der Erprobungsphase mit einem relativ hohen Eigenrisiko verbunden sind, kamen auch sie – trotz der sich hieraus zweifellos ergebenden tatsächlichen Vorteile für den Beamten und seine Verwaltung – nicht infrage. Dies galt trotz der Vielzahl von körperlichen Attacken auf Amtsträger im Übrigen auch für jede Sportart, die nur mit Schusswaffen ausgeübt werden kann, wie etwa das Kleinkaliber-, Tontauben- oder das Bogenschießen, denn die Bewaffnung bei der Dienstausübung sollte doch in erster Linie der Polizei und dem Militär vorbehalten bleiben.
Wettkämpfe in Schach, Mikado, Mühle oder Halma können da schon eher gefahrlos ausgeübt werden, aber abgesehen davon, dass hierbei eine Steigerung der körpereigenen Abwehrkräfte kaum zu erwarten ist, musste es doch noch etwas Besseres geben …
Und da fiel es mir wie „Schuppen von den Augen": **Golf!**
Golf ist schlichtweg die beste sportliche Beschäftigung für die Beamten, und das hat gleich mehrere Gründe:

1. Gesunderhaltungspflicht

Der Beamte hat sich mit voller Hingabe seinem Beruf zu widmen (§ 34 BeamtStG), und dazu gehört nach dem Bundesverwaltungsgericht auch, dass er alles zu unternehmen hat, um seine Gesundheit zu erhalten und, wenn möglich, zu fördern (BVerwGE 63, 327). Mit dem Golfspiel kann er dieser Verpflichtung gleich in mehrfacher Hinsicht nachkommen.

Da Golf neben den oben erwähnten Betätigungen wie Schach, Mikado, Mühle oder Halma zu den wohl ungefährlichsten Sportarten überhaupt zählt, spricht insofern absolut nichts gegen die Ausübung, zumal diese Beschäftigung noch bis ins hohe Alter praktiziert werden kann und deshalb auch meist von Personen im Renten- bzw. Pensionsalter ausgeübt wird. Golfbälle sind nach weit verbreiteter Meinung für Männer gut, die zu alt sind, um schöneren Dingen nachzulaufen.

Außerordentlich wichtig zur Vorbeugung gegen die besonders bei Beamten sehr häufig anzutreffenden psychischen Erkrankungen ist Folgendes: Gerade diejenigen Golfspieler, denen der ersehnte Erfolg in anderen sportlichen Disziplinen völlig versagt geblieben ist – weil sie es etwa beim Fußball nie über den Status eines Ersatzspielers gebracht haben oder beim Tennis mehr durch das Produzieren von Luftlöchern als durch eine elegante Rückhand auffielen –, werden beim Golf in psychologischer Hinsicht vieles nachholen und bisher ungeahnte Glücksgefühle erfahren können. Beim Golf zählt nämlich weder Talent noch körperliche Fitness, sondern ausschließlich die häufige Praxis. Anders ausgedrückt: Wer viel spielt, wird automatisch ein besserer und vielleicht sogar ein guter Golfer, was wiederum zu einer enormen Steigerung des Selbstwertgefühls beiträgt.

Für den Beamten und seinen Dienstherrn ist aber noch ein Weiteres besonders wichtig: Golf ist gesundheitsfördernd, obwohl oder gerade weil es mit keinerlei körperlicher Anstrengung verbunden ist. Golf ist bekanntlich nichts anderes als das angenehme Spazierengehen in einer eigens dafür in achtzehn Bahnen gepressten Natur, dafür aber mit gelegentlicher Ballberührung.

Und keiner/keine von Ihnen, verehrte Leser und Leserinnen, wird bestreiten, dass Wandern und Spazierengehen für Leib und Seele förderlich sind!

2. Fort- und Weiterbildung

Gerade weil sich der Beamte mit voller Hingabe seinem Beruf zu widmen hat (§ 34 BeamtStG), ist er zu einer ständigen Fort- und Weiterbildung verpflichtet. Dazu zählt bei einer immer mehr an der Globalisierung orientierten Verwaltungstätigkeit auch die Aneignung oder Verbesserung von Fremdsprachenkennnissen. Englisch steht da als „Weltsprache“ natürlich an allererster Stelle, und wo könnte man sich in dieser Sprache besser fortbilden als gerade beim Golfspiel. Auch wer behauptet, dem Englischen einigermaßen mächtig zu sein, wird beim Golf vermutlich eines Besseren belehrt.

Begleiten wir also einfach einmal eine Gruppe von Golfspielern („flight“) auf ihrem Weg über den Platz („court“) …

Nach einer längeren Wartezeit darf der beste Spieler, also der mit dem niedrigsten „handicap“ (bisher besten Ergebnissen), den ersten „drive“ (= möglichst weiter Schlag) ausführen. Er steckt nun ein „tee“ (= kleines Stück Holz – mittlerweile zeitgemäß auch aus Plastik erhältlich) in den Boden und legt seinen Ball mit viel Gefühl auf dieses. Nun zieht er den „driver“ (= längster Schläger) aus einem mitgeführten „bag“ (= Sack). Diesen Sack schleppt er natürlich nicht stundenlang selbst mit sich herum. Er überlässt diese zumindest in südlichen Ländern doch mit etwas Mühe verbundene Tätigkeit vielmehr einem „caddy“ (= besonders geschulter, meist eingeborener Sackträger), der ihn von nun an auch bei der Auswahl seiner „clubs“ (= Schläger) bestens berät. In unseren Breiten benutzt er mangels eines solchen „caddys“ wenigstens einen „trolley“ (= Sackwagen). Diesen schiebt oder zieht ein Golfer natürlich ebenfalls nicht persönlich. Selbstfahrende, ferngesteuerte Elektrosackwagen sind sehr beliebt, aber noch viel beliebter ist gleich die Benutzung eines ebenfalls elektrisch betriebenen „Golfcarts“ (= Kleinautos), wobei allerdings der gesundheitliche Vorteil des Spazierengehens (siehe oben) auf ein Minimum reduziert wird. Dem Golfsport muss hier jedoch hoch angerechnet werden, dass er damit auch von Leuten betrieben werden kann, denen wegen ihrer enormen Bewegungsbeeinträchtigung oder ihrer Adipositas ansonsten bereits der Schwerbehindertenstatus zuerkannt wurde!

Laien des Golfspiels mögen diese das „bag“ betreffenden Fortbewegungserleichterungen zwar als völlig „unsportlich“ bezeichnen,

nicht so der Golfspieler selbst, denn er benötigt seine ganze Energie für die in diesem „Sport" unerlässliche Zielgenauigkeit. Also ist Konzentration von nun an also oberstes Gebot!
Warum es allerdings üblich ist, dass jeder Golfer beim „Ansprechen" (= Zielen) gleichzeitig mit Schläger und Hinterteil kräftig hin- und her wedelt („waggelt"), ist nicht ersichtlich. Diese bei gestandenen Männern eher als lustig zu bezeichnende und allenfalls bei den ganz wenigen jüngeren Golferinnen anmutende Dauerbewegung ist in den Augen von uns Laien ohne jeglichen praktischen Nutzen, und sie ist - wie der gesamte „Sport" - allenfalls einer langjährigen englischen Tradition zuzuschreiben. Sollte das „Waggeln" aber doch untrennbar mit der Konzentration des Golfspielers verbunden sein, dann sind Überlegungen, aus welchem Körperteil dieser seine Konzentration bezieht, nicht ganz unangebracht.
Nach dem „Waggeln" schlägt so mancher Golfer auch bei einem noch so hohen „tee" (siehe oben) fast immer ein gewaltiges Loch (= „divot") in den Boden. Gleichwohl gilt es im Grunde nur, den Ball in einer möglichst großen Entfernung auf dem „fairway" (= der Wiese) zu platzieren und keinesfalls mittels eines „Hooks" (= Schlag nach links) oder eines „Slice" (= Schlag nach rechts) im Gestrüpp („rough") bzw. in einem künstlich mit Wasser gefüllten und speziell für das Golfspiel errichteten Hindernis zu landen. Anderenfalls riskiert man einen Strafschlaf (= „penalty stroke"). Da ist es sogar noch besser, wenn der Ball in einem halbhohen Gestrüpp („semirough") landet. Und völlig unvorteilhaft ist ein Schlag, der „out of bounce" (= im Wald) platziert wird. Eine ganze Reihe von Golfspielern wird allerdings bestätigen können, dass sich solche Situationen mit großer Regelmäßigkeit wiederholen. Dafür erhält der Spieler dann die so ungeliebten Strafschläge, die sein „handicap" (siehe oben) negativ beeinflussen.
Nicht selten hört man von Golfern auch ein lautes Schreien des Wortes „fore!" (= Achtung! Pass auf!). Dabei handelt es sich um einen Ausruf, den ein Golfspieler nach einem weniger geglückten Schlag tätigt, um Personen zu warnen, die sich eventuell in der Flugbahn seines Balles befinden und deshalb Gefahr laufen, von diesem getroffen zu werden. Gefährlich wird das allerdings eher für den unbeteiligten Zuschauer, der die Eigenheiten dieses „Sports" nicht kennt.

Ihm helfen hier selbst die besten Englischkenntnisse nicht weiter, weil „fore" - vom „normalen" Englischen ins Deutsche übersetzt - nichts anderes bedeutet als „Vordergrund". Eine von vielen Seltsamkeiten dieses „Sports".
Ziel des Golfspieles ist es nun, mit einem der nächsten Schläge ein durch eine Fahne („flag") gekennzeichnetes, kurzgemähtes Rasenstück („green") anzuvisieren. Dazu verwendet man in aller Regel etwas kürzere Eisenschläger („wedges", nicht zu verwechseln mit den „Potato Wedges", die man eventuell von Fastfood-Restaurants kennt). Man bedient sich dabei entweder eines halb kurzen Schlägers („pitching wedge") oder eines ganz besonders kurzen Schlägers („sand wedge"). Letzterer soll dazu dienen, den Ball aus einem der zahlreichen künstlich in die Landschaft gegrabenen und mit feinstem, speziell für Golfplätze angefertigtem Sand gefüllten Löchern („Bunkern") herauszubugsieren.
Hat man nun endlich das „green" getroffen, so wird die Fahne („flag") aus einem vom Gärtner („greenkeeper") besonders rund geformten Loch („whole") gezogen, denn es gilt jetzt mit möglichst wenig Anstupsen („putten") den Ball in dieses zu befördern. Natürlich verwendet der Golfer hierzu wieder einen ganz speziellen Schläger, den „Putter".
Am besten hat dann immer der Spieler abgeschnitten, der das Loch mit den insgesamt wenigsten Ballberührungen trifft. Und dann geht das Ganze wieder von vorne los – insgesamt achtzehn Mal (!), denn so viele Löcher muss man treffen, um dieses spannende Spiel zu beenden.

3. Ansehen des Berufsbeamtentums (Außenwirkung)

Das Verhalten des Beamten muss bekanntlich auch außerhalb des Dienstes der Achtung und dem Vertrauen gerecht werden, die sein Amt erfordern (§ 34 Satz 2 BeamtStG). Da stellt sich natürlich die Frage: Passen Golf und Berufsbeamtentum überhaupt zusammen?
Eine Golfrunde dauert im Durchschnitt ca. 4–5 Stunden. Diese lange Dauer dürfte im Übrigen für einen Beamten bei der üblichen Gleitzeitregelung wegen der Möglichkeit des Abbaus seiner immer zahlreichen Überstunden gerade im Sommer kein Hindernis darstellen. Außerdem bietet sich das Spiel auch während des bezahlten Erho-

lungsurlaubs von in der Regel 30 Arbeitstagen – die oben erwähnten schwerbehinderten Beamtengolfer erhalten darüber hinaus sogar noch fünf Tage Zusatzurlaub mehr – sowie an den zahlreichen Wochenenden und gesetzlich geschützten Feiertagen an.
Allerdings sollte es der Beamte tunlichst vermeiden, seinem Hobby auch während der Dienstzeit zu frönen, und es empfiehlt sich außerdem, während des Krankenstandes lieber an keinem Golfturnier teilzunehmen, dieses auch noch zu gewinnen und sich dann – wie im Falle eines bayerischen Regierungsdirektors tatsächlich geschehen – in einem Zeitungsartikel auf dem Siegerfoto abbilden zu lassen. Hier könnten sich doch vereinzelt negative Folgen für das Dienstverhältnis ergeben.

4. Prüfungen sind unerlässlich

Vor den Erfolg haben aber auch beim Golf die Götter den Schweiß gesetzt. Die Golfregeln verlangen, dass jeder potenzielle Benutzer eines Golfplatzes am Anfang seiner Karriere eine Prüfung ablegen muss – die sogenannte „Platzfreigabe“. Dazu braucht es zunächst ein paar Trainerstunden beim clubeigenen „pro“ (= Golflehrer). Diese werden von „Golf-Vergleich.de“ im Durchschnitt mit mindestens ca. 65 Euro veranschlagt. Das mag zunächst als durchaus angemessen erscheinen, aber dabei handelt es sich natürlich nur um eine halbe Stunde unter Abrechnung des im Hochschulbereichs üblichen „cum tempore“ (= Zuspätkommen des Lehrers). Ausnahmen bestätigen auch hier nur die Regel.
Wegen der Prüfung selbst braucht einem Beamten nicht bange zu sein. Beim praktischen Test werden ihm schier unendlich viele Fehlversuche gestattet und die theoretische Prüfung wird im „Multiple-Choice-Verfahren“ abgelegt, an das sich jeder Inhaber eines Führerscheins – und auch die Teilnehmer an der mittlerweile im Laufbahnrecht der Beamten praktizierten „modularen Qualifizierung“ für besser bezahlte Ämter – mit Sicherheit erinnern wird.
Es gibt da aber noch einen wesentlichen Umstand, der den künftigen Golfspieler zusätzlich motivieren wird: Es ist bisher kein Fall bekannt, in welchem die Prüfung nicht mit Erfolg absolviert wurde. Dies hängt natürlich damit zusammen, dass kein Golfclub daran interessiert ist, eines potenziellen und damit zahlenden Mitglieds

dadurch verlustig zu gehen, dass dieses bereits an der ersten Hürde scheitert. Die Prüfung bewältigt also zwar wirklich jeder, aber oft ist die Freude darüber dennoch so groß, dass man seinen Facebook-Freunden etc. unverzüglich von seinem großen Erfolg – und damit über die neue Zugehörigkeit zu der besonders elitären Gruppe der Golfer – berichten wird!

5. Finanzielle Belastung (Besoldung)

Des Weiteren ist festzustellen, dass Golf ein eher „teurer" Sport ist, aber gleich vorweg: Es gibt gewisse „Tricks", um die im Folgenden beschriebene finanzielle Belastung zu begrenzen. Siehe dazu dann das anschließende Kapitel.

Die Jahresbeiträge für einen Golfclub liegen nach den Berechnungen von „Golf-Vergleich.de" bei 1.400 Euro im bundesdeutschen Durchschnitt, und man muss ja bekanntlich Mitglied eines solchen Clubs sein, um überhaupt den Platz betreten zu dürfen. Fällig ist weiterhin eine Aufnahmegebühr in mindestens derselben, meist aber in doppelter Höhe. Will man dann aber auch noch auf einem anderen Platz als dem des eigenen Clubs seine Schläger schwingen, so kostet das zusätzlich im Schnitt 75 Euro pro Tag an „greenfee" (= Tageskarte; wörtlich übersetzt: „Grüngebühr").

Für die Anschaffung der Schläger fallen nochmals mindestens etwa 1.500 Euro an, ein guter Driver (siehe oben) schlägt mit ca. 300 Euro zu Buche. Putter (siehe ebenfalls oben) und die beliebten „Fairway-Hölzer" kosten extra. Die Preislisten sind dabei in allen Fällen nach oben völlig offen! Bälle, von denen man anfangs mindestens ca. 20 pro Runde benötigt (weil man mindestens 19 davon so platziert, dass sie nie mehr gefunden werden), kosten im Fachgeschäft regulär ab 4 Euro pro Stück, macht pro Tag und Runde nochmals 80 Euro. Schließlich will kein Golfer durch seine Kleidung negativ auffallen und damit fallen für ein einziges, einigermaßen angemessenes „Golf-Outfit" nochmals gut und gerne 500 Euro an, usw. usw. …

Ja, verehrte Leserin und verehrter Leser, da stellt sich doch die durchaus berechtigte Frage: Kann sich das denn ein Beamter überhaupt alles leisten?

Die Antwort hierauf lautet natürlich: „Nein!"… – es sei denn, er hat reich geheiratet oder er gehört einem Bayerischen Staatsministerium an, weil er dort zu seinem Gehalt auch noch eine „fette" Ministerialzulage von 12,5 Prozent seiner Bezüge erhält – übrigens eine Zulage, die es einzig und allein noch beim Freistaat Bayern gibt und die hier auch noch später die Ruhestandsbezüge erhöht!

Bemerkenswert ist hier aber noch Folgendes: Es finden auch immer mehr Klein- und Kleinstunternehmer/innen wie Kosmetiker/innen, Modeboutique-Betreiber/innen, Yoga- und Fitnesslehrer/innen großen Gefallen am Golfspiel. Zwar steht dabei regelmäßig der „Hintergedanke im Vordergrund", den einen oder anderen Geschäftsabschluss mit potenziellen Golfpartnern tätigen zu können. So werden auf einmal das „Permanent Make-up für die engagierte Golferin" oder bisher völlig unbekannte „Golf-Fitness-Kurse" angeboten – kaum, dass die Platzfreigabe (siehe oben 4.) erreicht wurde. Dahinter steht wohl die Überlegung, dass auf diese Weise zumindest der Jahresbeitrag wieder hereinkommen sollte. Und gegen solche neuen Geschäftsmodelle spricht ja auch gerade während der Corona-Pandemie wirklich nichts! Im Gegenteil: Neue Geschäftsideen sind jetzt gefragt und sogar dringend notwendig! Deshalb bleibt es auch völlig unverständlich, warum einige sogenannte „Golffreund/e/innen" dieses Geschäftsgebaren beim Prosecco an der Golfbar als „geradezu lächerlich" bezeichnen – natürlich immer nur außer Hörweite des/der Betroffenen!

Solche Möglichkeiten, sein Einkommen zu steigern, besitzt ein Staatsdiener zwar nicht, aber die finanzielle Belastbarkeit dieser Kleinstunternehmer dürfte im Übrigen mit der eines durchschnittlichen Beamten durchaus vergleichbar sein, und Gott sei Dank gibt es ja auch einige Tricks, um die finanzielle Belastung in Grenzen zu halten, wie im Folgenden gezeigt wird.

6. Insidertipps

Sowohl den Beamten als auch dem Kleinunternehmer kann in finanzieller Hinsicht geholfen werden, denn es empfiehlt sich ein auf dem Golfplatz üblicher „Trick": Schläger, Bälle und Kleidung sind bei fast jedem Golfclub im „Pro-Shop" (= dem Golfclub angeschlossenes Ladengeschäft des Golflehrers) auch „second-hand" (= gebraucht) zu erwerben. Gebrauchte Bälle werden von Kindern, welche diese im Wald („out of bounce", siehe oben) gesammelt haben, außerdem

häufig am Rand des Platzes für 50 Cent angeboten. Aber Vorsicht! Beamte und Kleinunternehmer dürfen sich beim Erwerb solch preisgünstiger Utensilien natürlich tunlichst nicht von den langjährigen Platzhirschen (und Platzhirschkühen) erwischen lassen, denn: „Ist der Ruf erst ruiniert …"
Da ist es sogar noch besser, die mittlerweile bei Aldi, Lidl oder Kaufland für ganz wenig Geld angebotene Golf-Neuware zu erwerben, denn bei den Discountern gibt es bekanntlich jetzt auch schon alles, was das Herz eines weniger betuchten Golfers begehrt!
Außerdem sollte der Beamte seinen koreanischen Kleinwagen auch besser am Ende des Parkplatzes und weit entfernt von den Maseratis, BMWs, Porsches und Jaguars der oben erwähnten Platzhirsche (und -kühe) abstellen.
Noch ein Tipp für die vielen „Adabeis", um in ihrem Golfclub wirklich „dazuzugehören": Nach dem Abschluss einer Runde verlangt die „Etikette" (Verhaltensregel), mit seinem „flight" (siehe oben) in dem stets vorhandenen und in der Regel immens überteuerten Golfrestaurant kräftig zu konsumieren. Dabei darf man bloß nicht dadurch negativ in Erscheinung treten, dass man es unterlässt, ungefragt eine Runde „Prosecco" oder „Aperol Spritz" auszugeben.
Keinesfalls ist es dem Beamten anzuraten, einen besonders gelungenen „drive" auszuüben und das Loch mit nur einem einzigen Schlag zu treffen („hole in one"), denn dann muss er traditionsgemäß alle an diesem Tag im Golfrestaurant anwesenden Spieler freihalten, und es droht ihm ein enormer finanzieller Verlust. Da ist es besser ‚einen „birdie" (= einen Schlag besser als normal = „par"), oder einen „eagle" (= zwei Schläge besser als normal) oder sogar einen „albatros" (= drei Schläge besser als normal) zu spielen.
Warum im „Golfsport" oftmals auf Begriffe aus dem Tierreich zurückgegriffen wird, das bleibt wohl selbst dem erfahrensten Golfer verborgen und ist nur mit der bereits erwähnten englischen Tradition zu erklären. Noch ein Beispiel: Der Golfer bezeichnet etwa ein schief verlaufendes „fairway" (= schiefe Wiese, siehe oben) unverständlicherweise als „dogleg" (= Hundebein).

7. Weitere Vorteile des Golfspiels

Entschließt sich der Beamte also unter Überwindung aller finanziellen Hindernisse dazu, einem Golfclub als aktives Mitglied beizutreten, dann ergeben sich hieraus gleich mehrere Vorteile:

a) Der Dienstherr des Beamten kann damit werben, dass sich sogar Staatsdiener mittlerweile einen solchen Exklusivsport leisten können.

b) Der Präsident des Golfclubs wird in der Öffentlichkeit gerne darauf hinweisen, dass es sich bei Golf entgegen der landläufigen Meinung ja doch um einen „Breitensport“ handelt, und er wird gerade den Beamten als bestes Beispiel dafür anführen können.

Umgekehrt spielt es keine Rolle, dass der Beamte sein Geld selbst und ehrlich verdient hat, während es unter den Platzhirschen (und -kühen) schon immer mehrere gegeben haben soll, die als Rechtsanwälte bzw. Steuer-, Finanz- und Vermögensberater wegen Unterschlagung von Mandantengeldern oder wegen Steuerhinterziehung bzw. als Auto- oder Immobilienhändler wegen Betrugs rechtskräftig verurteilt worden sind. Ein solches Vergehen schadet dem Ansehen eines Golfers bekanntlich in keiner Weise, denn er hat seine Strafe ja schließlich verbüßt. Geld regiert die Welt, und wie der Fall „Uli Hoeneß“ – selbstverständlich auch ein Golfer – zeigt, braucht sich ein Straftäter heute noch nicht einmal zu schämen, wenn er zu mehreren Jahren Gefängnis verurteilt wurde. Im Gegenteil: Man steigert durch eine rechtskräftige Verurteilung in den Augen der Öffentlichkeit – und insbesondere auf einem Golfplatz – sein Prestige sogar noch immens![2]

Warum man aber gerade auf den Golfplätzen besonders viele Bankrotteure und im Konkurs befindliche Unternehmer antrifft, das ist zum einen auf die von diesem Personenkreis gewonnene Freizeit und zum anderen auf die Eigenheiten des deutschen Insolvenzrechts zurückzuführen.

8. Wahrheitstreue

Wenn der Beamte den „Golfsport“ ausübt, so tut er dies mit vollem persönlichen Einsatz (§ 34 Satz 1 BeamtStG). Er ist außerdem stets zur uneingeschränkten Wahrheit verpflichtet. Jede beim Golfspiel

vorgeschriebene „Etikette“ (= Verhaltensregel) ist ihm heilig. Niemals würde es ihm deshalb in den Sinn kommen, einen seiner Schläge nicht mitzuzählen, um dadurch am Ende einen besseren „score“ (= Endergebnis) zu erzielen! Niemals würde er seine „Scorekarte“ (meist selbst auszufüllende Ergebnisliste) fälschen, und nie würde es ihm einfallen, einen zweiten Ball in seiner Hosentasche mitzuführen, nur um diesen heimlich zu platzieren, wenn er den vorher von ihm geschlagenen Ball nicht mehr finden kann. Er würde sich auf diese unredliche Weise zwar zwei „Strafschläge“ ersparen und am Schluss ein besseres „handicap“ erreichen, aber das widerspräche seinem Berufsethos als Beamter zutiefst! Er ist schließlich auch außerhalb des Dienstes voll und ganz zur Wahrheit verpflichtet.
Sollte der Beamte dagegen andere Mitspieler seines „flights“ (siehe oben) bei einem solchen unseriösen Tun ertappen, so wird er darüber kraft der ihm obliegenden Verschwiegenheitspflicht (§ 37 BeamtStG) kein weiteres Wort verlieren. Letztendlich wird ihn gerade diese hochgeschätzte Verschwiegenheit bei den vielen Clubmitgliedern, die sich nicht so genau an die Regeln halten, sogar zu einem besonders beliebten, weil schweigsamen „Flightpartner“ machen!
Wegen der ihm obliegenden Wahrheitspflicht sollte sich ein Beamter allerdings auch keinesfalls um einen Posten im Vorstand eines Golfclubs bemühen, denn diese mit einem Maximum an Renommee verbundenen Positionen berechtigen zwar zum kostenlosen Spiel, sie sind aber schon deshalb ausschließlich den bereits mehrfach erwähnten Platzhirschen (und -kühen) vorbehalten!

9. Golf auch für Beamtinnen?

Letztendlich stellt sich nur noch die Frage, ob Golf auch für Beamtinnen eine geeignete Freizeitbeschäftigung darstellt. Diese Frage kann allerdings nur mit einem sehr eingeschränkten „Ja“ beantwortet werden. Für weibliche Beamte, die sich dem „Genderismus“ verschrieben haben – die also eine vermeintliche Schlechterstellung der Frau in unserer Gesellschaft bekämpfen und eine Gleichstellung der Geschlechter in allen Lebensbereichen erstreiten wollen –, ist das Golfspiel eher wenig bis gar nicht geeignet.
Als man sich nach viel Überlegen und nur deshalb, weil auch weibliche Mitglieder die stets willkommenen Clubbeiträge entrichten

müssen, dazu entschloss, Damen das Golfspiel zu gestatten, wollte man sich von Anfang an besonders „gentlemanlike" (frauenfreundlich) verhalten. Man gestattete es deshalb, dass weibliche Mitglieder das Spiel in einem wesentlich kürzeren Abstand zur „flag" (siehe oben), dem sogenannten „Damenabschlag", beginnen dürfen. Diese die Golferinnen ganz wesentlich begünstigende Vorgehensweise ist mittlerweile nicht nur weltweilt etabliert, es widerspräche der unumstößlichen „Etikette" zutiefst, würde man gendergerecht hiervon nur aus Gründen der Gleichberechtigung von Mann und Frau abweichen.

Wer also als Beamtin etwa schon auf jede auch nur mögliche Gleichstellung in der Sprache achtet, wer aus diesem Grund etwa auch nicht mehr die Worte „Vaterland" oder „Muttersprache" verwenden will, wer statt von „dem Schläger" lieber von einem „Spielgerät" spricht, wird konsequenterweise auch auf das Golfspiel verzichten müssen. Eine solche auf dem weiblichen Stolz der „Genderin" basierende Ablehnung ließe sich außerdem mit der langen Tradition des „Sports" begründen, der für Jahrzehnte ausschließlich von Männern betrieben wurde. Noch heutzutage findet sich deshalb am Eingang von einigen renommierten britischen Golfplätzen der „unerhörte" Hinweis: „No dogs, no ladies!"

Eine Übersetzung ins Deutsche ist wohl überflüssig und wird dem Schreiber dieser Zeilen zudem von der ihm angeborenen Höflichkeit und Zurückhaltung untersagt!

„Golf, ist nichts anderes als ein verdorbener Spaziergang!"

(Kurt Tucholsky)

Sonderurlaub für Lehrerin im Dschungelcamp?

Eine Studienrätin wollte ihre Tochter in das bestens bekannte „Dschungelcamp“ von RTL ins ferne Australien begleiten und beantragte deshalb Sonderurlaub. Da dieser abgelehnt wurde, legte sie ein falsches Gesundheitszeugnis vor und trat die Reise dennoch an – mit fatalen strafrechtlichen und beamtenrechtlichen Folgen (OVG Lüneburg vom 9. Februar 2018, Az.: 3 ZD 10/17).

Die Beamtin war vollzeitbeschäftigte Studienrätin im niedersächsischen Schuldienst. Im Oktober 2015 erkundigte sie sich bei ihrer Schulbehörde nach der Möglichkeit, im Januar 2016 für ca. drei Wochen Sonderurlaub zu erhalten, um ihre Tochter in das sogenannte „Dschungelcamp“ (eine sehr beliebte RTL-Sendung, was wohl nicht nur dem Schreiber dieser Zeilen völlig unverständlich ist) nach Australien zu begleiten. Sie erklärte, dies sei für die Karriere der Tochter wichtig, da diese während ihrer Reise auf eine gute Betreuung angewiesen sei. Der Schulleiter wies die Beamtin auf ihre Dienstverpflichtung und gleichzeitig auch darauf hin, dass ein mehrwöchiges Fehlen zum einen für die betroffenen Schüler äußerst nachteilig wäre und – weil die Beamtin in Vollzeit beschäftigt sei – zum anderen für die Kollegen eine erhebliche Mehrarbeit mit sich bringen würde, weil sie ja vertreten werden müsste. Schließlich könne man die Schüler ja nicht einfach alleine lassen.

Daraufhin beantragte die Beamtin bei der Schulbehörde ihre Freistellung ohne Bezüge für den Zeitraum vom 11. bis zum 27. Januar. Es sei vorgesehen, dass ein Familienmitglied während der Dreharbeiten als Unterstützung fungiere, weil ihre Tochter dort unter psychischem und physischem Stress stehen werde und sie daher als emotionale Stütze mitreisen sollte. Damit berief sich die Beamtin auf das Vorliegen des für einen Sonderurlaub wichtigen Grundes. Daraufhin erklärte der Schulleiter, dass dem Antrag dienstliche Belange entgegenstünden, da der in Rede stehende Zeitraum in der Schulzeit liege. In der Folge wurde der Sonderurlaubsantrag aus dienstlichen Gründen (hoher Unterrichtsausfall; Zeugniskonferenzen) abgelehnt.

Zur Klarstellung: Stehen dienstliche Belange entgegen, so muss der Antrag **abgelehnt** werden, selbst wenn wichtige persönliche Gründe eines Beamten für die Bewilligung gegeben sind.
Die Studienrätin meldete sich daraufhin unter Vorlage eines ärztlichen Attestes dienstunfähig und trat die Reise gleichwohl an.
Eine im Fernsehen ausgestrahlte Videobotschaft der Mutter und ihrer Tochter (wie dumm kann man eigentlich sein?) in Australien ist anschließend in der Schule verbreitet worden und hat dort zu einer erheblichen Empörung geführt, weil man bis dahin angenommen hatte, die Beamtin halte sich aufgrund des vorgelegten ärztlichen Attestes krank zu Hause auf.
Mit Schreiben vom 20. Januar 2016 hörte die Schulbehörde die Beamtin zu ihrer Absicht an, den Verlust der Bezüge für den Zeitraum festzustellen, in welchem sie schuldhaft dem Dienst ferngeblieben sei. Zur Begründung wurde ausgeführt, mit der Vorlage des privatärztlichen Attestes sei kein hinreichender Nachweis dafür erbracht, dass sie dem Dienst tatsächlich wegen einer Erkrankung ferngeblieben sei. Nach öffentlich zugänglichen Informationen des Fernsehsenders RTL habe die Beamtin ihre Tochter wie geplant nach Australien begleitet und sich dort bester Gesundheit erfreut. Es müsse daher davon ausgegangen werden, dass die Beamtin sich das ärztliche Attest nur habe ausstellen lassen, um so ihren ursprünglichen Plan realisieren zu können. Daraufhin meldete sich ein Bevollmächtigter der Beamtin und erklärte, dass diese am 4. Januar noch einen weiteren Arzt aufgesucht habe, der bei der Beamtin ebenfalls eine Erkrankung diagnostiziert habe. Die Reise habe sich im Übrigen positiv auf die Genesung der Beamtin, die mittlerweile wieder unterrichte, ausgewirkt.
Am 19. Februar verbot die Schulbehörde der Beamtin mit Verweis auf § 39 BeamtStG und unter Anordnung der sofortigen Vollziehung das Führen der Dienstgeschäfte und damit jegliche Unterrichtstätigkeit. Der Schulfrieden sei bereits nach Bekanntwerden der Reise der Lehrerin nach Australien außerordentlich bedroht gewesen. Diese Verfügung ist bestandskräftig geworden.
Die Schulbehörde hat außerdem ein Disziplinarverfahren gegen die Lehrerin mit der Begründung eingeleitet, es bestünde der Verdacht, dass diese dem Dienst unentschuldigt ferngeblieben sei. Nach einer entsprechenden Erklärung zur Entbindung von der Schweigepflicht

durch die Beamtin nahm die erstbegutachtende Ärztin schriftlich Stellung und teilte mit, die Beamtin habe sie zuvor lediglich einmal in der Praxis aufgesucht. Nach 16 Jahren habe sich die Beamtin jetzt wieder mit Thoraxschmerz, subjektiver Atemnot und innerer Unruhe vorgestellt; weiterhin habe sie über starke Kopf- und Rückenschmerzen geklagt. Sie habe angegeben, sich vom Schulalltag in den letzten Wochen, insbesondere vor dem Hintergrund der anstehenden Halbjahreszeugnisse, völlig überfordert zu fühlen. Über eine geplante Reise nach Australien habe die Beamtin aber nicht gesprochen. Das EKG und die körperliche Untersuchung seien ohne pathologischen Befund gewesen. Die Beamtin habe ihre Symptomatik so überzeugend geschildert, dass die Ärztin bei der gestellten Diagnose eines schweren psychischen Erschöpfungszustandes von einer mehrwöchigen Arbeitsunfähigkeit ausgegangen sei. Sie habe eine antidepressive medikamentöse Therapie rezeptiert und eine wöchentliche Kontrolle sowie eine kurzfristige Vorstellung der Beamtin beim Nervenarzt empfohlen.
Daraufhin teilte die Schulbehörde der Beamtin mit, dass sie das Disziplinarverfahren bis zum Abschluss des gegen die Beamtin geführten Ermittlungsverfahrens der Staatsanwaltshaft einstweilen aussetze. Später erließ das Amtsgericht A-Stadt auch noch einen Strafbefehl gegen die Beamtin wegen des Gebrauchs eines unrichtigen Gesundheitszeugnisses (§ 279 des Strafgesetzbuches – StGB) und verhängte eine Geldstrafe in Höhe von 100 Tagessätzen zu je 70,00 Euro. Gegen diese Entscheidung legte die Beamtin Einspruch ein. Daraufhin hat das Amtsgericht die Beamtin wegen des Gebrauchs unrichtiger Gesundheitszeugnisse für schuldig angesehen und sie zu einer Geldstrafe von sogar 140 Tagessätzen zu jeweils 70,00 Euro verurteilt.
Jetzt enthob die Schulbehörde die Beamtin vorläufig des Dienstes. Es sei überwiegend wahrscheinlich, dass im Disziplinarklageverfahren auf Entfernung der Beamtin aus dem Beamtenverhältnis erkannt werde. Im strafrechtlichen Ermittlungsverfahren hätten sich hinreichende Anhaltspunkte dafür ergeben, dass die Lehrerin die Ausstellung der Arbeitsunfähigkeitsbescheinigung durch die Ärztin durch wahrheitswidrige Angaben über ihren Gesundheitszustand erschlichen und sich damit gemäß § 279 StGB wegen des Gebrauchs eines

unrichtigen Gesundheitszeugnisses strafbar gemacht habe. Sie sei damit im Zeitraum vom 7. bis zum 29. Januar 2016 dem Dienst schuldhaft ferngeblieben.
Erschwerend komme hinzu, dass die Beamtin während dieser Zeit sehr öffentlichkeitswirksam eine Reise nach Australien unternommen habe, um ihre Tochter bei der Teilnahme der RTL-Fernsehsendung „Dschungelcamp" zu unterstützen. Da der von der Lehrerin für den Monat Januar zunächst beantragte Sonderurlaub aufgrund dienstlicher Belange abgelehnt worden sei, lasse ihr Verhalten nur den Schluss zu, dass das Erwirken des unrichtigen Gesundheitszeugnisses einzig und allein dem Zweck gedient habe, die Reise nach Australien dennoch unternehmen zu können.
Die Beamtin habe durch ihr Verhalten ein schweres Dienstvergehen begangen und das Vertrauen, das der Dienstherr in die Zuverlässigkeit und (moralische) Integrität seiner Lehrer aufbringen müsse, von Grund auf erschüttert. Das Verhalten der Lehrerin zeuge von einer Persönlichkeit, die eigene Belange in aller Öffentlichkeit ohne Rücksicht auf die achtungs- und vertrauensschädigende Wirkung in den Vordergrund stelle. Einer bundes-, wenn nicht sogar weltweiten Öffentlichkeit sei vor Augen geführt worden, dass es möglich sei, während der Unterrichtszeit ohne Genehmigung dem Dienst fernzubleiben, wodurch dem Ansehen des Dienstherrn sowie der gesamten Lehrerschaft ein schwerer, nicht hinnehmbarer Schaden entstanden sei. Das Verhalten und die hieraus ersichtlichen Persönlichkeitsdefizite führten dazu, dass sie derzeit als zur Ausübung des Erziehungsauftrages im Sinne des Niedersächsischen Schulgesetzes ungeeignet erscheine.

Was folgt daraus?

1. Ärztliche Gutachten können unter Umständen „Gefälligkeitsgutachten" darstellen oder aufgrund falscher Angaben des Patienten ausgestellt werden.
2. Ein Fernbleiben vom Dienst kann für den Beamten neben einer strafrechtlichen Verfolgung auch disziplinarrechtliche Folgen nach sich ziehen, die bis zur Entfernung aus dem Dienst reichen.

3. Das Vorspiegeln falscher Tatsachen zur ärztlichen Begutachtung einer vorübergehenden Dienstunfähigkeit führt zur strafrechtlichen Verfolgung dieses Vergehens.

Und die Moral von der Geschicht'?
Unverschämtheit lohnt sich nicht!

Viagra und Samenspende: Der Dienstherr sorgt für Nachwuchsbeamte

Es dürfte allgemein bekannt sein, dass mit dem Beamtenstatus zum einen diverse Vorzüge verbunden sind, zum anderen ist es gleichwohl um den Nachwuchs in diesem Berufsfeld schlecht bestellt. Zwei Entscheidungen des Bundesverwaltungsgerichts könnten hier zur Abhilfe des permanenten Personalmangels erfolgreich beitragen.

Die Fürsorgepflicht des Dienstherrn geht weit. So werden unter anderem bei ärztlichen Behandlungen oder Verschreibungen von Medikamenten seitens des Dienstherrn im Wege der Beihilfe zum Teil auch solche Kosten übernommen, die von der privaten Krankenkasse des Beamten nicht oder nur teilweise getragen werden.

1. Viagra

Nach der Rechtsprechung des Bundesverwaltungsgerichts (Urteil v. 18. Februar 2009.Az.: 2 C 23/08) ist die Nichtgewährung von Beihilfe für potenzsteigernde Arzneimittel dann nicht mit höherrangigem Recht vereinbar, wenn das Arzneimittel zur Behandlung anderer Krankheiten als der erektilen Dysfunktion eingesetzt wird.

Ein Beihilfeanspruch ist nach dem OVG Koblenz (ZBR 2011, S. 317) jedoch dann gegeben, wenn ein solches Präparat – wie etwa Viagra – unmittelbar zur Behebung einer Erektionsstörung verordnet wird, die eine psychische Ursache hat.

In den Genuss entsprechender Vorzüge des Beihilferechts kam somit ein 56-jähriger Beamter. Dieser hatte sich einer Prostatakrebsoperation unterzogen und leidet seither an einer „erektilen Dysfunktion".

Die Funktionsstörung konnte nach einer vom Beamten vorgelegten Bescheinigung eines Universitätsarztes nur mit dem inzwischen allseits bekannten Mittel Viagra und dem darin enthaltenen Wirkstoff „Sildenafil" wirksam behandelt werden. Dies veranlasste den Beamten, einen Antrag auf Beihilfe zu stellen, den die zuständige Behörde jedoch ablehnte.

Der Beamte reichte nach erfolglos durchgeführtem Widerspruchsverfahren Klage beim Verwaltungsgericht ein – und bekam Recht. Sowohl das Verwaltungsgericht Neustadt als auch das Oberverwaltungsgericht Koblenz in zweiter Instanz entschieden in seinem Sinne (Urteil v. 17. Mai 2002, Az: 2 A 11755/01).
Die Gerichte entschieden gegen eine geltende Beihilferichtlinie, nach deren Wortlaut potenzsteigernde Mittel für Beamte grundsätzlich nicht erstattungsfähig sind.
Die Richter begründeten ihre Auffassung damit, dass in dem Fall des Beamten Viagra vom Arzt nicht allein zur weiteren Steigerung der sexuellen Potenz verordnet wurde, sondern dass aufgrund der medizinischen Indikation die nicht mehr bestehende Erektionsfähigkeit – als normale Körperfunktion – für bestimmte Einsatzzeiten wiederhergestellt werden sollte.
Damit sei – so das Gericht – der vorliegende Fall „eindeutig von einer anderen als der persönlichen Lebensgestaltung zuzurechnenden Motivation für die Einnahme dieses Mittels abgrenzbar". Es ging hier also weder darum, eine nicht mehr vorhandene Potenz zu steigern, noch darum, ein Defizit im Vergleich mit der durchschnittlichen Idealnorm auszugleichen.
Das Gericht entschied: Der Dienstherr verstößt mit seiner ablehnenden Entscheidung gegen die ihm auch in Beihilfeangelegenheiten obliegende Fürsorgepflicht.
Man wird keinesfalls davon ausgehen dürfen, dass die Beihilfeleistung von potenzfördernden Mitteln zum Zwecke der Zeugung geeigneten Beamtennachwuchses gewährt werden soll. Zumindest wäre eine entsprechende Bedingung, die der Dienstherr an die Bezahlung knüpfen würde, nach § 44 Abs. 1 Nr. 6 VwVfG (Sittenverstoß) wohl als nichtig einzustufen.

2. Samenspende

Die für das Beamtenrecht bedeutendste Zeitschrift „ZBR" berichtete weiterhin von einer Entscheidung des BVerwG vom 10. Oktober 2014 (Az.: 5 C 32 / 12), mit welcher das Gericht die Beihilfefähigkeit von ärztlichen Leistungen bei der Zeugungsunfähigkeit von Beamten anerkannt hat.

Die Kernaussage der Entscheidung lautet:

„Beamte, die an Zeugungsunfähigkeit leiden, können für ihre berücksichtigungsfähige Ehefrau, deren Empfängnisfähigkeit gestört ist, grundsätzlich eine Beihilfe zu den Aufwendungen für eine künstliche Befruchtung unter Verwendung der Samenzellen eines Spenders beanspruchen."

Ergänzend soll noch auf Folgendes hingewiesen werden:

1. Im Beihilfebescheid sollte bezüglich „aufbauender" Arzneimittel in Zukunft aus dienstrechtlicher Sicht darauf hingewiesen werden, dass die Einnahme in aller Regel erst kurz vor oder besser noch nach Dienstende des Beamten zu erfolgen hat.
2. Zumindest würde eine Einnahme vor Dienstbeginn die eine oder andere Ehefrau wohl selbst dann nachdenklich stimmen, wenn sich ihr Ehegatte als Beamter in einer führenden Position befindet und vorgibt, endlich wieder einmal die Weichen im Amt stellen zu müssen.

„Der Penis gehorcht keineswegs immer dem Befehl des Herrn!"

(Leonardo da Vinci)

Wer arbeitet schon gerne länger?

Beamte werden allgemein als faul, antriebslos und unflexibel dargestellt. Ihr dringendstes Anliegen scheint zu sein, sich möglichst frühzeitig in den Ruhestand zu verabschieden. In manchen Bereichen, wie etwa der Lehrerschaft oder der Polizei, stellt sogar die Frühpensionierung wegen eines „Burnouts" oder wegen anderer psychischer Erkrankungen die Regel dar – meint zumindest die breite Öffentlichkeit.

An dieser Stelle möchte ich Sie zunächst zu einem kleinen Quiz einladen. Bitte versuchen Sie einmal, folgende Frage zu beantworten: Von wem stammt der Ausspruch:

„Ich habe immer großen Wert darauf gelegt, nicht länger arbeiten zu müssen."

a) Hauptschullehrer *Gustav Heinemann* bei einer anonymen Umfrage der Leuphana Universität Lüneburg zum Gesundheitszustand von Lehrern.
b) Steueramtsfrau *Christa Klar* vom Finanzamt Mühldorf am Inn beim Mittagessen am letzten Tag vor dem Eintritt in die Freistellungsphase der Altersteilzeit.
c) Regierungsrat *Gustav Glanz,* der seit 29 Jahren zwischen seinem Heimatort Grabenstätt am Chiemsee zu seiner Dienstelle bei der Regierung von Oberbayern in München pendelt.
d) *Josef Ackermann,* Vorstandsvorsitzender der Deutschen Bank, zur internen Altersgrenze seiner Bank von 62 Jahren.
e) Abteilungsleiter *Adolf Kurz* vom Landesamt für Steuern (München) bei seiner Verabschiedung in den vorzeitigen Ruhestand.
f) Dem schwerbehinderten Amts- und Hausmeister *Hans Wurm* von der Gemeinde Wurmansquick bei einem Weißwurstessen anlässlich seines letzten Arbeitstages vor seinem Eintritt in den Antragsruhestand mit 60.

g) Dem ehemaligen Kurzzeitbundespräsident *Christian Wulff* (geboren am 19. Juni 1959) bei einem Interview, das vom ZDF vor seinem Zapfenstreich unter anderem zu seinem „Ehrensold" von 199.000 Euro pro Jahr geführt wurde?

Man hält Beamte generell für faul, unflexibel, feige und entscheidungsschwach. Viele von ihnen sind „amtsmüde" und versuchen, so schnell wie möglich aus dem aktiven Dienst auszuscheiden. Das gilt vor allem bei Lehrern. Nach Zahlen des Statistischen Bundesamtes erreichten 2009 nur rund 40 Prozent der Lehrer die Regelaltersgrenze von 65 Jahren.

Was sind die Gründe?

Mehr als die Hälfte der Lehrer leidet statistisch gesehen gesundheitlich stark unter Stress und emotionaler Überbeanspruchung. Nach einer von der Leuphana Universität Lüneburg durchgeführten und von der DAK in Auftrag gegebenen Studie liegen die Gründe für Erkrankungen in den tatsächlichen Arbeitszeiten von bis zu 55 Stunden pro Woche. Eine negative Auswirkung haben auch andere Umstände, wie das Gefühl mangelnder Anerkennung, Zeitdruck, fehlende Erholungspausen und große Leistungsunterschiede bei den Schülern.

Bei der Befragung gaben außerdem 45 Prozent der Lehrer an, sie könnten nach der Arbeit schlecht abschalten und müssten oft an Schwierigkeiten in der Schule denken. Jeder dritte ist emotional hoch beansprucht, fühlt sich „wie ein Nervenbündel" oder reagiert ungewollt gereizt. Für die Studie wurden knapp 1.300 Lehrer im Alter zwischen 24 und 65 Jahren an 29 Schulen über drei Jahre hinweg befragt.

Sollte der Wunsch nach einem vorzeitigen Ruhestand bestehen, dann liegen häufig schwerwiegende Gründe vor, die den Arbeitsalltag stören oder gar unerträglich machen. Dies beschränkt sich aber gewiss nicht nur auf den Lehrerberuf oder den Beamtenstatus. Hier sind sicher alle Branchen der freien Wirtschaft und das Beamtentum gleichermaßen betroffen, ebenso wie jeder Beschäftigte – egal ob Arbeitnehmer oder Beamter –, der seinem Beruf dann gerne nachgehen würde, wenn das „Gesamtpaket Berufstätigkeit" in sich stimmig wäre.

Ergebnis:
Die richtige Lösung zum Quiz ist übrigens die Antwort d): **Josef Ackermann,** dem der Abschied noch mit 9,35 Millionen Euro versüßt wurde.

„Im Ruhestand muss man nicht mehr tun, was sich rentiert, sondern was sich lohnt!"

(Ernst Reinhardt)

Drei Jahre Weltumsegelung als wichtiger Grund für eine Freistellung?

Der Fall ging sogar bis zum Bundesverwaltungsgericht (Beschluss v. 21. März 2013, Az.: 1 WB 24/12). Dieses hatte sich mit einem Sachverhalt zu befassen, bei welchem ein Beamter einen Antrag auf einen dreijährigen Sonderurlaub stellte, weil er gemeinsam mit seiner Ehefrau eine Weltumsegelung plante.

In dem oben angeführten Fall des BVerwG wurde ein Antrag auf Sonderurlaub unter Wegfall der Geld- und Sachbezüge für drei Jahre gestellt. Zur Begründung führte der Antragsteller aus, dass seine Ehefrau in diesem Zeitraum die Durchführung einer Segellangfahrt plane. Sein Sonderurlaubswunsch solle der gemeinsamen Durchführung dieses Projektes bzw. der Familienzusammenführung dienen. „Bei allem Verständnis für die Absicht des Antragstellers und die langgehegten Herzenswünsche - wie eine Weltumsegelung" wurden die vorgetragenen Gründe von seinem Dienstherrn nicht als Basis für die Gewährung eines Sonderurlaubs anerkannt.

Für die vom Antragsteller begehrte Gewährung von Sonderurlaub lag also kein wichtiger Grund vor, wie dies etwa nach § 13 SUrlV für Bundesbeamte und nach dem entsprechenden Landesbeamtenrecht gefordert wird.

Was sind nun wichtige Gründe, die einen unbezahlten Sonderurlaub rechtfertigen können?

Ein solcher wichtiger Grund kann beispielsweise in folgenden Fällen vorliegen:

- Studienabschluss
- Studienreisen
- Besuch von Tagungen
- Erntehilfe im Familienbetrieb
- Betreuung von Kindern und Familienangehörigen – etwa während der Corona-Krise

Kennzeichnend für einen wichtigen Grund seien – so das BVerwG – bestimmte Tatbestände oder Situationen, die in einem überschaubaren Zeitraum unter selbstgesetztem Zeitdruck oder vorgegebenem Termindruck absolviert, d.h. „bewältigt" werden müssen, und bei denen nicht ein persönlicher Erholungs- oder Erlebniszweck im Vordergrund steht. Sonderurlaub kann daher kein „besonderer Erholungsurlaub" sein.

Die beabsichtigte Weltumsegelung erfüllte nach dem Beschluss des BVerwG diese Komponenten nicht, denn die von der Ehefrau des Antragstellers geplante Segelreise weise bei der erforderlichen objektiven und typisierenden Betrachtung alle Aspekte eines Erholungs- und Erlebnisunternehmens auf, bei dem vor allem die Freude am Segeln und das gemeinsame Erleben dominierend seien.

Auch der Schutz der Ehe und Familie nach Art. 6 Abs. 1 GG – etwa die Aufrechterhaltung oder Intensivierung der ehelichen Gemeinschaft – rechtfertige nach dem BVerwG die Annahme eines wichtigen Grundes für eine Freistellung nicht. Außerdem überschreite die vom Antragsteller gewünschte „Auszeit vom Dienst" bei weitem den Rahmen, der durch die Institution des Sonderurlaubs gezogen sei. Sie ziele vielmehr auf ein Arbeitszeitmodell, wie es dem sogenannten „Sabbatjahr" zugrunde liegt.

Eine derartige langfristige Freistellung vom Dienst aus persönlichen Gründen könnte nur auf der Grundlage einer besonderen gesetzlichen Regelung bewilligt werden, die aber so nicht existiere.

Fazit:

Einerseits ist die Entscheidung des BVerwG aus familienpolitischer Sicht sehr bedauerlich, denn ein solcher mehrjähriger Urlaub könnte sich auf die Ehe vieler Beamter durchaus positiv auswirken ...

Andererseits kann wohl nicht ausgeschlossen werden, dass ein dreijähriges, ständiges, 24-stündiges Beisammensein dem einen oder anderen Ehepartner ganz fürchterlich auf die Nerven ginge und vielleicht sogar zu einer Trennung führen würde, die auf hoher See allerdings nur durch ein „Mann-(oder Frau-)über-Bord-Manöver" zeitnah vollzogen werden könnte.

Kleider machen Leute: Tragen von Polizeiuniform außerhalb des Dienstes

Der Hessische Verwaltungsgerichtshof hatte sich in einem Beschluss zum Tragen der Polizeiuniform bei gewerkschaftlichen Veranstaltungen außerhalb des Dienstes zu befassen (Beschluss v. 11. August 2011, ZBR 2012, S. 137). Das Gericht entschied, dass eine Beschränkung auf dienstliche Tätigkeiten rechtmäßig ist. Die grundgesetzlich garantierte Koalitionsfreiheit umfasst nach Ansicht des VGH Hessen nicht das Recht, die koalitionsspezifische Betätigung in Uniform auszuüben.

„Kleider machen Leute könnte dieser Beitrag über eine Entscheidung des HessVGH überschrieben werden, welcher folgender Fall zugrunde lag:
Friedrich Wilhelm Voigt war Erster Polizeihauptkommissar und stellvertretender Personalratsvorsitzender beim Polizeipräsidium Nordhessen sowie Vorsitzender der Bezirksgruppe Nordhessen der Gewerkschaft der Polizei (GdP). Er gab dem Hessischen Rundfunk ein Fernsehinterview zur möglichen Schließung von Polizeirevieren aufgrund von Personalmangel. In dem Interview äußerte sich der Antragsteller u. a. wie folgt:

„Ich stehe hier in Uniform vor Ihnen. Es wurde schon mal hier im Haus – bei uns jedenfalls – untersagt, in Uniform Interviews zu geben. Ich sage meine Meinung so, wie ich das vertreten möchte und kann, in Uniform. Ich bin Polizist, ich arbeite in Uniform, und entsprechend sage ich auch meine Meinung in Uniform."

Das Polizeipräsidium Nordhessen leitete daraufhin ein Disziplinarverfahren gegen den Polizeihauptkommissar ein und sprach eine Missbilligung aus. Nach der Einstellung des Verfahrens erging ein Bescheid, durch welchen es dem Antragsteller untersagt wurde, zukünftig als Gewerkschaftsvertreter gegenüber Medien Interviews in Uniform zu geben. Begründet wurde dies mit der Nr. 1 der Verwaltungsvorschrift über die Dienstkleidung der hessischen Polizei, wonach es generell verboten ist, Dienstkleidung außerhalb des Dienstes zu tragen.

Gegenstand des Verfahrens war damit die Frage, ob der Antragsteller wegen Art. 9 Abs. 3 GG das Recht hat, als Polizeibeamter im Rahmen seiner gewerkschaftlichen Betätigung Interviews in Uniform geben zu dürfen.

Dazu muss zunächst festgestellt werden, dass durch Art. 9 Abs. 3 GG und § 52 BeamtStG auch die Koalitionsfreiheit und die Betätigung innerhalb einer Beamtengewerkschaft geschützt wird. Das Interview wurde dadurch aber nicht zu einer „dienstlichen Tätigkeit". Das Recht, sich im Rahmen der Koalitionsfreiheit betätigen zu können, lässt die Dienstpflichten des Beamten unberührt. Erfolgt eine Betätigung als Gewerkschaftsfunktionär aber nicht im Rahmen der von dem Beamten zu erbringenden Arbeitszeit bzw. in Ausübung seines Dienstes, sondern außerhalb dieser Tätigkeit, so kann sich ein Beamter nicht darauf berufen, ein Recht zum Tragen der Uniform zu haben - so der HessVGH.

Es kann gerade wegen der Legitimationsfunktion der Uniform für Polizeivollzugsbeamte nicht ausgeschlossen werden, dass in der Öffentlichkeit der Eindruck entsteht, dass die Ausübung hoheitlicher Befugnisse mit der Geltendmachung koalitionsspezifischer Forderungen vermischt wird (BVerfG vom 6. Februar 2007, ZTR 2007, S. 185).

Eine Polizeiuniform unterstreicht die Autorität, die das Tragen der Uniform dem Beamten zur Ausübung der ihm eingeräumten hoheitlichen Befugnisse vermittelt. Wird aber nun das öffentliche Vertrauen in die Objektivität der Amtsausübung verletzt, wenn ein Beamter in seiner Eigenschaft als Vertreter der Polizeigewerkschaft ein Interview in Uniform gibt?

Der VGH meint dazu:

„Soll die Uniform bzw. das Tragen der Uniform ihren Zweck, nämlich die Legitimation des Beamten im Zusammenhang mit der Dienstausübung äußerlich erkennbar zu machen, dauerhaft erfüllen, so gebietet dies, einen ungeregelten Gebrauch der Uniform außerhalb des Dienstes zu unterbinden."

Vielleicht ging es hier dem Beamten aber nicht nur um die Äußerung einer Gewerkschaftsmeinung, sondern im besten Fall auch um die

Interessen der Öffentlichkeit an der Effektivität der polizeilichen Tätigkeit und damit um Sicherheitserwägungen?

Was allein das Tragen einer Uniform vermag, das zeigt uns *Carl Zuckmayer* aufs Trefflichste:
Er verfasste mit seinem „**Hauptmann von Köpenick**" im Jahr 1931 eine Geschichte, die sich auf das Auftreten des Friedrich Wilhelm Voigt bezieht. Dieser hatte sich im Jahr 1906 in einer fremden Uniform der Stadtkasse von Köpenick bemächtigt, einer Stadt in der Nähe von Berlin. Kleider machen eben Leute!

Kapitel 5: Von der Schwierigkeit der deutschen Sprache im Leben des Beamten

Die Verwaltung treibt oft seltsame Blüten – etwa schon dann, wenn es um sprachliche Formulierungen geht ... (siehe dazu auch „Statt eines Epilogs").

Geschlechtergerechte Verwaltungssprache oder einfach nur reiner Wahnsinn?

Frauen sind nach der Verfassung gleichberechtigt (Art. 3 Abs. 2 Satz 1GG). Gilt das allgemein, oder muss man diese Selbstverständlichkeit auch noch durch eine möglichst geschlechterneutrale Sprache untermauern? Vielleicht sollte man sogar ausschließlich die weibliche Form verwenden, wie dies tatsächlich bereits in einem Gesetzesentwurf praktiziert wurde.

Der Verein Deutsche Sprache e.V. wies vor Kurzem auf folgende Stellenausschreibung hin:

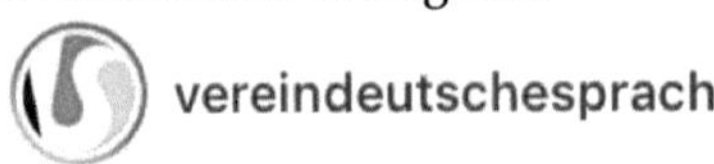

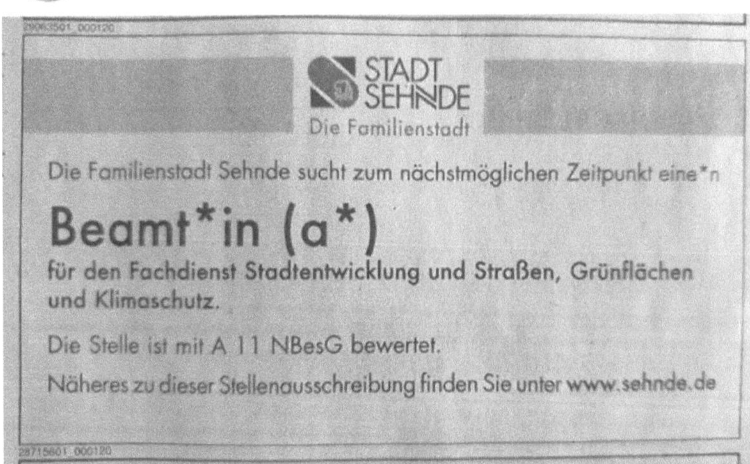

STADT SEHNDE
Die Familienstadt

Die Familienstadt Sehnde sucht zum nächstmöglichen Zeitpunkt eine*n

Beamt*in (a*)

für den Fachdienst Stadtentwicklung und Straßen, Grünflächen und Klimaschutz.

Die Stelle ist mit A 11 NBesG bewertet.

Näheres zu dieser Stellenausschreibung finden Sie unter www.sehnde.de

„Die spinnen, die Römer!", sagt Asterix, und so mancher Leser dieser Anzeige wird das auch von den Personalverantwortlichen der „Familienstadt Sehnde" gedacht haben. Aber spinnen diese wirklich, oder mangelt es einfach nur an Allgemeinbildung, weil man üblicherweise „Beamter" mit „er" schreibt und nicht mit „a" ...?
Weit gefehlt! Wenn man den Vorschlägen der Humboldt-Universität folgt, dann ist das – gendertechnisch gesehen – sogar der Stein der Weisen! Danach soll künftig nicht mehr Beamter, sondern nur mehr

ein „Beamta" und nicht mehr Bäcker, sondern nur mehr ein „Bäcka" im deutschen Schriftverkehr verwendet werden, damit Frauen sich nicht mehr diskriminiert fühlen. Wem das nicht gefällt, der ersetzt männliche Endungen einfach durch ein Sternchen oder ein „X": Aus dem „Doktor" wird so der „Doktox", bei der Visite im Krankenhaus erscheinen künftig mehrere „Doktoxs". Auch mit dem „@"-Zeichen könnten Irritationen auf Frauenseite verhindert werden, wenn beispielsweise aus „human" „hum@n" werde.

Und so mancher durchschnittlich denkende Normalbürger wird sich wieder an das vorher erwähnte Asterix–Zitat erinnern.

Mittlerweile besteht eine ganze Reihe von anerkannten Möglichkeiten, sich bei dem Begriff des Beamten geschlechtergerecht auszudrücken.

Einige Beispiele:

1. Ohne Bindestrich: der Beamte/die Beamtin bzw. die Beamten/die Beamtinnen
2. Mit Bindestrich: Beamte/-innen
3. Klammerform: Beamte(innen)
4. Großschreibeverbindungsbuchstabe: LehrerIn bzw. LehrerInnen
5. Genderstern: Beamte*innen, ein*e Beamter*in
6. Gender-Gap: Beamte_innen, ein_e Beamter_in
7. Doppelpunkt: Beamte:innen, ein:e Beamt:in
8. Neutrales „a": Beamta
9. Neutrales x: Beamtx
10. At-Zeichen: Beamt@

Oft findet man von „Gender-Hardlinerinnen" auch Umschreibungen mit „Person". Danach handelt es sich bei

- einem Lehrer künftig um eine „Lehrperson",
- einem Bäcker um eine „Mehlwaren produzierende Person" und bei
- einem Beamten um eine „im öffentlichen Interesse tätige, durch Urkunde ernannte Person".

Hier wird zwar klar übersehen, dass „die Person" nur in einer weiblichen Form existiert und damit in der Konsequenz die Männer diskriminiert werden, aber das alles ist den bereits erwähnten „Gender-

Hardlinerinnen" noch lange nicht genug: Ein Referentenentwurf aus dem Bundesjustizministerium von Christine Lambrecht (SPD) zum Sanierungs- und Insolvenzrecht sorgte am 12 Oktober 2020 für helle Aufregung in Berlin, weil er nahezu **ausschließlich weibliche Formulierungen** enthält. Der Verein deutscher Sprache wendet sich vehement gegen solche Sprachverschandelungen und führt zum „Zwangsgendern" das aus, was im Folgenden auszugsweise wiedergegeben wird:

- Zwischen dem *natürlichen* und dem *grammatischen* Geschlecht besteht keinerlei fester Zusammenhang. Beispiele: *Der* Löwe, *die* Giraffe, *das* Pferd, aber auch *der* Mensch.
- Warum fehlt im Duden das Stichwort „Christinnentum" – da er doch die Christin vom Christen unterscheidet?

Der Große Duden treibt die Gendergerechtigkeit übrigens inzwischen zumindest so weit, dass er *Idiotinnen* als eigenes Stichwort (!) verzeichnet!

Und bekanntlich verwenden sogar Tagesschausprecher-innen und Fernsehmoderator-innen wie Anne Will, Sandra Maischberger usw. usw. die geschlechtsneutrale Form.

Wir sollten in unserem „Vaterland" die wunderschöne deutsche „Muttersprache" nicht durch ein völlig unnötiges Gendern in einer Weise komplizieren und verschandeln lassen, die „sie" in keiner Weise verdient hat.

„**Und erlöse und von den Blöden**" lautet ein Buch von Monika Gruber, einer immer noch recht ansehnlichen, mittlerweile etwas in die Jahre gekommenen bayerischen Komikerin, die das beste Beispiel dafür bietet, dass der schlechte Ruf der Blondinen völlig verfehlt ist. Dieses Buch befand sich auf Nr. 1 der Spiegel-Bestsellerliste. In Hinblick auf das auch ihrer Meinung nach ans Krankhafte grenzende Gendern kann man im Kapitel „Love me Gender" (S. 141ff.) eine großartige Beschreibung der Verunglimpfung unserer Sprache nachlesen:

Zwangsverweiblichung!

Dabei gibt es seit Neuestem auch noch ein drittes Geschlecht:

Das Bundesverfassungsgericht hatte am 10. Oktober 2017 (Az.: 1 BvR 2019/16) entschieden:

- Das allgemeine Persönlichkeitsrecht (Art. 2 Abs. 1 i.V.m. Art. 1 Abs. 1 GG) schützt die geschlechtliche Identität. Es schützt auch die geschlechtliche Identität derjenigen, die sich dauerhaft weder dem männlichen noch dem weiblichen Geschlecht zuordnen lassen.
- Art. 3 Abs. 3 Satz 1 GG schützt auch Menschen, die sich dauerhaft weder dem männlichen noch dem weiblichen Geschlecht zuordnen lassen, vor Diskriminierungen wegen ihres Geschlechts.

Deutschland gehört nun zu den wenigen Staaten weltweit, welche die Existenz von mehr als zwei Geschlechtern rechtlich anerkennen. Das wäre doch ein willkommener neuer Ansatz für die Weiterentwicklung einer geschlechtergerechten Sprache –etwa in Veröffentlichungen zum Beamtenrecht:

„Der, die, das Beamte, Beamtin, Beamtes ist wegen seines, ihres, seines Geisteszustandes in den Ruhestand zu versetzen!"

Man darf gespannt sein, wie die Tagesschausprecher-innen und Fernsehmoderator-innen die wirklich geschlechtsneutrale Form in der Praxis umsetzen werden! In Stellenausschreibungen ist diese Dreiteilung bereits vorgeschrieben.

Übrigens:
Deutlich weniger Menschen als bisher angenommen definieren sich in Deutschland weder als Mann noch als Frau. Wie die *Zeit* berichtete, handelt es sich lediglich um einige hundert Personen.

Und dafür der ganze Aufwand?

Ist „Fensterln" ein frauenfeindliches Wort?

Beim Sportfest der Uni Passau wollten Burschen aus Jux und Tollerei einem alten bayerischen Brauch entsprechend in einem öffentlichen Wettkampf über Hindernisse und Leitern die Kammer einer Angebeteten erobern. Dagegen wandte sich die Gleichstellungsbeauftragte der Universität und legte den Studenten nahe, den „Fensterlkönig-Wettkampf" abzusagen, weil er gegen das Gleichstellungskonzept der Universität verstoße und die Frau „zum Objekt" degradiere.

Wie die *Süddeutsche Zeitung* berichtete, wurde ein angekündigter Wettkampf auf die Intervention der Gleichstellungsbeauftragten wegen Frauenfeindlichkeit hin tatsächlich abgesagt.
Die Frage lautet: Ist denn vielleicht „Fensterln" bereits ein Wort, das ein gewisses Maß an Frauenfeindlichkeit in sich birgt?
Nicht nur im Arbeitsrecht, sondern auch im Beamtenrecht ist die verwendete Terminologie in der Regel männlich. So sind Begriffe wie „Arbeitgeber" oder „Dienstherr" auch dann üblich, wenn es sich beispielsweise um Bedienstete einer Gemeinde (weiblich) handelt. Eine Gemeinde ist aber weder „Arbeitgeber" ihrer Angestellten oder „Dienstherr" ihrer Beamten, sie ist laut Duden vielmehr „Arbeitgeberin" oder „Dienstherrin".
In den Beamtengesetzen (BeamtStG und BBG) wird der Forderung nach einer „geschlechterneutralen Sprache" aber bereits weitgehend entsprochen.
Einige Beispiele:

1. § 10 BeamtStG lautet: Die Ernennung zur Beamtin auf Lebenszeit oder zum Beamten auf Lebenszeit ist nur zulässig, wenn die Beamtin oder der Beamte sich in einer Probezeit von mindestens sechs Monaten und höchstens fünf Jahren bewährt hat.
2. In der Überschrift des § 18 BeamtStG heißt es etwa „Rechtsstellung der Beamtinnen und Beamten".
3. In § 34 BBG geht es um die Entlassung von Beamtinnen auf Probe und Beamten auf Probe,

4. und nach § 88 BBG sind Beamtinnen und Beamte verpflichtet, ohne Vergütung über die regelmäßige wöchentliche Arbeitszeit hinaus Dienst zu leisten.

Die sprachliche Gleichbehandlung der Geschlechter ist für eine erfolgreiche Gleichstellung von unerlässlicher Bedeutung. Mittlerweile bestehen bereits mehrere Leitfäden für die Umsetzung der Forderung nach einer geschlechtergerechten Sprache, an die man sich nicht nur halten kann, sondern auch halten sollte.

Eine **geschlechtergerechte** Sprache sollte dabei aber **weder umständlich noch unnötig lang** sein. Es müssen eben richtige, allgemeinverständliche und nichtdiskriminierende Ausdrucksweisen verwendet werden.

Manchmal könnte aber doch einfach auch der Plural durchaus geschlechtergerecht sein. So etwa, wenn es in § 3 Abs. 2 BBG statt:

***„Dienstvorgesetzte oder Dienstvorgesetzter ist, wer** für beamtenrechtliche Entscheidungen über die persönlichen Angelegenheiten der ihr oder ihm nachgeordneten Beamtinnen und Beamten zuständig ist."*

lauten würde:

***„Dienstvorgesetzte sind Personen, welche** für beamtenrechtliche Entscheidungen über die persönlichen Angelegenheiten der ihnen nachgeordneten Beamten zuständig sind."*

Unter den deutschen Beamten versteht man nun einmal in unserer **„Muttersprache"** die Summe der Beamten und Beamtinnen – aber das ist vielleicht auch nur meine Meinung, und ich lasse mich gerne von einer anderen Auffassung überzeugen, wenn sie mit guten Gründen versehen wird.

Trotz aller gerechtfertigten Bestrebungen nach einer Gleichstellung in der Sprache bleibt es Männern und Frauen nur zu hoffen, dass weder das Wort noch der alte Brauch des „Fensterlns" in Zukunft ganz am Gleichstellungsrecht scheitert. Vielleicht sollte man einfach einmal auch „Mädels" dazu ermutigen, diesen Brauch am Leben zu erhalten und selbst die Kammer eines männlichen Angebeteten über Hindernisse und Leitern zu erobern.

Fazit:
Viele Männer würden das sicher sehr begrüßen!

Es stellt sich nach der Rechtsprechung des BVerfG (Entscheidung vom 10. Oktober 2017 Az.: 1 BvR 2019/16) zum „Dritten Geschlecht" allerdings die Frage, bei wem diese „Neutren" denn dann zum Fensterln gehen dürfen? Nur zu Gleichgeschlechtlichen? (Dann bleibe die Auswahl aber wohl sehr begrenzt.) Zu Männern? Zu Frauen? Oder zu Männern und Frauen?

Vermutlich würde die Rechtsprechung hier die sogenannte „Meistbegünstigungsklausel" anwenden und das Fensterln bei allen drein Geschlechtern erlauben …

Der Wertsackbeutel

Manchmal sind Dienstanweisungen und Verwaltungsvorschriften einfach unumgänglich, um Rechtssicherheit und Rechtsklarheit bei der Anwendung von sonst unverständlichen Vorschriften zu bringen. Das zeigt in beispielloser Deutlichkeit eine amtliche Verlautbarung der Deutschen Bundespost.

In Dienstanfängerkreisen kommen immer wieder Verwechslungen der Begriffe „Wertsack", „Wertbeutel", „Versackbeutel" und „Wertpaketsack" vor. Um diesem Übel abzuhelfen, ist das folgende Merkblatt dem § 49 der ADA vorzuheften:

Der Wertsack ist ein Beutel, der aufgrund seiner besonderen Verwendung im Postbeförderungsdienst nicht Wertbeutel, sondern Wertsack genannt wird, weil sein Inhalt aus mehreren Wertbeuteln besteht, die in den Wertsack nicht verbeutelt, sondern versackt werden.
Das ändert aber nichts an der Tatsache, dass die zur Bezeichnung des Wertsackes verwendete Wertbeutelfahne auch bei einem Wertsack mit Wertbeutelfahne bezeichnet wird und nicht mit Wertsackfahne, Wertsackbeutelfahne oder Wertbeutelsackfahne.
Sollte sich bei der Inhaltsfeststellung eines Wertsackes herausstellen, dass ein in einen Wertsack versackter Wertbeutel hätte versackt werden müssen, so ist die infrage kommende Versackstelle unverzüglich zu benachrichtigen. Nach seiner Entleerung wird der Wertsack wieder zu einem Beutel, und er ist auch bei der Beutelzählung nicht als Sack, sondern als Beutel zu zählen.
Bei einem im Ladezettel mit dem Vermerk „Wertsack" eingetragenen Beutel handelt es sich jedoch nicht um einen Wertsack, sondern um einen Wertpaketsack, weil ein Wertsack im Ladezettel nicht als solcher bezeichnet wird, sondern lediglich durch den Vermerk „versackt" darauf hingewiesen wird, dass es sich bei dem versackten Wertbeutel um einen Wertsack und nicht um einen ausdrücklich mit „Wertsack" bezeichneten Wertpaketsack handelt.

Verwechslungen sind insofern im Übrigen ausgeschlossen, als jeder Postangehörige weiß, dass ein mit Wertsack bezeichneter Beutel kein Wertsack, sondern ein Wertpaketsack ist.

„Ausfuhrbestimmungen sind Erklärungen zu den Erklärungen, mit denen man eine Erklärung erklärt."

(Amtsblatt eines Wirtschaftsministeriums)

Sind die Worte „Neger“ und „Zigeuner“, nicht aber der Ausdruck „Beamter“ diskriminierend?

Seit langem stellt sich die Frage, ob die Bezeichnung „Neger“ eine Beleidigung oder gar eine Volksverhetzung darstellt und damit der strafrechtlichen Ahndung unterliegt. Im Folgenden wird geprüft, ob nicht auch der Ausdruck „Beamter“ einer strafrechtlichen Verfolgung zugeführt werden müsste.

Das AG München (Urteil v. 19. Mai 2015 – 844 Ds 111 Js 132270/15) hat einen Angeklagten zu einer Geldstrafe wegen Volksverhetzung in Tateinheit mit Beleidigung nach den §§ 130, 185, 194, 52 StGB verurteilt, der behauptete:

„bei den eingesetzten Polizeibeamten sei auch irgend so ein Neger dabei gewesen, also ein dunkler Mann …“

Das Urteil wirft wieder einmal die Frage auf, ob allein der Gebrauch des Wortes „Neger“ bereits eine Beleidigung darstellt.
Wer erinnert sich nicht gerne an seine Kindheit und dabei auch an die Geschichte der „Zehn kleinen Negerlein“ oder die „Negerküsse“ (auch Mohrenköpfe genannt). Später hat man dann im Sommer immer einen „Neger“ (eine Mischung aus Weißbier und Cola) bestellt, um seinen Durst zu löschen.
Seit vielen Jahrzehnten ist „Neger“ nichts anderes als die im Volksmund übliche Bezeichnung dunkelhäutiger Menschen. Auch ein bayerischer Innenminister hat sich dieses Ausdrucks – zu Recht und ohne jemanden im Entferntesten beleidigen zu wollen – bedient.
Sollte es nicht so bleiben, wäre dann nicht auch das Wort „Beamter“ eine Beleidigung im strafrechtlichen Sinn?
Wer hat noch nicht den Ausspruch „Typisch Beamter“ gehört. Damit verbindet man ganz allgemein schlechte Eigenschaften wie faul, unflexibel, feige, entscheidungsschwach. Wenn man also jemanden als „Beamten“ bezeichnet und damit eine negative Wertung zum Ausdruck bringt, dann müsste man sich doch ebenfalls einer Beleidigung schuldig machen. Beispiel: „Du arbeitest wie ein Beamter!“

Allenfalls Vegetarier erinnern sich nicht mit großer Freude an das „Zigeunerschnitzel", an den „Zigeunerspieß" und an die Zigeunersoße". Jetzt wurden diese Gerichte umbenannt. So findet man im Supermarkt nur mehr eine „Paprikasoße" und in den Gasthäusern ein Schnitzel und einen Spieß „mit feurig scharfer Soße"!
Wenn man das konsequent durchzieht, dann müsste doch auch die Operette „Der Zigeunerbaron" von *Johann Strauß jr.* umgetauft werden, vielleicht in „Der Anführer eines fahrenden Volkes"!
Gott bewahre …
Selbst *Roberto Blanco* einer berühmtesten deutschen „Farbigen", den der bayerische Innenminister Herrmann als „Neger" bezeichnete, findet dies alles andere als schlimm oder diskriminierend. In einem Interview meinte er dazu:

„Negerküsse? Das ist doch nur ein Kuchen! Ich habe das selbst oft benutzt, zum Beispiel wenn ich geflirtet habe, dann habe ich die Frauen gefragt, ob sie einen Negerkuss wollen …
Wissen Sie, niemand hat das Recht, andere Menschen zu beschimpfen, aber der Ton macht die Musik. Wenn man zum Beispiel zu einer Frau sagt, ‚Du bist eine schöne Negerin', dann muss das ja keine Beleidigung sein. Wir haben so viele Probleme, ich weiß nicht, warum sich die Leute mit so etwas beschäftigen. Menschen sollen Menschen helfen, egal welche Farbe sie haben. Die Menschen, die im Moment fliehen, weil ihre Häuser zerbombt sind, die brauchen diese Hilfe jetzt."

Respekt, Roberto Blanco!

© Kakigori | Dreamstime.com

Kapitel 6: Goethe sei Dank!

Bei den nun folgenden Beiträgen soll der Versuch gewagt werden, oftmals bereits in Vergessenheit geratenen Schreiberlingen zu einer Wiederentdeckung zu verhelfen.
Ich nenne nur die Namen Goethe, Schiller, Heinrich Heine …
Die Würdigung, die diese Autoren ohne jeden Zweifel auch heute noch verdient hätten, kann dabei am besten durch eine Eingliederung ihrer Werke in das geltende Beamtenrecht geschehen.

Goethes große Verdienste und das deutsche Berufsbeamtentum

Ein Beamter war auch Johann Wolfgang von Goethe als Minister in Weimar. Der berühmteste deutsche Dichter und Schriftsteller stammte aus einer angesehenen bürgerlichen Familie; sein Großvater mütterlicherseits war als Schultheiß der stadthöchste Justizbeamte in Frankfurt, sein Vater promivierter Jurist und Kaiserlicher Rat. Dem Wunsch seines Vaters folgend, studierte Goethe in Leipzig und Straßburg ebenfalls Rechtswissenschaft.

Goethe hat sich gleich mehrfach große Verdienste um das deutsche Berufsbeamtentum erworben:

Götz von Berlichingen

Einen besonders großen Verdienst für das deutsche Berufsbeamtentum kommt Goethe zweifellos mit dem allseits bekannten Zitat aus dem Drama „Götz von Berlichingen" zu, denn dieses Zitat trägt bei Personalratssitzungen und Dienstbesprechungen immer wieder zu einer wohltuenden Klärung der Standpunkte bei.
Dem großen Klassiker gebührt hierfür der Dank des gesamten Berufsbeamtentums!
Zum anderen findet man in seinem Werk die folgenden Zeilen:

„Und wie ein jeder wird zuletzt,
Wenn man ihn hat in ein Amt gesetzt.
War er vorher wie ein Ameis' krabblig
Und wie ein Schlänglein schnell und zabblig,
Wird er hernach in Mantel und Kragen
In seinem Sessel sich wohl behagen."

„Und ich schwör'- bei meinem Leben,
Hätte man ihm ein Amt gegeben,
Er wär geworden ein fauler Bauch
Wie andere Beamte eben auch."

(aus Goethe, Der ewige Jude – zweiter Teil etwas abgeändert)

Heinrich Heine und das deutsche Beamtenrecht

Wie die Passauer Neue Presse *in ihrer Ausgabe vom 19. Mai 2014 berichtete, hat ein Richter einen 19-jährigen Straftäter dazu verurteilt, das Gedicht „Belsazar" von Heinrich Heine auswendig zu lernen. Da stellt sich die Frage: Kann man im deutschen Beamtenrecht nicht öfters einmal auf Heines Gedichte zurückgreifen?*

Die Ballade **„Belsazar"** von *Heinrich Heine* handelt in 19 Strophen von dem Eroberer Babylons, der vor lauter Großmut über den jüdischen Gott Jehova spottet und dann von diesem bestraft wird. Leider sehen die Disziplinargesetze von Bund und Ländern das Auswendiglernen von Gedichten aber bisher noch nicht als Ahndungsform bei Dienstvergehen vor, ein Fehler, den es seitens der Gesetzgeber schnellstmöglich zu korrigieren gilt.

Bei jüngeren Beamten erscheint dieses Auswendiglernen sowohl nach general- als auch nach spezialpräventiven Gesichtspunkten als eine sinnvolle Möglichkeit der Reaktion auf ein potenzielles Fehlverhalten. Gerade die Gedichte von Heinrich Heine würden sich hier vorzüglich eignen. So könnte man mit seinen Werken **Sklavenschiff I und II** den Berufsanfängern das Wesen des Beamtentums als „Dienst- und Treueverhältnis" anschaulich vor Augen führen, wogegen seine Strophen aus **„Da hab' ich viele blasse Leichen ..."** den Zustand in so manchen Dienststellen der öffentlichen Verwaltung schon vom Grundsatz her trefflich beschreiben. Außerdem helfen seitens des Vorgesetzten die Zeilen aus **„Mir träumt' ich bin der liebe Gott!"**, um die in der Verwaltung vorgegebenen hierarchischen Strukturen geradezu metaphorisch darzustellen. Da passt es gut, wenn ein Neuling seinem Ausbildungsleiter auch gleich die Frage stellt: **„Soll ich Dich als Held verehren?"**

Aber nicht nur Berufsanfänger, sondern auch etablierte Beamte, können aus den Gedichten Heinrich Heines wertvollen Nutzen ziehen. Bei Problemen, welche sich etwa in Zusammenhang mit einer Beförderung stellen, kommt solchen Gedichten wie **„Das weiß Gott!"** und **„Werdet nur nicht ungeduldig!"** eine schier prophetische Bedeu-

tung zu. Bei der Bekanntgabe von Beurteilungen würden aus Sicht des untergebenen Beamten nach mehreren enttäuschten Erwartungen auch die Strophen aus „**Bist Du wirklich mir so feindlich?**" passen, auf die allerdings auch der Vorgesetzte zurückgreifen sollte, wenn es sein Mitarbeiter nach der 25. Erklärung immer noch nicht versteht, einen auch nur einigermaßen akzeptablen Entwurf eines Bescheides zu verfassen. Da hilft dann dem Beamten weder ein **Stoßseufzer** noch die Entschuldigung: „**Glaube nicht, dass ich aus Dummheit ...**" wesentlich weiter, und oft wird dieser dann den Gedanken an den Vorgesetzten auch zuhause nicht los: „**Im Traum sah ich ein Männchen**", und wenn man dann am nächsten Arbeitstag wieder in seiner Behörde antreten muss, dann ist diese mit großer Gewissheit die „**Schöne Wiege meiner Leiden**". Wenn der Dienstvorgesetzte aber zum Beispiel erstmals durch Vermittlung einer neuen Sekretärin telefonisch mit anderen Behörden in Verbindung treten will, dann gilt: „**Blamier mich nicht, mein schönes Kind**".
Wird ein Beamter dabei erwischt, dass er anlässlich der Geburtstagsfeier des Chefs am kalten Buffet nach langer Überlegung („**Es treibt mich hin, es treibt mich her**") zwei statt des vorgesehenen einen belegten Brötchens nimmt, so empfiehlt sich „**Das Liedchen von der Reue**", das aber natürlich auch bei jeder Einleitung eines Disziplinarverfahrens angestimmt werden könnte. Am Ende der Feier gilt dann zum Bedauern vieler Mitarbeiter recht bald: „**Die Flaschen sind leer**!" Aber man sollte sich ja auch nicht über einen noch so geizigen Vorgesetzten lustig machen, denn so etwas kann sich sehr nachteilig auf die nächste Beurteilung auswirken und da heißt es dann: „**Mensch, verspotte nicht den Teufel!**"
Auf die Frage des Vorgesetzten, warum man am Montagmorgen erst so spät erscheine, wird sich so mancher Beamte nach dem Motto „**Ich kam von meiner Herrin Haus**" vergeblich auf noch zu erledigende häusliche Pflichten berufen. Wenn man dann aber am Ende der Arbeitswoche an einem sonnigen Freitagnachmittag das Wochenende schon im Büro herbeisehnt, dann werden einem auch die Worte des Dichters aus „**Ewigkeit, wie bist Du lang**" nur schwerlich über die restliche Wartezeit hinweghelfen.
Sogar am Ende des Beamtenlebens können Heines Werke Trost spenden. So ist es üblich, dass der (ehemalige) Vorgesetzte am Grab

des verstorbenen früheren Staatsdieners einige Worte spricht. Dabei kann der Dichter mit seinem Werk „**Der Ex-Lebendige**" oder „**Der tugendhafte Hund**" gute Hilfestellung leisten.

Wenn bei einer anstehenden Besoldungserhöhung wieder einmal gerade bei den Beamten gespart wird, während sich unsere Volksvertreter im Landtag und im Bundestag eine Diätenerhöhung gleich um zehn Prozent gönnen – bei der Beamtenbesoldung aber kräftig auf die Bremse treten –, dann beschreibt der Dichter dies nur allzu trefflich mit seinem Gedicht: „**Wenn sich die Blutegel vollgesogen**". Da hilft es auch nichts, wenn man aus Heines Werk „**Die Erde war so lange geizig**" zitiert.

Man kann daraus ersehen, dass eine Beschäftigung mit Heinrich Heines Gedichten für den öffentlichen Dienst auch heute noch lohnt. Das gesamte Beamtenrecht würde wesentlich davon profitieren. So könnte man schon jetzt im Rahmen von Weisungen ein Auswendiglernen von Heines Gedichten als erste Reaktion auf ein dienstliches oder außerdienstlichen Fehlverhalten einführen und damit das Institut der bisher üblichen „Missbilligung" relativieren. Allerdings käme eine solche disziplinarrechtliche Maßnahme wohl nur bei jüngeren Beamten infrage, weil die Merkfähigkeit bei älteren Kollegen erfahrungsgemäß im umgekehrt proportionalen Verhältnis zu den zurückgelegten Dienstjahren und ihrer Besoldung abnimmt. Die Begrenzung auf jüngere Kollegen würde deshalb mit Sicherheit einen sachlichen Differenzierungsgrund nach der Richtlinie 2000/ 78 EG darstellen, den es im Rahmen des AGG stets zu beachten gilt.

Heinrich Heine ist der bekannteste Autor der deutschen Romantik. Über unser geltendes Beamtenrecht hätte er wohl jede Menge Stoff für seine satirischen Publikationen gefunden.

Wilhelm Busch und die bayerische Kommunalwahl

Immer wieder einmal ist es wieder soweit: Die Kommunalwahlen finden statt. Dabei werden unsere Bürgermeister und Landräte als Kommunale Wahlbeamte und die Vertreter im Stadt- und Gemeinderat für sechs Jahre von uns Bürgern bestimmt. Was steckt aber hinter den großzügigen Gaben, die während dieses Wahlkampfes von den Kandidaten verteilt werden? Da könnte ein Gedicht des Dichters Wilhelm Busch einen ersten Anhaltspunkt für unsere – natürlich auch etwas satirischen – Überlegungen liefern.

Alle sechs Jahre finden bekanntlich in Bayern Kommunalwahlen statt. Und das ist viel zu selten, denn man bekommt Präsente von den potenziellen Volksvertretern ja immer nur dann, wenn sie von uns gewählt werden möchten. Warum aber sind die Kandidaten so erpicht darauf, in den Stadt- oder Gemeinderat einzuziehen? Das folgende Gedicht von *Wilhelm Busch* könnte hier bei der Antwort den Einstieg erleichtern. Es ist in dem Band „Kritik des Herzens“ erschienen und lautet (etwas modernisiert) wie folgt:

„Wirklich, er war unentbehrlich!
Überall, wo was geschah,
Zu dem Wohle der Gemeinde,
Er war tätig, er war da!
Volksfest und auch Faschingsbälle,
Fahrradrennen, Preisgericht,
Liedertafel, Spritzenprobe,
Ohne ihn, da ging es nicht.
Ohne ihn war nichts zu machen,
Keine Stunde hatt' er frei,
Gestern, als sie ihn begruben,
War er wirklich auch dabei!“

Wilhelm Busch spricht in seinem Gedicht einen Typ Mensch an, den wir alle bestens kennen. In Bayern wird dieser Typ allgemein als

„G'schaftlhuber(in)" – „G'schaftlgruber(in)" – „G'schaftlmaier(in)" oder einfach als „G'schaftler" und „Adabei" bezeichnet. Im Norden Deutschlands kennt man dafür die Bezeichnung „Hans Dampf in allen Gassen".

Starten wir also den Versuch, zu klären, warum wir alle sechs Jahre wieder so überaus freundlich von den Gemeinde- oder Stadträten in spe behandelt werden. Analysieren wir doch einmal gemeinsam, warum wir von einem Kandidaten plötzlich aufs Herzlichste gegrüßt werden – obwohl er uns sechs Jahre lang keines Blickes gewürdigt hatte. Überlegen wir doch einmal, warum wir gerade jetzt mit Luftballons, Kugelschreibern, Wurstsemmeln, Kalendern, Brezen sowie alkoholischen und anderen Getränken usw. usw. aufs Beste verwöhnt werden. Lassen Sie uns also einfach einmal – wie schon erwähnt – nicht ganz ohne jede Satire, aber durchaus dialektisch bei einer möglichen Antwort auf diese Fragen vorgehen, wobei natürlich jede Ähnlichkeit mit tatsächlich vorhandenen Kandidaten bei den folgenden Ausführungen dem puren Zufall angelastet werden müsste!

Einerseits:

Frustrierte Hausfrauen und gelangweilte Rentner haben während des Wahlkampfes die Chance, der üblichen Monotonie ihres Lebens zumindest für eine gewisse Zeit zu entfliehen und bei so manchem verurteilten Straftäter dienen Wahlkampf und Gemeinderatsmandat in hohem Maße der Resozialisierung.

Und dann erst noch das schier unglaubliche Renommee, das man durch die Abbildung auf Werbeplakaten und erst recht im Falle eines Wahlerfolges bei Verwandten, Nachbarn, Freunden und Feinden erzielt, so in etwa nach dem Motto: „Ich bin schließlich nicht irgendwer! Ich bin der dritte Bürgermeister!" – Respekt!

Hauptsache also: „G'schaftln"!

Andererseits:

Auf der Übernahme von Ehrenämtern und Aufgaben in Vereinen und sozialen Einrichtungen wie Rotes Kreuz, Feuerwehr und in zahlreichen anderen Bereichen durch engagierte Mitbürger gründen sich ganz wesentliche, überaus wichtige Teile unseres Zusammenlebens. Unsere Gesellschaft – und damit jeder von uns – braucht Menschen,

die sich für uns alle in das öffentliche Leben engagiert einbringen – und so ist es auch beim Stadt- oder Gemeinderat.
Einerseits:
„G'schaftler" erkennt man bei einer Kommunalwahl in der Regel daran, dass sie ihre politischen Ziele bei Facebook, in anderen sozialen Medien und auf gedruckten Wahlprogrammen vornehmlich mit Allgemeinfloskeln wie „Bürgernähe", „Transparenz", „Soziale Kompetenz", „Förderung der Vereine und des Gewerbes" usw. usw. beschreiben, also mit Werten, die für jedermann und damit auch für jeden Kandidaten selbstverständlich sein sollten.
Andererseits:
Auf den Bildungsgrad, die soziale Stellung und den Intelligenzquotienten des einzelnen Kandidaten soll und darf es bei unserer Stimmvergabe ja gerade nicht ankommen.
Einerseits:
Wer „ehrenamtlich" für die Gemeinschaft tätig ist, dem muss jede Menge Lob und Anerkennung und nicht etwa Kritik, Häme oder Unverständnis zuteilwerden, denn er ist wirklich „aller Ehren wert". Und das gilt natürlich auch für die Übernahme eines Mandats im Stadt- oder Gemeinderat.
Andererseits:
Nicht alles geschieht bei Kommunalwahlen wohl so ganz ohne Eigennutz. So mancher Kandidat erwartet sich bei einem erfolgreichen Wahlausgang – zumindest auch – spezielle persönliche Vorteile, wie Aufwandsentschädigungen für die Übernahme von gemeindlichen Ämtern, eine bezahlte Nebentätigkeit für ein städtisches Unternehmen (Aufsichtsrat beim Stromversorgungsbetrieb etc.), die Vermietung leer stehender oder sonstiger Räumlichkeiten an die stets solvente Kommune, Aufträge für die von ihm oder seiner Firma angebotenen Dienstleistungen, einen Wissensvorsprung oder einen sonstigen Vorteil bei seinen Immobiliengeschäften.
Einerseits:
Soweit das alles – zumindest auch – der Allgemeinheit zugutekommt, ist es ja durchaus in Ordnung, und wie erwähnt: Lob und Anerkennung grundsätzlich jedem, der sich als Kandidat für unseren Stadt- oder Gemeinderat nominieren lässt.

Andererseits:

Die erstrebte Übernahme eines Amtes muss sich für so manchen Kandidaten „unter dem Strich“ einfach auch lohnen! Und da kandidierte man schon vor sechs Jahren zum Gemeinderat und jetzt – sogar für eine ganz andere Partei – wieder zum Bürgermeister oder Gemeinderat – je nachdem, wo einem gerade das beste Pöstchen in Aussicht gestellt wird! Es soll sogar Fälle geben, bei denen ein Bewerber zwischendurch auch noch für eine dritte politische Gruppierung zum Bezirks- oder Landtag gewählt werden wollte. Und man kandidiert natürlich auch noch für den örtlichen und überörtlichen Personal- oder Betriebsrat und für den Vorstand in dem einen Verein und als Kassenprüfer für den anderen und und und …

Handelt es sich hierbei etwa um ein „G'schaftln“ aufgrund eines völlig übertriebenen, vielleicht schon ans Krankhafte oder zumindest Lächerliche grenzenden Geltungs- und Selbstdarstellungsbedürfnisses?

Nein! Natürlich ausschließlich um das verantwortungsbewusste und selbstlose, ja geradezu aufopferungsvolle Handeln für die Allgemeinheit – also für uns!

Einerseits:

Entscheidungen werden in kommunalen Kollegialorganen oft parteiübergreifend oder sogar einstimmig getroffen.

Andererseits:

Warum ist man sich nicht über alle Parteigrenzen hinweg darüber einig, dass man das viele Geld, das man für Plakate und Inserate, Geschenke, Veranstaltungen etc. im Wahlkampf vergeudet, einmal parteiübergreifend für soziale Zwecke verwendet?

Fazit:

Es „menschelt“ immer und überall und das ganz besonders bei der Kommunalwahl – und das „G'schafftln“ gehört da ganz offensichtlich dazu.

Vielleicht sollten wir uns aber doch dazu entschließen, nicht immer denjenigen zu wählen, den man vielleicht gerade auch wegen seiner G'schaftelei sympathisch findet, sondern jemanden, von dem man überzeugt ist, er (sie) könnte die Interessen der Gemeinde am besten vertreten.

PS:

Auch in sechs Jahren – dann bei der nächsten Kommunalwahl – wird sich vermutlich nichts, aber auch gar nichts ändern und der Kugelschreiber, den ich auch heuer wieder von einem der Kandidaten „geschenkt" bekommen habe, wird seinen Geist spätestens nach dem Wahltag wohl sicher wieder aufgeben – aber in sechs Jahren bekomme ich ja ganz bestimmt einen neuen!

„Es ist schon ein großer Trost bei Wahlen, dass von mehreren Kandidaten immer nur einer gewählt werden kann!"

(Mark Twain)

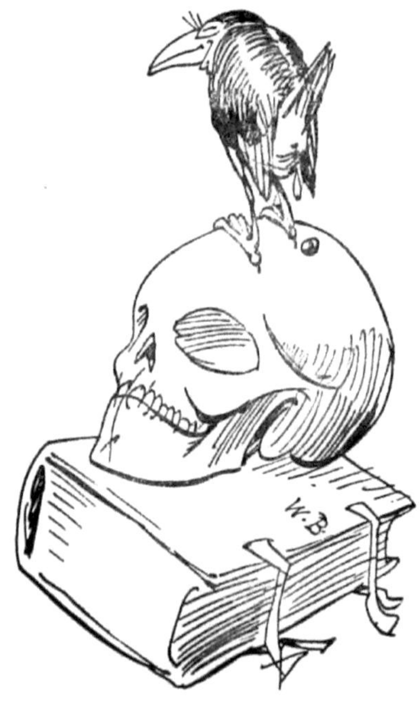

Der Münchner im Himmel – aus der Sicht des bayerischen Beamtenrechts

Die Geschichte „Der Münchner im Himmel" von Ludwig Thoma (1867–1921), des wohl bekanntesten bayerischen Heimatschriftstellers, gibt Anlass zu einer – natürlich wieder nicht ganz ernstgemeinten - beamtenrechtlichen Würdigung.

Die Geschichte, mit der Ludwig Thoma die bayerische Lebensart und die Eigenheiten meiner Landsleute trefflich beschreibt, weist gerade auch vor dem Hintergrund des öffentlichen Dienstrechts einige bemerkenswerte Passagen auf. Die folgende rechtliche Würdigung erfolgt dabei aufgrund des bekannten Originaltextes und des geltenden bayerischen Beamtenrechts.

„Alois Hingerl, Dienstmann Nr. 172 am Münchner Hauptbahnhof …"

Schon hier wird die Frage aufgeworfen: Kann ein Dienstmann auch Beamter sein? Die Antwort lautet zweifellos: Ja! Es obliegt dem jeweiligen Dienstherrn, entsprechende Ämter im konkret-funktionellen und statusrechtlichen Sinn auszuweisen und diese mit Beamten oder Angestellten zu besetzen. Der Funktionsvorbehalt des Art. 33 Abs. 4 GG steht dem jedenfalls nicht entgegen, da auch nichthoheitliche Aufgaben von Beamten wahrgenommen werden können, wie dies bei Alois Hingerl der Fall ist und wie dies der vielfache Einsatz von Beamten im fiskalischen Bereich deutlich zeigt.

„erledigte einen Auftrag mit solcher Hast, dass er vom Schlag getroffen zu Boden sank und starb."

Hier ergeben sich zwei Problemkreise:

a) Mit Eintritt des Versorgungsfalles (Tod) wird ein Anspruch auf Hinterbliebenenversorgung gem. Art. 31 ff BayBeamtVG begründet (der natürlich nur dann entstehen kann, wenn Alois Hingerl Hinterbliebene im Sinne des BayBeamtVG hat).

b) Da der Versorgungsfall zweifelsfrei während des Dienstes eintrat, stellt sich die Frage nach der Höhe der diesen Hinterbliebenen zustehenden Versorgung. Ein Dienstunfall, der eine erhöhte Versorgung begründet, wird durch Art. 46 Abs. 1 BayBeamtVG als ein auf äußerer Einwirkung beruhendes, plötzliches, örtlich und zeitlich bestimmbares, einen Körperschaden verursachendes Ereignis, das in Ausübung oder infolge des Dienstes eingetreten ist, definiert. Wegen der von Hingerl an den Tag gelegten, für Beamte durchaus nicht üblichen und für den Eintritt des Versorgungsfalles nicht hinwegdenkbaren Eile, könnte im vorliegenden Fall sogar von einem qualifizierten Dienstunfall ausgegangen werden.

„Zwei Engerln schleppten ihn mit vieler Mühe in den Himmel, wo er vom Heiligen Petrus empfangen wurde."

Der Beamte wird also erneut in ein Dienstverhältnis berufen (Art. 10 LlbG). Petrus übt dabei die Befugnisse des (neuen) Dienstvorgesetzten nach Art. 2 Abs. 1 BayBG aus, wobei allerdings die Frage offen bleibt, ob Petrus selbst Dienstvorgesetzter und Leiter der Behörde ist oder aber - was zu vermuten steht - im Rahmen der organisationsrechtlichen Stellung seine personalrechtlichen Befugnisse nur für den eigentlichen Behördenleiter im Wege eines bestehenden Geschäftsverteilungsplans ausübt. Dies kann aber für die weitere juristische Wertung offenbleiben.

„Petrus eröffnete ihm zunächst, dass er von nun an auf den Namen ‚Engel Aloisius' zu hören habe, überreichte ihm eine Harfe und machte ihn mit der himmlischen Hausordnung bekannt: ‚Von morgens 8 Uhr bis mittags 12 Uhr: frohlocken; von mittags 12 Uhr bis abends 8 Uhr: Hosianna singen.'"

Diese Aussage lässt hingegen keine Zweifel aufkommen. Aloisius werden die künftigen Aufgabenbereiche seines Amtes im konkretfunktionellen Sinn (Dienstposten) übertragen. Von einer Probezeit kann dabei nach den Umständen des Einzelfalles und den dienstlichen Erfordernissen ausnahmsweise nach Art. 12 Abs. 3 Satz 7 LlbG abgesehen werden. Da Aloisius bereits in seinem irdischen Dasein

Beamter war (siehe oben), ist ein Absehen von der grundsätzlich erforderlichen Probezeit auch nach Art. 10 Abs. 3 i.V.m. Abs. 1 Satz 1 LlbG gerechtfertigt.

Mit der Übertragung des Amtes nach § 8 Abs. 3 BeamtStG wurde ihm nach Art. 76 BayBG gleichzeitig die Amtsbezeichnung „Engel Aloisius" verliehen. Diese darf er von nun an nach Art. 76 Abs. 3 Satz 1 (letzter Halbsatz) auch außerhalb des Dienstes führen.

„Wos is?"

Mit seiner Frage fordert Aloisius im Rahmen der dem Petrus obliegenden Fürsorgepflicht (§ 45 BeamtStG) eine Klarstellung des ihm übertragenen dienstlichen Aufgabenkreises.

„Von morgens 8 Uhr bis abends 12 Uhr frohlocken, von mittags 12 Uhr bis 8 Uhr abends Hosianna singen!"

Hierbei handelt es sich um eine erneute Klarstellung und um die Erfüllung der Fürsorgepflicht durch Petrus.

„So – hmhm – ja, wann krieg na i wos z'dringa?"

Auch mit dieser neuerlichen Frage fordert Aloisius – wieder im Rahmen der dem Petrus obliegenden Fürsorgepflicht – eine Konkretisierung der zu erbringenden Dienstleistung und der ihm zustehenden mittäglichen Freizeit, denn die Arbeit ist gemäß der unabdingbaren arbeitszeitrechtlichen Vorgabe des § 7 Abs. 3 AzV spätestens nach sechs Stunden durch eine Pause von mindestens 30 Minuten zu unterbrechen. Hierauf besteht ein klagbarer Rechtsanspruch.

„‚Sie werden Ihr Manna schon bekommen', sagte Petrus leicht indigniert und ließ ihn stehen."

Petrus handelt hier eindeutig rechtswidrig: Aloisius besitzt ohne jeglichen Zweifel einen Rechtsanspruch auf eine korrekte Klarstellung. Hierfür stünde ihm sogar der Rechtsweg nach § 54 Abs. 1 BeamtStG offen. Wegen des gerade bei bayerischen Staatsangehörigen in ganz besonderem Maße bestehenden Dranges, aufkommende Durstgefühle schnellstmöglich zu befriedigen, wäre es ratsam, schon einen vorläufigen Rechtsschutz zu beantragen. Die besondere Eilbedürftigkeit kann nicht bestritten werden.

„Auweh! Des werd schee fad. Mei Lieba, da moan i oiwei, bin i neitred'n! Frohlocken?! A-a-a-a - Eam schaug o: Frohlock'n müeßed i da hero'm und i hab gmoant, i kumm in Himmi..."

Diese Aussage ist nicht an einen bestimmten Adressaten gerichtet. Sie kann deshalb als Ausdruck einer allgemeinen Enttäuschung über die Leistungen seines Dienstherrn gewertet werden. Solche Aussagen werden auch bei heute noch lebenden, aktiven Beamten vielfach getroffen und müssen dem Gewohnheitsrecht zugeordnet werden.

„Und während er noch so vor sich hinbrummelte, sah er plötzlich einen roten Radlerengel auf sich zukommen, und sofort erwachte in ihm die alte Wut auf diese vermeintliche Erdenkonkurrenz und er schrie den roten Radlerengel an: ‚Ja, seid's ees au do hero'm, ees Hundsbuam, ees miserabligen! Mei Lieber, lass di do bloß net bei mir blicke, gell? Sonst fangst a paar!' Und für alle Fälle versetzte er dem roten Radlerengel ein paar kräftige Hiebe mit dem ärarischen Himmelsinstrument."

Hier überschreitet wiederum Aloisius eindeutig seine Kompetenzen und begeht ein Dienstvergehen im Sinne des § 47 Abs. 1 Satz 1 BeamtStG. Zum einen verstößt er gegen seine Verpflichtung zur vollen Hingabe zum Beruf aus § 24 Satz 1 BeamtStG, zum anderen könnte die Wertung „ees Hundsbuam, ees miserabligen" den Straftatbestand der Beleidigung nach § 185 StGB erfüllen. Dagegen stellen mehrere Hiebe mit einer Harfe auf jeden Fall eine Körperverletzung im Amt im Sinne der §§ 223/340 StGB und folglich ohne jeden Zweifel ein Dienstvergehen dar.

„Daraufhin war ihm bedeutend wohler, er setzte sich, wie ihm befohlen, auf eine Wolke und begann zu frohlocken: ‚Hahlelujja ... Hahlelujja ... Hahlelujja ... Hahleeeee-lujja ...'"

Damit erfüllt also Alois Hingerl endlich seine Dienstleistungspflicht und übt die Aufgaben seines im Haushaltsplan ausgewiesenen Hauptamts entsprechend seiner dienstlichen Bestimmung aus.

„Ein völlig vergeistigter Engel schwebte an ihm vorüber. ‚Hallo, Sie! Hallo! (Pfiff!) Hallo! Ham' Sie, ham's koan Schmaizla? Schnupftabak? Ham's nix? A Pris? Geh weida, fahr oane her!' Der Durchgeistigte sah ihn nur völlig entgeistert an, lispelte nur ‚Hosianna!' und flog von hinnen. ‚Ja, ja, was is jetz des für a Depp für a damischer? Ja – na, na, na, na, host vei koan Schmaizla ned? Wenn ma scho anständig fragt, werd ma do anständige Antwort krieg'n kenne! Gscherdee Rueb'n, gscherdee! Engel ... boaniger! Mei Lieber, da werd a so a Zeigl hero'm sei! A-a-a-a-a, wos steh i aus!'"

Diese Aussagen des Engels Aloisius sind erneut getrennt zu werten:

a) Mit seinen letzten Ausführungen würde Aloisius in einem anderen Bundesland erneut den Straftatbestand der Beleidigung in Tatmehrheit nach § 53 StGB erfüllen, wobei ihm allerdings die in bayerischen Behörden üblichen Umgangsformen zumindest angerechnet werden müssten und sich seine Aussage zum anderen lediglich auf einen Norddeutschen (Preußen) bezieht. Nach Auffassung des Verfassers wird deshalb bereits der Tatbestand als nicht erfüllt angesehen werden dürfen.

b) Mit der Bitte um einen Schnupftabak verstößt Hingerl dagegen gegen keine dienstrechtlich relevanten Bestimmungen. Mangels ersichtlicher Gegenleistung scheidet Bestechlichkeit aus. Er bringt allenfalls seine Bedenken gegen eine zu geringe Besoldung zum Ausdruck – ein permanentes Manko des öffentlichen Dienstes, der seit vielen Jahren – von der allgemeinen Einkommensentwicklung abgekoppelt – ein kärgliches Dasein fristet.

„Er setzte sich wieder auf seine Wolke und begann erneut zu frohlocken, allerdings bedeutend zorniger: ‚Halleluja! Luhja! Luhja, sog i! 'zeefix Halleluja! Luhja!' Er schrie so, dass der liebe Gott nebenan von seinem Mittagsschlaf erwachte und ganz erstaunt fragte: ‚Ja, was ist denn da für ein Lümmel heroben?' Er schickte sofort zu Petrus, der kam angerast und sie hörten zusammen den Engel Aloisius frohlocken: ‚Luhja! Sacklzementhalleluja! Luhja, sog i! Mei Lieber Luja!'"

Alois Hingerl erfüllt zwar jetzt erneut seine Dienstleistungspflicht, indem er die Aufgaben seines Hauptamts entsprechend seiner dienstlichen Bestimmung ausführt. Fraglich ist allerdings, ob sein Verhalten dabei der Achtung und dem Vertrauen gerecht wird, die sein Beruf nach § 34 Satz 3 BeamtStG erfordert. Zumindest hätte er gemäß Art. 33 Abs. 2 BeamtStG diejenige Mäßigung und Zurückhaltung wahren müssen, die sich aus seiner Stellung gegenüber der himmlischen Allgemeinheit und aus der Rücksicht auf die Pflichten seines Amtes ergeben. In der Summe handelt es sich allerdings nur um eine als gering einzustufende, unbedeutende dienstliche Verfehlung.

„Petrus raste los und schleppte den Aloisius vor den lieben Gott. Der sah ihn sich lange an; drauf sprach er: ‚Aha. Ein Münchner. Ja, sagen Sie einmal, warum plärren Sie denn da heroben so unanständig?'"

Hierbei handelt es sich – wieder ohne jeden Zweifel – um eine tadelnde Äußerung, die als mündliche missbilligende Äußerung und nicht als disziplinarrechtlicher Verweis nach § 7 BayDG zu werten ist, welche ihre rechtliche Grundlage in dem Weisungsrecht des Dienstvorgesetzten nach § 35 BeamtStG findet.

„Da kam er beim Aloisius aber grad an den Richtigen. Der war mitten drin in der Wut und legte nun los: ‚Ja, - ja was gla'm denn Sie! Weil mir da hero'm im Himmel san, da - da müeßad i da singa wie a Zeiserl, was? Was? Un z'tringa krieged überhaupt nix! Mei Lieber, ‚a Manna' hot er g'sagt, a Manna kriegad i! Mei Lieber, da wennst ma net gehst mit dei'm Manna, gell, ah den kennts selber saufa, dees sag i eich, aber iii trink koan Manna ned, dass di auskennst! Und singa tua i überhaupts ned, i hob no nie g'sunga, da sing i erscht recht ned ...'"

Beamte können neben den allgemeinen, für jedermann eröffneten formlosen Rechtsbehelfen nach Art. 7 BayBG besondere Anträge und Beschwerden vorbringen. Hierbei ist der Dienstweg einzuhalten. Der Beschwerdeweg bis zur obersten Dienstbehörde steht ihnen offen und als eine solche – zulässige – „Beamtenbeschwerde" sind die Aussagen des Engels Aloisius zu werten.

„‚Petrus', sagte der liebe Gott, ‚mit dem können wir hier nichts anfangen. Nun, für den habe ich eine andere Aufgabe: Der soll meine göttlichen Ratschläge der bayrischen Regierung überbringen. Auf diese Weise kommt er jede Woche ein- oder zweimal nach München, und dann hat die liebe Seele ihre Ruhe.'"

Aloisius wird hier nicht etwa abgeordnet oder versetzt, ihm wird lediglich ein dienstlicher Auftrag erteilt. In aller Regel muss er bei seiner Beschäftigungsbehörde einen gesonderten Dienstreiseantrag stellen, der dann die Grundlage für eine spätere Reisekostenabrechnung bildet. Näheres dazu regelt die Allgemeine Verwaltungsvorschrift zum Bayerischen Reisekostengesetz (VV-BayRKG) – Bekanntmachung des Bayerischen Staatsministeriums der Finanzen, für Landesentwicklung und Heimat vom 28. September 2017, Az. 24-P 1700-2/3 (FMBl. S. 459).

„Als Aloisius das hörte, war er sichtlich froh. Er bekam auch gleich den ersten Auftrag, einen Brief, und flog damit los."

Der Protagonist nimmt dadurch erneut die ihm übertragenen Dienstgeschäfte pflichtgerecht wahr.

„Und als er plötzlich Münchner Boden unter den Füßen fühlte, da war es ihm, als sei er im Himmel. Und einer alten Gewohnheit gemäß führte ihn der Weg hin zum Hofbräuhaus, und er fand seinen Stammplatz wieder, fand den Stammplatz leer und die Kellnerin, die Kathi, kam auf ihn zu, und er bestellte sich eine Maß, und bestellte sich noch a Maß, und er vergaß seinen Brief und seinen Auftrag, und b'stellt sich no a Maß und no a Maß und no oane, und da sitzt er heit no …"

Hier stellt sich zunächst die Frage nach der Zulässigkeit des Abweichens von der kürzesten Verbindung zwischen dem dienstlichen Wohnsitz (§ 15 BBesG) und dem Ort, an welchem aufgrund der Dienstreiseanordnung die dienstliche Leistung zu erbringen ist, also dem Bayerischen Landtag auf der Maximilianshöhe. Da man aber selbst einen Metzgerbesuch von Polizeibeamten mit dem Dienstwagen für zulässig erachten muss, wird man auch einen Besuch des Münchner Hofbräuhauses durch den früheren Dienstmann kaum als

ungebührliche und unerlaubte Unterbrechung der angeordneten Dienstreise bewerten können. Dafür spricht auch die räumliche Nähe der Traditionsgaststätte zum Bayerischen Landtag.
Weiterhin gilt es, den Genuss von mehreren Maß Bier (eine Maß = 1 Liter) einer dienstrechtlichen Würdigung zu unterziehen. Hier spricht aber eine wichtige Aussage eines früheren Bayerischen Ministerpräsidenten gegen die Annahme eines Dienstvergehens: Günther Beckstein findet Autofahren nach zwei Maß Bier völlig in Ordnung. Folge: Kein Verstoß gegen die außerdienstlichen Verhaltensregeln.

„Und so wartet die bayrische Regierung bis heute vergeblich auf die göttlichen Eingebungen.“

Und hieran hat sich bis heute nichts geändert, wie der nun folgende Beitrag zeigt!

Vergebliches Warten auf die „göttliche Eingebung“

Seit der verstorbene Münchner Dienstmann Alois Hingerl als Engel Aloisius nach der im letzten Beitrag geschilderten Geschichte von Ludwig Thoma im Münchner Hofbräuhaus landete und seinen himmlischen Brief an die bayerische Staatregierung vergaß, wartet diese bekanntlich auf eine göttliche Eingebung. Manchmal wünschte sich aber auch der eine oder andere Bürger (und der bayerische Beamte), dass es dort zu einer Eingebung kommt, die gar nicht einmal „göttlich“ sein müsste.

Die Bayerische Staatsregierung hat durch eine äußerst umfangreiche „Anpassungsverordnung“ eine Vielzahl von gesetzlichen Bestimmungen als Folge der neuen Einteilung der Ministerien geändert. Dabei stellt sich nicht nur einem einfachen Beamten, sondern auch dem „durchschnittlich denkenden Bürger“ (siehe Prolog) die Frage, ob es dieser Anpassung und des damit notwendigerweise einhergehenden enormen bürokratischen Aufwandes wirklich bedurfte.
So lautet die neue Bezeichnung des Bayerischen Finanzministeriums nunmehr: „Bayerisches Staatsministerium der Finanzen, für Landesentwicklung und Heimat“. Das Bayerische Innenministerium ist jetzt das „Bayerisches Staatsministerium des Innern, für Bau und Verkehr“ und das Arbeitsministerium heißt Bayerisches Staatsministerium für Arbeit und Soziales, Familie und Integration.
Fakt ist:
Die grundsätzlichen – originären – Zuständigkeiten der „Kernministerien“ (Finanzministerium, Innenministerium, Arbeitsministerium, Wirtschaftsministerium usw.) haben sich nicht geändert. Es sind nur Aufgabenbereiche hinzugetreten, die bei der nächsten Legislaturperiode wieder wegfallen können.
Schon nach dem allgemeinen Sprachgebrauch des durchschnittlich denkenden Beamten und Bürgers bleibt das Finanzministerium stets das Finanzministerium – egal welche Aufgaben sich dazugesellen oder wegfallen, und das ist bei den anderen Kernministerien genauso.

Was allerdings schon wegen der damit verbundenen Kosten für den Steuerzahler noch weniger auf Verständnis stoßen wird, ist die Tatsache, dass schon nach ein paar Wochen einige der zunächst geänderten Verordnungen dann plötzlich ganz aufgehoben wurden! Wusste man das nicht, bevor man die Verordnungen änderte? Wer haftet für die durch diese Nachlässigkeit unnötigerweise verursachten Kosten?

Fazit:
Die Antwort hierzu liegt auf der Hand: Schuld ist der verstorbene Dienstmann Alois Hingerl, der als „Engel Aloisius" immer noch an seinem Stammtisch im Münchner Hofbräuhaus zu sitzen scheint und damit jede göttliche Eingebung an die Bayerische Staatsregierung verhindert!

© Katerinadav | Dreamstime.com

Shakespeare und der öffentliche Dienst

Ein Prüfungsjahrgang des Fachbereichs Sozialverwaltung der „Hochschule für den öffentlichen Dienst in Bayern" hatte mich gebeten, das Schlusswort für seine Diplomierungszeitung zu schreiben. Das Motto zum Thema der Abschiedsveranstaltung lautete: „Kniet nieder ihr Narren, die Könige verlassen den Studienort!"

Das Schlusswort in der Diplomierungszeitung lautete dann wie folgt:
Nun gehe ich nicht davon aus, dass alle Leser auf Anhieb wissen, woher das Zitat stammt. Nähere Kenntnis besitzt wohl nur, wer sich während seiner Schulzeit – also de facto gezwungenermaßen – mit Shakespeares „Hamlet" auseinandersetzen musste. Nun, auch der Schreiber dieser Zeilen gesteht hiermit ein, dass es einer Internetrecherche bedurfte, um die literarische Herkunft des Mottos zu erkunden.
Das Zitat lautet vollständig:

„Kniet nieder ihr Narren, die Könige verlassen den Hof! Nehmt die Untertanen mit, packt allen Schmuck ein und vergesst vor allem die Krone nicht, denn da, wo ihr jetzt hingeht, könnt ihr den ganzen Kram sicher gut gebrauchen im fernen Land der Zukunft."

Nun stellt sich für den zu durchschnittlichem Denken fähigen Betrachter dieses Mottos natürlich zunächst die Frage: Wer sind die Narren und wer die Könige?
Die Beantwortung dieser Frage scheint zunächst völlig klar zu sein: Die Könige sind die Absolventen der diesjährigen Laufbahnprüfung und die Narren sind alle diejenigen, die „am Hof" bleiben müssen – also wir, die Dozenten und die Verwaltung. Aber man sollte wenigstens auch noch einige andere Sätze des größten englischen Schriftstellers aller Zeiten bedenken!
Da fallen dem Kenner der Situation im öffentlichen Dienst zunächst einmal die Worte ein:

„Wir wissen wohl, was wir sind, aber nicht, was wir werden können."
(„Hamlet", vierter Akt, fünfte Szene)

Denn aufgrund der Tatsache, dass aus dem letzten Prüfungsjahrgang des Fachbereichs alle (!) erfolgreichen Absolventen der Dienststelle Landshut der Deutschen Rentenversicherung Bayern Süd (DRV) zu anderen Dienstherrn gewechselt sind und es demgemäß bei der DRV nicht länger ausgehalten haben, stellt sich doch auch die Frage, ob es richtig ist, Nachwuchsbeamte nur in bestimmten Bereichen in ein Beamtenverhältnis zu berufen und in anderen nicht, oder ob es nicht im Sinne einer zukunftsorientierten Personalplanung sinnvoller wäre, auch in Südbayern die gegenwärtige Praxis zu überdenken und noch besser: zu ändern!
Wenn Sie in Ihrer Behörde jetzt nach erfolgreicher Prüfung Ihren Mann oder – im Sinne eines auch im öffentlichen Dienst völlig übertriebenen Genderismus – „Ihre Frau" stehen müssen, werden Sie mit an Sicherheit grenzender Wahrscheinlichkeit des Öfteren an folgenden Satz erinnert:

„Es gibt mehr Ding' im Himmel und auf Erden, als Eure Schulweisheit sich träumt."
(„Hamlet", erster Akt, fünfte Szene)

Und auf diejenigen, die dank göttlicher Fügung zu Beamten ernannt werden, passen in Hinblick auf ihre spätere Beförderungssituation zwei Zitate besonders gut:

„Ein jedes Ding hat seine Zeit."
(„Komödie der Irrungen", zweiter Akt, vierte Szene)
„Wie arm sind die, die nicht Geduld besitzen!"
(„Othello", zweiter Akt, dritte Szene)

Denn schließlich ist das Wams des Staates zwar verdammt eng, dafür aber auch wiederum recht warm (Otto Mayer), und für die finanzielle Situation im öffentlichen Dienst gilt seit jeher der Satz:

„Arm und vergnügt ist reich und überreich."
(„Othello", dritter Akt, dritte Szene)

Für die vielen unter Ihnen, die im Laufe Ihrer „Karriere" dann erleben dürfen, dass in Zeiten der „modularen Qualifizierung" und des

Assessment-Centers – gerade auch bei der Übertragung von Dienstposten, die für eine Beförderung notwendig sind (Art. 16 LlbG) – subjektiv gefärbte Entscheidungen den Ausschlag geben könnten, scheint der „Old Englishman" einen geradezu perfekten Spruch auf Lager zu haben:

„Etwas ist faul im Staate Dänemark."
(„Hamlet", erster Akt, vierte Szene)

Bei den in Ministerien und anderen Behörden geführten Auswahlverfahren werden Sie feststellen, dass die Fähigkeit zu einer kurzzeitigen Blendung oftmals höher eingestuft wird als objektiv erbrachte Leistungen. Wenn Sie das jedoch tatsächlich bemängeln sollten, wird man Ihnen vielleicht antworten:

„Denn an sich ist nichts weder gut noch schlimm; das Denken macht es erst dazu."
(„Hamlet", zweiter Akt, zweite Szene)

Worauf Sie Ihrem Personalverantwortlichen (wiederum mit Shakespeare) entgegnen könnten:

„Hohle Köpfe haben den lautesten Klang!"
(„Heinrich V.", vierter Akt, vierte Szene. Im Original: „Hohle Töpfe haben den lautesten Klang!")

Aber denken Sie sich das bitte nur und sprechen Sie das ja niemals aus! Denn nach wie vor ist ein offenes Wort im öffentlichen Dienst in aller Regel nicht erwünscht und niemand wird Ihnen einmal bescheinigen:

„Gut gebrüllt, Löwe!"
(„Ein Sommernachtstraum", fünfter Akt, erste Szene)

Zum Abschluss dieses – natürlich ausschließlich satirisch gemeinten – Schlusswortes möchte ich denjenigen Kollegen, die jetzt nach bestandener Prüfung in den heiligen Stand der Ehe treten wollen – vielleicht auch nur, um sich den Familienzuschlag zu sichern – ein letztes Shakespearezitat mit auf den Weg geben:

„Gut gehängt ist besser als schlecht verheiratet."
(„Was Ihr wollt", erster Akt, fünfte Szene)

Ich möchte mich hiermit für die vergangenen Jahre, die wir zusammen in unserem herrlichen Studienort in Oberbayern verbringen durften, aufs Herzlichste bedanken. Es war eine wirklich schöne Zeit – für Könige und für die Narren!
Und zum Schluss noch ein Zitat von Shakespeare, dessen Anfang zumindest (fast) jeder kennt:

„Sein oder Nichtsein, das ist hier die Frage: Ob's edler im Gemüt, die Pfeil' und Schleudern des wütenden Geschicks erdulden, oder sich waffnend gegen eine See von Plagen, im Widerstand zu enden."
(„Hamlet", dritter Akt, erste Szene).

Dieses berühmte letzte Zitat gilt in besonderer Weise auch für den täglichen Überlebenskampf im öffentlichen Dienst!

Wem Gott ein Amt gibt, dem gibt er auch den Verstand

In vielen Redewendungen und Sprichwörtern findet sich der Begriff des „Amtes". Die Sprachwissenschaftler sagen uns, dass das Wort seine Wurzel im Keltischen hat und man damit einen Diener oder Boten bezeichnete.

Der Ausdruck „Amt" wird sowohl im allgemeinen Sprachgebrauch als auch in den geltenden Normen des Dienstrechts in durchaus unterschiedlicher Bedeutung verwendet.

Schon im allgemeinen Sprachgebrauch ist die Bedeutung des Wortes „Amt" uneinheitlich:

Sagt jemand etwa: *„Morgen geh' ich auf's Amt"*, so meint er damit eine Behörde wie z.B. das Arbeits- oder Sozialamt. Die Aussage *„Der X. hat aber ein hohes Amt inne"* bezieht sich dagegen auf die Stellung eines bestimmten Amtsträgers innerhalb der Verwaltung. *„Jetzt ist's amtlich"* bedeutet wiederum, dass etwas im Nachhinein offiziell, bedeutungsvoll oder aber besonders glaubwürdig geworden ist.

Auch in der Literatur wird der Begriff „Amt" häufig verwendet, und so manches Zitat wurde zum „geflügelten Wort". So etwa der berühmte, bereits in einem Blog verwendete Satz in Friedrich von Schillers Wallenstein: *„Ich hab hier bloß ein Amt und keine Meinung"* („Wallensteins Tod I", 5).

Auch die Redewendung *„Bin ich meinem Amte in der Tat nicht gewachsen, so ist der zu tadeln, der es mir anvertraut"* („Der Parasit II", 4) stammt wie der Spruch: *„Ich weiß den Mann von seinem Amt zu unterscheiden"* von Schiller. Beide Aussagen sind von wohl immerwährender Aktualität.

Wenn andererseits William Shakespeares König Lear behauptet *„Dem Hund im Amt gehorcht man!"* („König Lear IV", 6), so könnte er damit trefflich auf das heute immer noch bei einigen Beamten vorhandene Obrigkeitsdenken gegenüber Vorgesetzten anspielen.

Mit Sicherheit kann sich ein Beamter ein entsprechendes Handeln nicht mit Christoph Lehmanns Aussage *„Ein Amt ohne guten Sold macht Diebe"* („Politischer Blumengarten") rechtfertigen, denn ihm droht heute völlig zu Recht die Entfernung aus dem Beamtenverhältnis.

Ein mit seiner Besoldung hadernder, systemangepasster Beamter könnte dann allenfalls bei Seneca Trost finden, wenn dieser ausführt: *„Der Lohn eines Amtes ist das Amt selbst!"* („Episteln" 81).

Und jeder „Amtsträger" sollte, auch wenn es ihm noch so schwer fällt, vielleicht an Folgendes denken: *„Nicht das Amt ehrt den Mann, sondern der Mann ehrt das Amt!"* („Talmund", Taanith).

Der Begriff „Amt" kommt in den verschiedensten dienstrechtlichen Normen vor. Eine gesetzliche Definition besteht aber nicht. Die Tatsache, dass der Amtsbegriff nicht immer die gleiche Bedeutung hat, erschwert die Rechtsanwendung erheblich.

Man unterscheidet dabei im Beamtenrecht üblicherweise folgende Amtsbegriffe:

- Das Amt im statusrechtlichen Sinn. Es beschreibt die rechtliche Stellung des Beamten und ist haushaltsrechtlich stets an eine im Stellenplan ausgewiesene Planstelle gebunden (Beispiel: Das Amt A10 des Oberinspektors, das Amt A16 des leitenden Regierungsdirektors usw.). Je höher das Amt im statusrechtlichen Sinn, desto höher die Besoldung des jeweiligen Beamten.
- Das Amt im konkret-funktionellen Sinn bezeichnet den Dienstposten des Beamten, also den jeweiligen Tätigkeitsbereich eines bestimmten Beamten bei einer bestimmten Behörde (Beispiel: Leiter des Sachgebietes Kommunalaufsicht beim Landratsamt, Landrat Behördenleiter, Sachbearbeiter in der Kfz-Stelle mit den Fällen a mit d).
- Das Amt im abstrakt-funktionellen Sinn[4] ist wohl am schwierigsten zu definieren. Es umfasst zunächst die gesamte Aufgabenvielfalt, die ein Beamter im statusrechtlichen Sinn bei einer bestimmten Behörde wahrnehmen kann (Beispiel: Die Summe der Tätigkeiten aller Regierungsoberinspektoren (A10) bei einer Bezirksregierung).

Fazit:
Für die Allgemeinheit wäre es von großem Vorteil, wenn man des eingangs erwähnte Zitat: „*Wem Gott ein Amt gibt, dem gibt er auch den Verstand*“ umdrehen könnte. Es würde dann bedeuten:

„Nur wem Gott einen Verstand gegeben hat, dem sollte man auch ein Amt übertragen dürfen!“

(Maximilian Baßlsperger)

Dass dies in der Praxis aber leider nicht so oft der Fall ist, das zeigen viele Beispiele aus der täglichen Praxis, vom einfachen Finanzamt bis hinauf in nahezu jedes Ministerium!

Max und Moritz und das deutsche Beamtenrecht

Grund und Anlass dieses Beitrags ist ein Buch des nicht nur in Nordrhein-Westfalen bestens bekannten Beamtenrechtlers Jörg-Michael Günther, der die von Wilhelm Busch so herrlich verfasste Geschichte der beiden „Lausbuben" Max und Moritz einmal aus einem ganz anderen und höchstamüsanten Blickwinkel betrachtet hat.

„Der Fall Max und Moritz" von *J.-M. Günther* bietet ein nicht (ganz) ernst gemeintes Werk über die Umtriebe zweier jugendlicher Straftäter zur Warnung für Eltern und Pädagogen. Die Idee, die hinter den Ausführungen Günthers zu Wilhelm Buschs Geschichte von Max und Moritz steckt: Die sieben Streiche der „Lausbuben" werden im Stil eines juristischen Gutachtens einer detaillierten strafrechtlichen Prüfung unterzogen. Die gefundenen Ergebnisse werden - wie es bei jeder wissenschaftlichen juristischen Veröffentlichung erforderlich ist - mit Fundstellen belegt. Die Gründlichkeit der Untersuchung zeigt allein die Tatsache, dass Günther in schier unglaublichen 666 (!) Fußnoten seine Ergebnisse durch Verweisungen auf die jeweilige Rechtsprechung und/oder Literatur untermauert.
In seinem Buch betrachtet der Autor die Geschichte von Max und Moritz zwar vornehmlich im Lichte des deutschen Strafrechts. Allerdings zeigt sich seine Nähe zum Beamtenrecht daran, dass er etwa das „Attentat" auf den Lehrer Lämpel im vierten Streich von Wilhelm Buschs wohl nahezu jedem bekannten Werk auch aus dienstunfallrechtlicher Sicht würdigt.
Das Buch beginnt nach der Inhaltsübersicht mit einem Zitat, dem - ohne dass der Autor dies explizit erwähnt - aber auch im Disziplinarrecht durchaus eine gewisse Bedeutung zugemessen werden sollte:

„Das Gute – dieser Satz steht fest – ist stets das Böse, was man lässt!"

In seinem Vorwort zitiert der Autor wieder einen von Buschs bekanntesten Versen:

„Also lautet der Beschluss, dass der Mensch was lernen muss!"

Bei diesem Zitat kommt man nicht umhin, auch hier wieder einen Bezug zum „modernen" Beamtenrecht herzustellen: Gerade in Zeiten der Modularisierung sollte nicht nur an die neu bestehenden, stark erleichterten beruflichen Aufstiegsmöglichkeiten, sondern insbesondere auch an die von den jeweiligen Gesetzgebern postulierte Pflicht eines jeden Beamten zum „lebenslangen Lernen" durch die Teilnahme an geeigneten Fortbildungsmaßnahmen erinnert werden. So lautet etwa in Bayern Art. 43 Abs. 6 LlbG:

„Ist beabsichtigt, dem Antragsteller oder der Antragstellerin einen Anpassungslehrgang oder eine Eignungsprüfung aufzuerlegen, ist zunächst zu prüfen, ob die im Rahmen der bisherigen Berufspraxis oder durch lebenslanges Lernen erworbenen Kenntnisse, Fähigkeiten und Kompetenzen, die hierfür von einer einschlägigen Stelle formell als gültig anerkannt wurden, den wesentlichen Unterschied ganz oder teilweise ausgleichen können."

Für die wohl vornehmlich am Beamtenrecht interessierten Leser soll aber die bereits oben erwähnte Würdigung des Angriffs von Max und Moritz auf den Lehrer Lämpel durch den Autor aus dienstunfallrechtlicher Sicht im Rahmen dieses Blogbeitrags besonders gewürdigt werden. Gerade die verbeamtete Lehrerschaft sollte ihre Rechte kennen, die sich in diesem Zusammenhang ergeben. Dies gilt umso mehr, als auch die „neuen" Bundesländer vermehrt dazu übergehen, Lehrer nicht mehr in einem Angestelltenverhältnis zu beschäftigen, sondern sie entsprechend der Bedeutung ihrer für die Gesellschaft überaus wichtigen beruflichen Tätigkeit (Stichwort: „Funktionsvorbehalt") zu Beamten zu ernennen. Auch das Lehrpersonal an den staatlichen Bildungseinrichtungen, die sich mit der Ausbildung des Beamtennachwuchses beschäftigen (Hochschulen und Fachhochschulen als Nachfolger der früheren „Beamtenfachhochschulen" für den gehobenen Dienst) kann hiervon bestens profitieren.

Günther führt aus, dass sich die Explosion der Pfeife aufgrund der Füllung mit Sprengstoff durch Max und Moritz zwar außerhalb der Dienstzeit zugetragen hat, nach § 31 Abs. 4 BeamtVG i.V.m. § 31 Abs. 1 BeamtVG (und dem entsprechenden Landesrecht) liegt jedoch gleichwohl ein Dienstunfall vor: Erleidet ein Lehrer außerhalb des Unterrichts einen Körperschaden, so ist dieser einem innerdienstlichen Schaden gleichzusetzen, wenn dieser Lehrer in Hinblick auf

sein pflichtgemäßes dienstliches Verhalten oder gerade wegen seiner Eigenschaft als Beamter angegriffen wird, denn hier verdient ein Lehrkörper den besonderen Schutz und die besondere Fürsorge seines Dienstherrn.
Als Beispiel aus der Rechtsprechung verweist Günther auf ein Urteil des VG Minden v. 14. Dezember 2007, Az.: 4 K 1451/07. In dem dieser Entscheidung zugrunde liegenden Sachverhalt würgte der Vater einer Schülerin einen Lehrer während der unterrichtsfreien Zeit, weil dieser seine Tochter (angeblich) in beleidigender Weise zur Rückgabe in der Schulbibliothek ausgeliehener Bücher aufgefordert hatte. Das Gericht ging in diesem Fall zu Recht vom Vorliegen eines Dienstunfalles aus.
Weitere Beispiele für das Vorliegen eines Dienstunfalls im privaten Bereich des Beamten:

- Im Fall des VG München (Urteil v. 15. Juni 2004, Az.: M 5 K 03.4440) ging es um einen Mordversuch an einem Lehrer, der an diesem Tag krankheitsbedingt keinen Unterricht halten konnte.
- Bei der Entscheidung des BayVGH v. 23. September 2011, Az.: 3 B 10.288 wurde von einem Dienstunfall bereits deswegen ausgegangen, weil ein Lehrer einen psychischen Schaden erlitt, als ein ihm gegenüber bestehender Mordplan aufgedeckt wurde.

„Und es folgt der letzte Streich!“

Jeder Dozent an den Universitäten oder an den Bildungseinrichtungen von Bund und Ländern wird unter Zuhilfenahme der Geschichte in die Lage versetzt, seinen „Unterricht“ sogar im Fach Beamtenrecht (jetzt einheitlich: seine „Vorlesungen“) anschaulich, äußerst vergnüglich und dennoch juristisch fundiert zu gestalten, und er kann seine Hörerschaft vor einer sonst vielleicht drohenden Interessenslosigkeit bzw. einem ungebührlichen Einschlafen mit Sicherheit bewahren.

Auch Beamtenrecht ist alles andere als eine trockene Materie!
Man muss sich halt nur etwas einfallen lassen!

Kapitel 7: Und immer wieder grüßt der Dienstunfall

Da wir mit Wilhelm Busch und Max und Moritz beim Dienstunfall des Beamten angelangt sind, möchte ich an dieser Stelle daran erinnern, dass bereits im ersten Band „Der Beamte als Ehemann" einige doch recht skurrile Fälle in Zusammenhang mit dem Dienstunfallrecht geschildert wurden, wie etwa:

„Der Böllerschuss und der Ministerialrat"
„Schlafen ist gesund – auch im Dienst?"
„Zeckenbiss und Wespenstich als Dienstunfall"
„Erotische E-Mail als Dienstunfall"

Mittlerweile gibt es weiter recht interessante Entscheidungen zu diesem Thema, die ich Ihnen nicht vorenthalten will …

Der Toilettenbesuch des Beamten - ein gefährliches Geschäft

Sucht ein Beamter während der Dienstzeit zur Verrichtung der Notdurft im Dienstgebäude eine Toilettenanlage auf, so endet der Dienstunfallschutz mit dem Durchschreiten der Außentüre und lebt erst nach Verlassen der Toilettenanlage wieder auf – so entschieden vom VG München mit Urteil v. 8. August 2013 (Az.: M 12 K 13.1024).

Der Entscheidung des VG München lag folgender **Sachverhalt** zugrunde:
Der Kläger - ein Polizeibeamter – begab sich während seines Dienstes auf die Toilette. Diese bestand aus einem Vorraum mit Waschbecken und einem Bereich mit Urinalen, die durch eine Türe voneinander getrennt waren. Beim Verlassen des Urinalbereichs glitt dem Kläger die Zwischentüre aus der Hand. Um zu verhindern, dass diese Türe gegen die Wand schlug, erfasste er sie mit der rechten Hand. Nachdem die äußere Toilettentüre ebenfalls weit geöffnet und durch einen Keil festgeklemmt war, sich aber nach Angaben des Klägers durch einen Luftzug leicht bewegte, klemmte er sich den rechten Mittelfinger ein. Er verspürte sofort einen stechenden Schmerz und ließ kaltes Wasser über die in Mitleidenschaft gezogene Hand fließen. Nach einigen Minuten Kühlung begab sich der Kläger wieder zurück zu seiner dienstlichen Tätigkeit. Jetzt schwoll der Finger erheblich an und der Kläger suchte daraufhin seinen Arzt auf, welcher diagnostizierte, dass sich der Kläger eine Quetschung des rechten Mittelfingers mit „subungualem Hämatom" zugezogen hatte.
Auch das stillste Örtchen birgt also durchaus seine Gefahren in sich!
Der Kläger beantragte daraufhin richtigerweise die Anerkennung des Vorfalls als Dienstunfall beim Landesamt für Finanzen und erhob nach der Ablehnung seines Antrags Klage zum Verwaltungsgericht München. Er hatte dem Gericht eine detaillierte Skizze vom Unfallhergang und mehrere Lichtbilder der örtlichen Situation vorgelegt, was ihm jedoch nicht zum Erfolg seiner Klage verhalf.

Das Gericht wies seine Klage mit folgender Begründung zurück: Unfälle, die sich innerhalb eines von der dienstlichen Tätigkeit umfassten räumlichen und zeitlichen Rahmens ereignen, seien nur dann Dienstunfälle, wenn sie nicht auf einem Verhalten des geschädigten Beamten beruhen, das mit seinen dienstlichen Obliegenheiten nicht in Zusammenhang gebracht werden kann (BVerwG v. 24. Oktober 1963, Az.: 2 C 10/62). Wenn die Tätigkeit eindeutig dem privaten Bereich zuzurechnen ist, fehle – so das VG – der Zusammenhang zwischen Dienst und Unfallereignis. Es entspricht nach Ansicht des Gerichts dieser Sichtweise, den Aufenthalt in einer Toilettenanlage zum **Verrichten der Notdurft** vom Dienstunfallschutz auszunehmen, denn dabei handelt es sich um eine **rein private Angelegenheit**. Auch nach der sozialgerichtlichen Rechtsprechung sei die Verrichtung der Notdurft eine typisch persönliche Verrichtung, die in keinem sachlichen Zusammenhang mit der Arbeit steht und daher nur bei Mitwirkung von besonderen Betriebsgefahren versichert sein kann. Die Abgrenzung zwischen der versicherten Tätigkeit und der privaten Verrichtung erfolge auch im Sozialrecht mit Durchschreiten der Toilettentüre (BayLSG v. 28. September 2011, Az.: L 18 U 354/09). Und weiter: Zwar sei der Beamte durch die Pflicht zur Anwesenheit in der Dienststelle gezwungen, seine Notdurft an einem anderen Ort zu verrichten, als er dies von seinem häuslichen Bereich aus nach seinen Gepflogenheiten getan hätte. Das dadurch entstehende Risiko werde aber dadurch ausreichend abgedeckt, dass schon der Weg zur Toilette und von der Toilette zurück zum Arbeitsplatz dem Dienstunfallschutz unterliege. Beim Verrichten der Notdurft selbst besteht nach Auffassung des VG dagegen kein innerer Zusammenhang mit der dienstlichen Tätigkeit, sodass auch das Argument, es handle sich nur um eine ganz kurze, in die betriebliche/dienstliche Tätigkeit eingeschobene Verrichtung, zu keinem anderen Ergebnis führen könne. So entschied jedenfalls das VG München mit einem Verweis auf die sozialgerichtliche Rechtsprechung (BayLSG v. 6. Mai 2013, Az.: L 3 U 323/01). Als praktikables Abgrenzungskriterium, dessen die Handhabung der Dienstunfallvorschriften bedarf, sei nach der Entscheidung des VG München die Außentüre der Toilettenanlage zu sehen. Dabei ist – so das Gericht – „nicht maßgeblich, ob es sich lediglich um eine einzelne Toilettenanlage handelt, die zusätzlich zu den eigentlichen Toilettenbecken auch Waschbecken und andere Sanitäreinrichtungen aufweist. Da das Aufsuchen der Toilette einen einheitlichen Vorgang bildet, endet der Dienstunfallschutz auf dem Weg zur Toilette mit dem Betreten der zur Toilette zählenden Räumlichkeiten und lebt mit deren Verlassen wieder auf. Der dienstunfallrechtlich nicht geschützte Bereich umfasse dabei *nach natürlicher Betrachtungsweise* nicht nur das Verrichten der Notdurft selbst, sondern auch den gesamten Aufenthalt in der Toilettenanlage."

Damit gehören auch das regelmäßig nachfolgende (und hoffentlich tatsächlich vorgenommene) Händewaschen, das Erfrischen, das Kämmen der Haare, das Ordnen der Kleidung usw. als eigenwirtschaftliche Tätigkeiten nicht in den vom Dienstunfallrecht geschützten Bereich.

In dem vorliegenden Fall hat das VG München entschieden, dass das Einklemmen des rechten Mittelfingers während des Verlassens des Urinalbereichs der Toilettenanlage nicht als Dienstunfall des Klägers angesehen werden könne, denn das Ereignis erfolgte **nicht in Ausübung oder als Folge des Dienstes, sondern während einer privatwirtschaftlichen (?) Tätigkeit.** Entscheidend war nach dem Gericht folgender Umstand: Der Kläger hätte auch eine Toilette aufsuchen müssen, wenn er sich nicht im Dienst befunden hätte.

Die Tatsache, dass sich das vorliegende Ereignis zwischen den beiden Räumen der Toilettenanlage zugetragen hatte, konnte dabei nach dem VG München zu keiner anderen Einschätzung führen. Von der Eigenwirtschaftlichkeit der Verrichtung der Notdurft sei nämlich die gesamte Toilettenanlage inklusive aller Räume, die Bestandteile der Anlage sind, umfasst. Daran änderte im vorliegenden Fall auch die Tatsache nichts, dass die äußere Türe der Toilettenanlage durch einen „Holzkeil in offener Stellung festgeklemmt" war. Grund: Eine geöffnete Türe verändert die Abgrenzung der Toilettenanlage von dem davorliegenden Flur gerade nicht. Erst beim Verlassen der Toilettenanlage werde mit dem Durchschreiten der Türe diese Abgrenzung überschritten.

Weiterhin entschied das Gericht: Zwar erscheint es logisch, dass der Gang zur Toilette üblich und auch hilfreich ist, um den Dienst unbeeinträchtigt weiter ableisten zu können. Dies gilt auch in den Fällen, in denen die Beschädigung aus einer privatwirtschaftlichen Verrichtung wie einem Toilettengang oder der Nahrungsaufnahme besteht. Interessant sind in diesem Zusammenhang weiterhin auch folgende Ausführungen des Gerichts: „Dass die Toilettenanlage durch die Anordnung der Außen- sowie der Zwischentüre in bestimmten Konstellationen allgemein besonders gefahrträchtig gewesen wäre oder die vorliegenden Verhältnisse zu besonderen Gefahren geführt hätten, wäre für sich alleine ebenfalls nicht geeignet, einen ursächlichen Zusammenhang des Unfallgeschehens mit dem Dienst herzustellen."

Rückschluss: Eine solche Situation – die nicht durch die Dienstunfallfürsorge abgedeckt wird – läge wohl auch dann vor, wenn dem Beamten für den üblichen Reinigungsvorgang ein Toilettenpapier zur Verfügung gestellt würde, dessen Verwendung aufgrund eines zu hohen Holzanteils zu einer Verletzung durch im Reinigungsmaterial befindliche kleine Holzsplitter geführt hätte. Gleiches wäre der Fall, wenn der Beamte auf einer vom Reinigungspersonal nicht entfernten Pfütze vor dem Urinal ausgerutscht wäre und sich beim anschließenden Sturz auf dasselbe Kopfverletzungen zugezogen hätte. Ein Dienstunfallschutz würde außerdem nicht gewährt, wenn der Beamte bei dem üblicherweise dem Reinigungsvorgang unmittelbar folgenden Händewaschen deshalb Brandverletzungen davongetragen hätte, weil das Wasser viel zu heiß aus dem in der Anlage befindlichen Boiler gelaufen wäre.

Eine Gefahrerhöhung, wie sie anhand der dargestellten Fälle beschrieben wurde, könnte nach der Entscheidung des VG München allenfalls einen Anspruch auf Gewährung von **Schadensersatz** wegen Verletzung der beamtenrechtlichen Fürsorgepflicht oder der allgemeinen Verkehrssicherungspflichten begründen. Der geltend gemachte Anspruch auf Anerkennung eines Dienstunfalles sowie die daraus folgende Gewährung beamtenrechtlicher Dienstunfallfürsorgeleistungen könnten auf solche körperliche Schädigungen jedenfalls nicht gestützt werden – entschied das Gericht.

Fazit:

Nicht beim Gang zu oder von der Verrichtung eines Bedürfnisses ist für den Beamten eine besondere Vorsicht geboten, sondern während der Verrichtung und aller damit zusammenhängenden, in einer engen zeitlichen Beziehung stehenden vor- und nachbereitenden Handlungen. Auch die Tatsache, dass ohne eine Befriedigung des menschlichen Bedürfnisses eine Fortsetzung der dienstlichen Tätigkeit wohl selbst nach richterlicher Einschätzung und Erfahrung nicht oder zumindest nicht mit der dafür erforderlichen Konzentration möglich ist, konnte zu keiner für den Beamten positiven Entscheidung führen. Dem Beamten ist deshalb zu raten, nach Möglichkeit entsprechende Bedürfnisse bis zur Heimfahrt zu unterdrücken, weil dann unter Umständen wieder ein Dienstunfallschutz besteht.

Ergänzend sei allerdings noch Folgendes bemerkt

Später hat sich wider aller Erwartungen doch noch der gesunde Menschenverstand durchgesetzt:

Ein Unfall des Beamten auf der Toilette ist vom beamtenrechtlichen Dienstunfallschutz sehr wohl erfasst, wenn sich dieser auf der im Dienstgebäude gelegenen Toilette während der Dienstzeit ereignet. So hat später jedenfalls das BVerwG mit Urt. v. 17. November 2016 (Az. 2 C 17.16) entschieden.

Lehrerin stürzt von der Bierbank – Dienstunfall gegeben

Urteile zum Dienstunfall von Beamten sind immer wieder Gegenstand von seltsamen Entscheidungen. Dabei scheinen die Kuriositäten, mit denen sich die Verwaltungsgerichte zu befassen haben, kein Ende zu nehmen, wie eine neue Entscheidung des VG Stuttgart vom 31. Januar 2014 (Az.: 1 K 173/13) zeigt, bei dem es um einen Besuch des Münchner Oktoberfestes ging.

In diesem Fall stellte sich der zugrunde liegende Sachverhalt wie folgt dar: *Lisa Lustig* war Lehrerin in Baden-Württemberg. Sie begleitete ihre Schüler während einer Klassenfahrt nach München. Höhepunkt des Ausflugs war der Besuch eines typisch bayerischen Bierzeltes auf dem Oktoberfest. Natürlich wurde gefeiert, getanzt und getrunken und nach alter bayerischer Sitte wurde zum Mitsingen auch die Bierbank erklommen und geklatscht. Und die moderne Pädagogik verlangt es, dass die Lehrkraft auch hierbei mit gutem Beispiel vorangeht.

Um 22 Uhr kippte die Bierbank, auf der die Pädagogin und zwei ihrer Schülerinnen standen, allerdings um. Dabei zog sich *Lisa Lustig* eine Rückenverletzung zu, weshalb sie in ein Krankenhaus gebracht und dienstunfähig geschrieben werden musste. Das Regierungspräsidium Stuttgart als zuständige Schulbehörde lehnte ihren Antrag auf Anerkennung des Sturzes als Dienstunfall ab, weil dem Besuch eines Bierzelts zum Tagesausklang der natürliche Zusammenhang mit den eigentlichen Dienstaufgaben einer Lehrkraft fehle und somit dem privaten Lebensbereich zuzuordnen sei.

Das ließ sich die *Lisa Lustig* aber nicht gefallen und zog vor Gericht. Hierauf entschied das VG Stuttgart, dass das Steigen auf die Festzeltbank sehr wohl noch in einem engen natürlichen Zusammenhang mit den Dienstaufgaben der Klägerin gestanden habe und erkannte das Vorliegen eines Dienstunfalles an. Der Besuch des Bierzelts sei als Tagesausklang mit geselligem Beisammensein gedacht gewesen,

bei dem es der pädagogische Gesamtauftrag einer Lehrerin gebiete, sich nicht zu entziehen, sondern bei den Schülern zu sein. Außerdem sei es bei der Teilnahme der Lehrerin auch um die Überwachung des ausgesprochenen Alkoholverbotes (?) gegangen.
Das Gericht begründete seine Entscheidung weiterhin wie folgt:
Auch das Besteigen der Bierbank habe noch in einem engen natürlichen Zusammenhang mit den Dienstaufgaben der Klägerin gestanden, denn es sei sozialadäquat, dass Besucher eines Bierzelts kollektiv auf die Bänke stiegen und dort zur Bierzeltmusik tanzten. Deshalb sei es auch nicht zu beanstanden, dass es die Lehrerin den Schülern erlaubt hätte, auf die Bänke zu steigen. Wenn nun aber die gesamte Gruppe auf den Bänken gestanden habe, so sei der Klägerin nichts anderes übrig geblieben. Wäre sie als Einzige sitzengeblieben und hätte sie sich dem Gruppenzwang verweigert, wäre sie dadurch zwangsläufig ins Abseits geraten und hätte sich ostentativ von ihren Schülern distanziert. Das wäre mit ihrem pädagogischen Gesamtauftrag aber nicht zu vereinbaren gewesen. Ich denke:
Es bleibt wohl nicht nur dem „durchschnittlich denkenden Normalbürger" (siehe Prolog) verschlossen,

- warum sich der Toilettengang des Beamten in dienstunfallrechtlicher Hinsicht in zwei unterschiedlich zu wertende Handlungen aufteilt (vgl.: „Der Toilettenbesuch des Beamten - ein gefährliches Geschäft!")
- oder der Insektenstich bei einem Schulausflug als Dienstunfall anerkannt wird, nicht jedoch bei einem Polizeieinsatz (vgl.: in Band 1: „Zeckenbiss und Wespenstich als Dienstunfall?").

Ergänzung:

Der „Dienstunfall" ist nicht allein einer bayerischen Risikosphäre zuzuschreiben. Im September ist es hoffentlich wieder soweit: Dann beginnt in Stuttgart eines der schönsten und größten Volksfeste der Welt: das Cannstatter Volksfest. Auch dort sorgen Fahr- und Vergnügungsgeschäfte, leckere Speisen und Getränke, Musik und Partystimmung in den prächtig geschmückten Festzelten für eine Atmosphäre, die derjenigen von bayerischen Bierfesten nicht gänzlich unähnlich sein dürfte. Und auch dort soll schon einmal die eine oder andere Person mit der Bierbank umgefallen sein – vielleicht auch ein Beamter beim Betriebsausflug seiner Behörde –, auch hier läge wohl ein Dienstunfall vor.

Die Notdurft des Beamten bei der Heimfahrt

Es ist auch dieses Mal wieder kein Scherz: Wenn sich jemand beim Wasserlassen neben der Straße aus Unachtsamkeit verletzt, dann bringt ihm das Spott und Hohn. Bricht sich ein Beamter auf dem Weg von der Arbeit nach Hause bei dieser „Verrichtung“ aber ein Bein, ist das ein Dienstunfall. So hat jedenfalls das Verwaltungsgericht München in einem Fall entschieden, der in der renommierten Fachzeitschrift „ZBR“ abgedruckt ist (ZBR 2012, S. 427 ff.)

Ein Beamter - nennen wir ihn spaßeshalber *Sepp Pinkel* - fuhr jeden Abend von seiner Dienststelle, dem Justizministerium am Münchner Stachus, mit der S-Bahn, dann mit dem Bus und das letzte Stück mit seinem Pkw zu seinem Heimatort. Sein Heimweg dauerte insgesamt über anderthalb Stunden. Als er eines Tages wieder einmal auf seinen Bus wartete, überkam ihn ein „dringendes menschliches Bedürfnis“, das es schnellstmöglich zu befriedigen galt. Gegenüber besagter Bushaltestelle liegt ein kleiner Park, den der Beamte schon öfter aufgesucht hatte, um eben diesem „dringenden Bedürfnis“ nachkommen zu können. Dazu musste er aber jedes Mal eine kleine gepflasterte Böschung hinuntersteigen, die an diesem Tag wegen des andauernden Nieselregens sehr rutschig war. Prompt stürzte der Staatsdiener und verletzte sich. Sein Hausarzt diagnostizierte eine Sprunggelenksfraktur rechts und einen Trümmerbruch des Beines. Der Beamte fürchtete Spätschäden: Würde er einmal wegen seines Malheurs dienstunfähig, dann hätte er bei einem Dienstunfall höhere Pensionsansprüche. Also beantragte er, dass der Vorgang als Dienstunfall eingestuft werde. Der Freistaat Bayern als Dienstherr lehnte dies jedoch ab und berief sich darauf, dass es sich doch um eine höchstpersönliche - private - Angelegenheit handeln würde.

Klar ist: Der Strecke zwischen Dienststelle und Wohnung gilt nach dem Versorgungsrecht als Teil des Dienstes (Wegeunfall). Ein Unfall auf diesem Weg stellt demnach folgerichtig einen Dienstunfall dar. Doch gehört der notgedrungene Ausflug des *Sepp Pinkel* in die Büsche auch zum unfallrechtlich geschützten Nachhauseweg?

Wenn etwa der Beamte auf seinem Heimweg noch einkaufen geht, sich eine Leberkässemmel zum sofortigen Verzehr kauft, oder wenn er tankt, dann unterbricht er den Heimweg. Wenn er sich seinen Hals oder auch nur ein Bein dabei bräche, dann würde die Annahme eines Dienstunfalls nach geltendem Recht ausscheiden. Leberkäse und Tanken sind nach der Rechtsprechung der Privatsphäre zuzurechnen. Anders ist es beim Tanken nur, wenn der Weg nicht mit einer einzigen Tankfüllung zurückzulegen ist (BVerwG ZBR 2011, S. 306). Auch wenn ein fleißiger Beamter – von seiner dienstlichen Tätigkeit völlig ermattet – ein paar Stunden in seinem Auto schläft (OVG Lüneburg, ZBR 2011, S. 352), so unterbricht das den Zusammenhang mit seiner Arbeit, sollte er später seine Heimfahrt fortsetzen und dabei in einen Unfall verwickelt werden.
Doch was gilt für die Notdurft als menschliche Regung? Handelt es sich dabei um eine private Verrichtung oder eine Tätigkeit mit überwiegend dienstlichem Gepräge? Dazu gilt nach Ansicht des VG München Folgendes: Wäre der Beamte noch in der Arbeit gewesen und wäre er dort auf dem Weg in die (Dienst-)Toilette verunglückt, so wäre dies eindeutig ein Dienstunfall. Und was für die Notdurft im Dienst gilt, das gilt auch für die gleiche Verrichtung auf dem Nachhauseweg in einer „nahe gelegenen uneinsehbaren Bedürfnisanstalt", so das VG.
Das Gericht entschied jetzt, ein Dienstunfall sei auch dann gegeben, „wenn das Bedürfnis zum Verrichten der Notdurft nicht während der (versicherten) Tätigkeit selbst, sondern auf dem Wege von und nach der Arbeitsstätte auftritt und der Beschäftigte deshalb gezwungen ist, den Weg zu unterbrechen … ".
Etwas anderes könnte sich allenfalls dann ergeben, wenn der Beamte gegen Vorschriften verstoßen hat. So lautet etwa eine Bestimmung der „Ordnungsbehördlichen Verordnung über die Aufrechterhaltung der öffentlichen Sicherheit und Ordnung

– Verbot des Verrichtens der Notdurft in der Öffentlichkeit:
Auf Verkehrsflächen und in Anlagen ist das Verrichten der Notdurft verboten."

Ein Verstoß gegen ein solches Verbot war dem Kläger aber offensichtlich nicht vorzuwerfen. Im Gegenteil: Der Entscheidung des VG München kann vielmehr entnommen werden, dass der vom Kläger eingeschlagene Weg über die rutschige Böschung erforderlich war, da es weder dem Beamten selbst zuzumuten ist noch dem Anstandsgefühl eines zufällig vorbeikommenden, außenstehenden, billig und gerecht denkenden Betrachters entspricht, einen einsehbaren Ort zur Verrichtung eines dermaßen dringenden Geschäftes zu benutzen. In diesem Fall hätte der Beamte vermutlich ein öffentliches Ärgernis erregt.

„§ 118 OWiG (Belästigung der Allgemeinheit)
(1) Ordnungswidrig handelt, wer eine grob ungehörige Handlung vornimmt, die geeignet ist, die Allgemeinheit zu belästigen oder zu gefährden und die öffentliche Ordnung zu beeinträchtigen.
(2) Die Ordnungswidrigkeit kann mit einer Geldbuße geahndet werden, wenn die Handlung nicht nach anderen Vorschriften geahndet werden kann."

Die Tatsache, dass ein solcher Verstoß hier eben nicht vorlag, ergab sich für das Gericht eindeutig aus einem vom Kläger in das Verfahren eingebrachten Luftbild! Aufgrund dieses Luftbildes konnte das Gericht auf einen Augenschein (Ortsbesichtigung) verzichten.
Fazit: Der Beamte hatte sich also geradezu vorbildlich verhalten!
Anders allerdings in einem Fall, den das VG Bayreuth (Urteil v. 11. Juli 2017, Az.: B 5 K 15.935) zu entscheiden hatte: Das Verlassen einer (auch mit Parkplätzen versehenen) Autobahn zur Verrichtung der Notdurft unterliegt nicht mehr als Wegeunfall (Art. 46 Abs. 2 Nr. 3 BayBeamtVG) dem Dienstunfallschutz, wenn der Beamte sich hierzu mit dem Auto mehrere Kilometer von der Autobahn entfernt und das Geschehen damit von der bloßen Familienheimfahrt abzugrenzen ist. Dieses Ergebnis wurde vom Bayerischen Verwaltungsgerichtshof bestätigt (Beschluss v. 24. Juni 2019, Az.: ZB 17.1652).

Anmerkung:
Soweit aus gewöhnlich gut informierten Kreisen in Erfahrung gebracht werden konnte, soll der Beamte im Fall des VG München nicht erst nach der Verkündung des Urteils, sondern bereits bei seinem Geschäft, das Ursache für den Dienstunfall war, in gewisser Weise sehr erleichtert gewesen sein! Eine solche Erleichterung wird man allerdings auch bei dem Beamten vermuten können, der vor dem VG Bayreuth mit seiner Klage unterlegen ist.

Der Tritt ins Gesäß des Beamten

Die zulässigen Disziplinarmaßnahmen sind in den Disziplinargesetzen von Bund und Ländern abschließend geregelt. Der Tritt ins Gesäß gehört bisher noch nicht dazu. Welche Folgen es haben kann, wenn ein Vorgesetzter den „Tritt in den Hintern" aber dennoch wörtlich nimmt, zeigt der folgende Fall (LAG Düsseldorf vom 27. Mai 1998, Az.: 12 (18) Sa 196/98.

Der Sachverhalt:
Während der Arbeit trat ein Vorgesetzter einer Mitarbeiterin ins Gesäß. Diese klagte wegen einer dadurch erlittenen Steißbeinfraktur auf Schmerzensgeld in Höhe von 5.000 Euro. Der Vorgesetzte entschuldigte sich wie folgt:

„Wir alberten während der Arbeit herum. Hierbei trat ich Frau F. ins Gesäß, was jedoch keine Absicht war."

Das Gericht entschied: „Der Tritt ins Gesäß der unterstellten Mitarbeiterin gehört auch dann nicht zur ‚betrieblichen Tätigkeit' eines Vorgesetzten, wenn er mit der Absicht der Leistungsförderung oder Disziplinierung geschieht."
Ein „unabsichtlicher Tritt" schied also aus, und eine Verletzungsgefahr sei hier – so das Gericht – in jedem Fall vorhersehbar. Daran würde auch die Annahme nichts ändern, dass der Tritt nach einem Herumalbern aus „Blödsinn" ausgeführt wurde. Zwar könne ein Schuldvorwurf entfallen, wenn sich das Verhalten des Vorgesetzten im Rahmen der „Sozialadäquanz" und damit des erlaubten Risikos hält. Der Fußtritt in das Gesäß einer Untergebenen oder Arbeitskollegin stelle jedoch auch dann, wenn miteinander gealbert werde, keine sozialadäquate, erlaubte Verhaltensweise dar.
Zwar kann gelegentlich im Arbeitsleben die Äußerung, dass man jemanden „in den Hintern treten müsse", nach Auffassung des Gerichts zum saloppen Umgangston gehören. Man wolle damit seine Meinung kundtun, „dass die durch einen solchen Tritt geförderte Vorwärtsbewegung des/der Betroffenen auch arbeitsleistungsmäßig wünschenswert wäre".

Gleichwohl zweifle nach Überzeugung des Gerichts niemand daran, dass nach geltendem Recht „weder ein Vorgesetzter noch eine Vorgesetzte berechtigt ist, durch Handgreiflichkeiten oder den ominösen Tritt einen untergebenen Mitarbeiter zu disziplinieren".

Anmerkung:
Die hier angeführte Entscheidung ist zwar im Bereich des Arbeitsrechts ergangen, sie gilt aber entsprechend auch für das Beamtenrecht, zumal der Tritt in das Gesäß bisher nicht in den Katalog der zulässigen Disziplinarmaßnahmen des § 5 BDG und des entsprechenden Landesbeamtenrechts Eingang gefunden hat – auch wenn sich so mancher Vorgesetzte dies noch so sehr wünschen würde!

„Auch ein Arschtritt kann ein Schritt nach vorne sein!"
(Göran Ahrens)

„Rheinfall“ des Brillenträgers: Kein Ersatz für Gleitsichtbrille

Ein Beamter, dessen Gleitsichtbrille bei einem Dienstunfall verloren gegangen war, kann von seinem Dienstherrn zwar Schadensersatz verlangen, jedoch nur in begrenzter, sich am medizinisch Notwendigen orientierender Höhe. Darunter fallen die Kosten für eine Gleitsichtbrille nach einer Entscheidung des OVG Koblenz (VG Koblenz, Urteil v. 13. September 2012, Az. 6 K 327/12.KO) grundsätzlich nicht.

Folgendes hatte sich zugetragen:
Ein Beamter der Wasserschutzpolizei, der bei der Kontrolle eines Schiffes in den Rhein gestürzt war und dabei seine 700 Euro teure Brille verloren hatte, klagte vor dem VG Koblenz auf Sachschadensersatz. Der Dienstherr hatte den Vorfall als Dienstunfall anerkannt und dem Beamten unter Verweis darauf, dass nach dem Beamtenversorgungsgesetz Schadensersatz für eine beschädigte oder zerstörte Brille nur bis zu einem Höchstbetrag von 100 Euro für das Gestell und 113,50 Euro pro Glas in Betracht komme, 327 Euro erstattet. Hiergegen hatte der Kläger nach erfolglos durchgeführtem Widerspruchsverfahren Klage erhoben, mit der er geltend gemacht hatte, auf seine Gleitsichtbrille auch im Dienst notwendig angewiesen zu sein. Deshalb müsse das Verlustrisiko nach dem Alimentationsprinzip insoweit auch vom Dienstherrn getragen werden.

Der Maßstab für den Ersatz sind nach Ansicht des VG Koblenz die medizinisch erforderlichen und angemessenen Aufwendungen. Mit der Heranziehung der beihilfefähigen Kosten als Größenordnung für den Schadensersatz bei Dienstunfällen werde deshalb gewährleistet, dass der Ersatz der erforderlichen Brille durch die Schadensersatzleistung grundsätzlich möglich sei.

Aufwendungen, die über die medizinischen Notwendigkeiten hinaus einen besonderen Tragekomfort der Brille gewährleisteten, wie etwa besondere Entspiegelungen oder besonders leichte Gläser, seien demgegenüber bei der Berechnung des Schadensersatzes – ebenso wie bei der Beihilfe – nicht zu berücksichtigen. Ob er diese zusätzlichen Kosten aufwenden wolle, falle maßgeblich in den Entscheidungsbereich des Beamten. Demgemäß erscheine es nach dem VG Koblenz ermessensgerecht, dass er insoweit auch das Risiko des Verlusts oder der Zerstörung der Brille bei einem Dienstunfall trage. Bei Brillenschäden von Beamten kann zum Beispiel nach den bayerischen Vorgaben folgender Ersatz geleistet werden:

- für ein Brillengestell bis zu 80 Euro,
- für Brillengläser bis zu den beihilfefähigen Höchstbeträgen (einschließlich der Kosten für besondere Materialien, Tönungen und ähnlichem laut Verordnung oder Rechnung der beschädigten Brille).

Von der Krankenversicherung und/oder der Brillenversicherung gewährte oder zu gewährende Leistungen sind dabei bei der Bemessung der Ersatzleistung zu berücksichtigen. Neben der Rechnung für die beschädigte und die neue Brille ist die Vorlage der Leistungsabrechnung der Krankenversicherung und/oder der Brillenversicherung erforderlich.

Wenn die Gleitsichtgläser zur ordnungsgemäßen Ausführung des Dienstes erforderlich waren, sollte und müsste der Dienstherr dafür auch die Kosten übernehmen. Der Beamte trägt seine Gleitsichtbrille zwar auch privat, aber während des Dienstes kommen die dafür notwendigen Mehraufwendungen gerade dem Dienstherrn zugute. Der Beamte muss dann aber die Erforderlichkeit der Gleitsichtgläser ggf. durch ein ärztliches bzw. amtsärztliches Attest nachweisen.

Hier war für den Beamten der „Rheinfall" dienstunfallrechtlich gesehen wohl eher ein „Reinfall"!

Der Bürolocher als Wurfgeschoss

Bisher hatte man nur die Tätigkeit von Beamten der Polizei, des Justizvollzugs oder von Gerichtsvollziehern beim Umgang mit gewaltbereiten Bürgern als besonders gefährlich eingestuft. Jetzt wird von mehreren Fachleuten die Forderung erhoben, die Gewaltprävention im öffentlichen Dienst beim Umgang mit den Bürgern ganz allgemein zu stärken. Dies war jedenfalls das Leitthema der Ausgabe 3 / 2012 der renommierten Fachzeitschrift „Der Personalrat“.

Bereits des Öfteren war zu lesen, dass die Gewalt gegen öffentliche Beschäftigte in den vergangenen Jahren stetig zugenommen hat. So vergeht in Berlin kaum ein Tag ohne eine Zeitungsmeldung, nach der es wieder einmal einen Angriff auf einen Busfahrer oder einen Amtsträger gab. Auch im Krankenhaus, auf Ämtern mit Integrationsaufgaben oder in Jobcentern kommt es zu Übergriffen auf das Personal … Beschimpfungen, Beleidigungen, Bespucken gehören bereits zu den alltäglichen Vorfällen.
Die Liste der Übergriffe auf Beschäftigte des öffentlichen Dienstes lässt sich mühelos weiter fortsetzen: Bedrohungen bis hin zu Morddrohungen, sexuelle Belästigungen, Telefonterror, Stalking, Beschädigung oder Diebstahl privaten Eigentums usw.
Konflikte im Umgang mit Bürgern lassen sich nicht mithilfe des Dienstrechts lösen. Die Fürsorgepflicht des Dienstherrn bietet lediglich die Basis für Maßnahmen, um Übergriffe zu vermeiden oder um die Folgen von solchen Übergriffen zu mildern. Diese Fürsorgepflicht besteht für Beamte kraft Gesetz (§ 45 BeamtStG). Für Angestellte des öffentlichen Dienstes ergibt sich die Fürsorgepflicht des Arbeitgebers als Nebenpflicht des Arbeitsvertrages aus §§ 241 Abs. 2 und 618 BGB.

Danach hat der Dienstherr des Beamten bzw. der Arbeitgeber des Angestellten Räume, Vorrichtungen oder Gerätschaften, die er zur Verrichtung der Dienste zu beschaffen hat, so einzurichten und zu unterhalten, und Dienstleistungen, die von einem Beschäftigten wahrzunehmen sind, so zu regeln, dass dieser gegen Gefahren für

Leben und Gesundheit geschützt ist. Erfüllt der Dienstherr oder Arbeitgeber diese ihm in Ansehung des Lebens und der Gesundheit des Beschäftigten obliegenden Verpflichtungen nicht, so ergibt sich hieraus unter Umständen ein Schadensersatzanspruch des Beschäftigten (vgl. § 618 Abs. 3 BGB für Arbeitnehmer, § 45 BeamtStG für Beamte).

Was kann nun gegen solche Gewaltakte präventiv unternommen werden?

Hier bieten sich nach einer Expertenmeinung folgende Maßnahmen an:

- Besuch entsprechender Fortbildungsveranstaltungen (z. B. Konfliktmanagement, Bürgerfreundlichkeit etc.),
- nur mehr gemeinsames Auftreten mehrerer Beschäftigter im Publikumsverkehr,
- die Schaffung von Fluchtmöglichkeiten und die Installation von wirksamen Alarmsystemen im Büro und
- die Anschaffung einer „gefahrenbewussten" Büroausstattung.

Mit diesen und anderen Maßnahmen könnte – so die Experten – einem gewaltsamen Übergreifen der Bürger auf die Beschäftigten des öffentlichen Dienstes entgegengewirkt werden.

Außerdem wurde zum Schutz der Angehörigen des öffentlichen Dienstes vor Gewalt durch den Bürger das sogenannte „Aachener Modell" entwickelt. Dieses Modell wird als Broschüre im Internet zur Einsicht angeboten. Hier ist zu lesen:

„Oftmals ist den Beschäftigten nicht bewusst, dass sich Locher, Scheren, Tacker, Blumenvase, Bilder etc. als Wurfgeschosse für aufgebrachte oder aggressive Kunden eignen. Derartige Arbeitsmittel sollten aus dem Greifbereich der Besucher entfernt und am besten in den Schubladen der Bürocontainer aufbewahrt werden."

Die Fürsorgepflicht des Dienstherrn/Arbeitgebers geht jedenfalls noch nicht so weit, dass jeder Beschäftigte mit Publikumsverkehr nunmehr an einem Fortbildungskurs zur Selbstverteidigung (Judo, Jiu Jitsu, Karate etc.) oder zur ordnungsgemäßen Handhabung von Pfefferspraydosen teilzunehmen hat. Auch die Anschaffung von Lochern, Scheren, Heftern oder Blumenvasen aus einem weichen, die

Verletzungsgefahr bei der Verwendung als Wurfgeschosse reduzierenden Gummimaterial ist gegenwärtig nur in vereinzelten Fällen mit ersichtlich gesteigertem Gefährdungspotenzial erforderlich.
In bestimmten, exponierten Tätigkeitsbereichen ist aber eine besondere Vorsicht durchaus geboten. Deshalb macht ein weiterer Hinweis in der oben genannten Broschüre (Seite 80) sehr wohl Sinn:

„Fotos auf dem Schreibtisch von Familienangehörigen oder Freunden können Hinweise auf den familiären Hintergrund der Mitarbeiter geben. In Hinblick auf mögliche Straftaten außerhalb der Arbeitsstätte (z. B. ‚Ich weiß, wo Deine Kinder zur Schule gehen') sollten diese Fotos ebenfalls nicht auf dem Schreibtisch stehen."

Der Deutsche Bundestag hat mit dem „Gesetz zur Stärkung des Schutzes von Vollstreckungsbeamten und Rettungskräften" ein höheres Strafmaß beschlossen. Mit einer Verschärfung des Strafmaßes ist es aber noch lange nicht getan: Die Fürsorgepflicht des jeweiligen Dienstherrn (§ 45 BeamtStG) gebietet vielmehr weitergehende Maßnahmen. So ist es nur allzu verständlich, wenn das Land Hessen seine Steuerfahnder für eine Summe von 200.000 Euro mit schusssicheren Schutzwesten ausgestattet hat. „Die Erfahrungen zeigen, dass der Respekt gegenüber unseren Bediensteten, insbesondere bei den herausfordernden Einsätzen im Außendienst, sinkt", sagte Oberfinanzpräsident *Jürgen Roßberg*. Er stellte dabei auch richtigerweise fest, dass die Sicherheit der Beamten bei ihrem Dienst, den sie gegenüber der Allgemeinheit leisten, „oberste Priorität" besitze. Damit nähern wir uns schon fast amerikanischen Verhältnissen. Dort ist es Lehrern sogar erlaubt, während des Unterrichts Schusswaffen zu tragen …

"Wer aber nicht mannhaft und mutig Gefahren bestehen kann, ist ein Sklave eines jeden, der ihn angreift!"

(Aristoteles)

Einkaufen und Tanken als Dienstunfall?

Eine Entscheidung des OVG Münster (Beschluss v. 27. Februar 2018, Az.: 1 A 2072/15) zum Thema Dienstunfall gibt Anlass, über deren Sinngehalt eine eigene Wertung vorzunehmen. Dabei stellt sich dem unbefangenen Leser und normal denkenden Durchschnittsbürger (siehe Prolog) ganz allgemein die Frage, unter welchen Voraussetzungen bei einer Verkehrsteilnahme von einem Dienstunfall des Beamten ausgegangen werden kann.

Die sogenannten „Wegeunfälle" stellen nach § 31 Abs. 2 BeamtVG (und § 8 Abs. 2 SGB VII) Dienstunfälle (Arbeitsunfälle) dar. Dazu gehören auch An- und Abreisen zum Dienstort. Es wird dabei aber jeweils nur der direkte Weg von und zur Dienststelle umfasst.
Der geschützte Bereich beginnt hier erst an der Außentür des Wohngebäudes und – etwa in einem Mietshaus – nicht bereits an der Wohnungstür des Beamten (BVerwG vom 26. November 2013, Az.: 2 C 9/12). Ein Unfall in der Privatgarage stellt also selbst dann keinen Dienstunfall dar, wenn er auf dem Weg von oder zur Dienststelle geschieht.
Der direkte Weg muss dabei nicht zwangsläufig der kürzeste sein. Direkter Weg kann vielmehr auch die verkehrstechnisch günstigste Strecke (Autobahn statt Bundesstraße) oder die Route des regelmäßig genutzten öffentlichen Verkehrsmittels sein. Kleinere Umwege sind ausnahmsweise zulässig. Das VG München (ZBR 2012, 427ff., „Die Notdurft des Beamten bei der Heimfahrt") hat hierzu entschieden, dass ein Dienstunfall auch dann vorliegt, wenn das Bedürfnis zum „Verrichten in der Natur" auf dem Wege von und zur Arbeitsstätte auftritt und der Beschäftigte deshalb gezwungen ist, den Weg zu unterbrechen, um nicht fremden Blicken ausgesetzt zu sein.
Wenn allerdings ein Beamter auf seinem Heimweg noch kurz zum Einkaufen geht, auch wenn er sich nur Lebensmittel zum sofortigen oder späteren Verzehr kauft, oder wenn der Beamte zum Tanken fährt, so unterbricht er regelmäßig den dienstunfallrechtlich geschützten Heimweg. Der Kauf von Lebensmitteln und das Tanken sind nach der Rechtsprechung der Verwaltungsgerichte ausschließ-

lich der Privatsphäre des Beamten zuzuordnen, wobei der Dienstunfallschutz erst mit der späteren Fortsetzung der Fahrt wieder neu einsetzt. Ein Unfall beim Tanken selbst ist dabei nur dann ein versorgungsrechtlich relevanter Wegeunfall, wenn der Weg zwischen Wohnung und Dienststelle – etwa bei Familienheimfahrten – nicht mit einer einzigen Tankfüllung zurückgelegt werden kann.

Auch wenn ein Beamter – von seiner dienstlichen Tätigkeit völlig ermattet – auf dem Heimweg einige Stunden in seinem Auto schläft, so unterbricht das den Zusammenhang mit seiner Arbeit, sollte er später seine Heimfahrt fortsetzen und dabei in einen Unfall verwickelt werden (OVG Lüneburg, ZBR 2011, 352).

Der normal denkende Durchschnittsbürger (siehe Prolog) könnte sich hierzu aber folgende Frage stellen:

Ist es nicht schon sehr „lebensfremd", Tankvorgänge oder den Einkauf von Lebensmitteln in einem Geschäft, das auf dem Weg von oder zur Arbeitsstätte liegt, nicht zeitnah durchführen zu dürfen?

Ein Beamter sollte jedenfalls nicht reisekostenrechtlich dazu gezwungen werden, zunächst nachhause zu fahren und sich dann erneut – auf demselben Weg – zurück zur Tankstelle oder zu dem Geschäft seiner Wahl zu begeben. Man könnte solche Tätigkeiten ja beispielsweise einer zeitlichen Begrenzung unterwerfen und bräuchte sie nicht generell von der Fürsorgepflicht ausnehmen.

Und wieder gelten hier wohl die altbekannten und bestens bewährten Verwaltungsprinzipien:

1. **Das haben wir schon immer so gemacht und**
2. **Ja, wo kämen wir denn da hin, wenn wir das jetzt auf einmal ändern würden!**

Ja nicht den Beamten schimpfen!

Das OVG Münster (Beschluss v. 27. Februar 2018, Az.: 1 A 2072/15) hatte einen Fall zu entscheiden, in welchem infolge eines Personalgespräches bei einem Beamten psychische Belastungen aufgetreten waren und dieser Beamte anschließend die Anerkennung eines Dienstunfalles erfolglos beantragte. Auch die Klage des Beamten blieb erfolglos.

Liegt ein Dienstunfall vor, so stehen dem Beamten nach § 30 BeamtVG (und den entsprechenden Bestimmungen des Landesversorgungsrechts) verschiedentliche Ansprüche gegenüber seinem Dienstherrn zu. Diese Vorschriften sind abschließend, sie können nicht über die Fürsorgepflicht des Dienstherrn nach § 78 BBG (Bundesbeamte) oder § 45 BeamtStG (Landes- und Kommunalbeamte) erweitert werden.
Die Definition des Dienstunfalls ergibt sich dabei aus § 31 Abs. 1 Satz 1 BeamtVG: Dienstunfall ist danach ein auf äußerer Einwirkung beruhendes, plötzliches, örtlich und zeitlich bestimmbares, einen Körperschaden verursachendes Ereignis, das in Ausübung oder infolge des Dienstes eingetreten ist.
Maßgebliche Faktoren für den Dienstunfallbegriff sind dabei:

- Dienstbezug,
- plötzliches Ereignis,
- Körperschaden,
- äußere Einwirkung,
- Kausalität.

In dem eingangs erwähnten Fall des OVG Münster fehlte es an den Merkmalen des „plötzlichen Ereignisses" und der „äußeren Einwirkung". Depressionen und andere psychische Erkrankungen können nur dann einen Dienstunfallschutz begründen, wenn sie auf ein einmaliges, unvorhersehbares Ereignis zurückzuführen sind. Eine Voraussetzung für den Dienstunfall besteht nämlich darin, dass sich das den Unfall begründende Ereignis als „äußere Einwirkung" darstellt.

Eine äußere Einwirkung liegt nicht vor, wenn der Körperschaden durch Umstände hervorgerufen wird, für welche eine besondere psychische oder physische „Veranlagung" des Beamten die maßgebliche Ursache ist. Depressionen, die allein auf einer inneren Veranlagung beruhen und keine Ursache aufgrund einer äußeren Einwirkung haben, sind aus diesem Grund schon nicht als Dienstunfall im Sinne des § 31 Abs. 1 Satz 1 BeamtVG zu qualifizieren (BVerwG v. 23. Oktober 2013, Az.: 2 B 34/12).

Hieran scheitert in dem eingangs erwähnten Beschluss des OVG Münster die Annahme eines Dienstunfalls bei einem Personalgespräch. Personalgespräche können – so das Gericht – nur in Ausnahmefällen die Voraussetzungen eines dienstunfallgeeigneten Ereignisses erfüllen. Ein solcher Ausnahmefall liegt jedenfalls nicht vor, wenn sich das Gespräch im Rahmen der sozialen Adäquanz gehalten hat.

Erkrankt ein Beamter in Zusammenhang mit dienstlichen Vorgängen der Personalverwaltung, liegt die Ursache vielmehr regelmäßig in der mangelnden persönlichen Verarbeitungsfähigkeit des Beamten, die nicht der Risikosphäre des Dienstherrn zuzurechnen ist. Dies gilt nach eine weiteren Entscheidung des OVG Münster (Beschluss v. 2. August 2019, Az.: 1 A 1713/17) auch und erst recht bei der Eröffnung einer schlechter als erwartet ausfallenden dienstlichen Beurteilung.

Dagegen ist ein Dienstunfall nach dem BayVGH (Beschluss v. 7. März 2017, Az.: 3 ZB 14.1973) nicht generell ausgeschlossen. Aus der Unfallanzeige muss sich aber zumindest mittelbar ergeben, dass ein Dienstunfall angezeigt wird, aus dem Fürsorgeansprüche entstehen können. Dazu genügt ein Gesundheitszeugnis nicht, wonach ein Personalgespräch unerfreulich gewesen sei oder die erhobenen Vorwürfe den Beamten „wie der Blitz getroffen" hätten, zumal wenn die Anzeige gegenüber der unzuständigen Stelle abgegeben wird.

Und die Moral von der Geschicht'?
Tadle den Beamten nicht!

Kapitel 8: Corona, Corona, Corona!

Ab dem Jahr 2020 überstrahlte ein einziges Thema alle anderen: Corona! Und natürlich spielte dieses Thema auch für die Beamten die überragende Rolle, was sich in den nun folgenden teils skurrilen, teils aber durchaus traurigen Beispielen widerspiegelt …

Prostitution bei Corona: Schilda lässt herzlich grüßen!

„So etwas kann sich ja nur ein Beamter ausdenken!" – war wohl der erste Gedanke so manchem Bürgers, der von dem Hygiene-Konzept des Landes Rheinland-Pfalz für das älteste Gewerbe der Welt während der Corona-Pandemie Kenntnis genommen hat. Schließlich sind ja auch schon immer viele völlig unverständliche Regelungen auf Lebensfremdheit und die sinnlose „Beamtenbürokratie" zurückzuführen gewesen.

Zunächst möchte ich Ihnen das „Hygienekonzept für Prostitutionsstätten, Bordelle und ähnliche Einrichtungen" einmal vorstellen, damit Sie sich selbst ein Bild machen können:

„Es sind die folgenden Hygienemaßnahmen zu beachten:

1. Organisation des Betriebs:
a) Kontaktdaten aller Personen (Name, Vorname, Anschrift, Telefonnummer) sowie der Zeitpunkt des Betretens und Verlassens sind nach Einholen des Einverständnisses zur Ermöglichung einer Kontaktpersonennachverfolgung zu dokumentieren und durch den Betreiber für den Zeitraum von einem Monat – beginnend mit dem Tag des Besuchs – aufzubewahren und im Anschluss unter Beachtung der DSGVO zu vernichten. Eine Verarbeitung der Daten zu anderen Zwecken ist nicht zulässig.
b) Die Zulässigkeit der Nutzung von Saunen und Wellnessbereichen ist unter Beachtung der Corona-Bekämpfungsverordnung in der jeweils geltenden Fassung sowie der einschlägigen Hygienekonzepte zu bewerten.
c) Die Anforderungen an Dienstleistungen und Anwendungen richten sich nach den Regelungen der Corona-Bekämpfungsverordnung in der jeweils geltenden Fassung.
d) Besucher sowie Mitarbeiterinnen und Mitarbeiter tragen eine Mund-Nasen-Bedeckung…

e) Die Benutzung von sanitären Einrichtungen ist unter Beachtung der gebotenen Schutzmaßnahmen zulässig….

2. Personenbezogene Einzelmaßnahmen:

a) Personen mit erkennbaren Symptomen einer Atemwegsinfektion ist der Zugang zu verwehren.

b) Alle Personen müssen sich bei Betreten des Betriebes die Hände desinfizieren oder waschen. Geeignete Waschgelegenheiten bzw. Desinfektionsspender sind durch den Betreiber vorzuhalten.

c) Die geltenden Schutzmaßnahmen und Verhaltensregeln (inkl. Allgemeine Regeln des Infektionsschutzes wie „Niesetikette", Einordnung von Erkältungssymptomen etc.) sind durch geeignete Hinweisschilder kenntlich zu machen.

d) Der Verleih von Gegenständen ist unzulässig, sofern sie nach Benutzung nicht desinfiziert werden können.

3. Einrichtungsbezogene Maßnahmen

a) Kontaktflächen sind regelmäßig mit einem fettlösenden Haushaltsreiniger zu reinigen oder mit einem mindestens begrenzt viruziden Mittel zu desinfizieren.

b) In Sanitär-, Gemeinschafts- und Pausenräumen sind Händedesinfektionsmittel, Flüssigseife und Einmalhandtücher zur Verfügung zu stellen. Die Räume sind regelmäßig zu reinigen.

c) Es sind gezielte Maßnahmen zu treffen, um die Belastung von Räumen mit Aerosolen zu minimieren. Alle Räumlichkeiten sind mindestens im Abstand von 20 Minuten für jeweils 15 Minuten zu lüften. Alternativ kann eine Lüftungsanlage betrieben werden. Eine kontinuierliche Luftzirkulation in Innenräumen ist durch geeignete Mittel sicherzustellen. Sanitäreinrichtungen sind nach Möglichkeit dauerhaft zu belüften.

4. Generell gilt:

a) Für die Einhaltung der Regelungen ist eine beauftragte/verantwortliche Person vor Ort zu benennen.

b) Personen, die nicht zur Einhaltung dieser Regeln bereit sind, ist im Rahmen des Hausrechts der Zutritt zu verwehren …"

Zwar handelt es sich bei dem „Hygienekonzept" bisher nur um einen Entwurf, aber es droht natürlich – wie immer bei der von Beamten getragenen Verwaltung – dessen Umsetzung.
Zunächst gilt es festzustellen: Mangels eigener Erfahrungen kann der seit nunmehr 34 Jahren glücklich verheiratete Verfasser dieses Beitrags nicht beurteilen, ob die geplanten Vorgaben in der täglichen Praxis der genannten Einrichtungen nützlich oder überhaupt durchführbar sind.

Fraglich erscheint dies aber auch ohne jedes „Insiderwissen" zumindest hinsichtlich folgender Punkte:

1. Nach der CoBeLVO, auf welche in diesem Konzept verwiesen wird, hat der Betreiber durch geeignete Maßnahmen sicherzustellen, dass grundsätzlich der Mindestabstand von 1,5 Metern zwischen zwei Personen einzuhalten ist. Auch der vollkommene Laie wird zustimmen, dass sich gewisse Dienstleistungen in diesem Gewerbe dadurch im Einzelfall sehr schwierig gestalten könnten!
2. Das vorgeschriebene Tragen von Gesichtsmasken für die Anbieterin und ihren Kunden reduziert Wettbewerbsvorteile besonders attraktiver Damen und macht gleichzeitig die Kunden gesichtslos, die ihre Maske nicht fallen lassen wollen oder dürfen.
3. Außerdem ist es durchaus vorstellbar, dass sich das vorgeschriebene regelmäßige Lüften der Räume nach exakt 20 Minuten („für eine Viertelstunde") im Einzelfall durchaus „interruptisch" auf die gerade erbrachte Dienstleistung auswirken könnte.
4. Nach den Vorgaben sind insbesondere „Kontaktflächen" zu desinfizieren. Es eröffnen sich dabei folgende Problemfelder:
   a) Die Bestimmung enthält keine Definition der im jeweiligen Einzelfall zu reinigenden „Kontaktfläche". Was kann also hiermit alles gemeint sein?
   b) Wenn – wie unter 1. beschrieben – tatsächlich ein ständiger Mindestabstand von 1,5 Metern einzuhalten ist, dann ist diese Bestimmung für die entschei-

denden Kontaktflächen doch vermutlich von vorneherein „in den Wind geschrieben".

Fazit:
Die obenstehenden Vorgaben wurden also vermutlich wieder einmal von einem „Beamten" ausgedacht. Dafür sprechen bereits zahlreiche andere „Schildbürgerstreiche", die sich dieser in sich geschlossene Personenkreis immer wieder aufs Neue hat einfallen lassen …

„Gott hat die Esel geschaffen, damit sie dem Menschen zum Vergleich dienen können."

(Heinrich Heine)

Verschwörungstheorien

Werden wir von Chemtrails vergiftet? Ist Angela Merkel ein Echsenmensch oder Mitglied der „Illuminati"? Ist 9/11 nur ein Fake? Und handelt es sich vielleicht bei der Corona-Pandemie nur um eine chinesische Erfindung?

Hinsichtlich dieser Verschwörungstheorien soll im Folgenden natürlich nicht dem Problem nachgegangen werden, ob *Bill Gates* nun das Coronavirus erschaffen hat. Noch viel interessanter als die Frage, ob der amerikanische Milliardär auf diese Weise die Weltherrschaft erreichen will, ist doch das Rätsel, ob unsere Politik vielleicht tatsächlich bereits von Reptilien unterwandert ist, wie einige Verschwörungstheoretiker ja tatsächlich behaupten:
Im Jahr 2020 konnte man lesen: „In der Gestalt von Reptiloiden aus dem Sternbild des Drachen, die menschliche Gestalt annehmen können, haben sie Spitzenpositionen der Weltpolitik besetzt und streben die Errichtung einer neuen Weltordnung an, in der sie in aller Ruhe Menschenblut trinken und Kinder opfern können."
Dabei gilt es natürlich zu klären, welche Politiker gegebenenfalls mit welchem Reptil in Verbindung gebracht werden können, wobei der Verfasser gleich eingestehen muss, die im Folgenden vorgespiegelten biologischen Kenntnisse aus „Wikipedia" bezogen zu haben.

1. Das Chamäleon

Nehmen wir zunächst einmal das Chamäleon. Es gehört der Familien der Leguane an und ist dort den Schuppenkriechtieren zuzurechnen (Squamata). Es gibt zwei Unterfamilien: Die Echten Chamäleons (Chamaeleoninae) und die Stummelschwanzchamäleons (Brookesiinae). Die Chamäleons zeichnen sich bekanntlich dadurch besonders aus, dass sie ihr Aussehen – je nach Bedarf – farblich schnell anpassen können: Einmal so und einmal so, wie es ihnen eben gerade von Nutzen ist.
Bei der Antwort auf die Frage, welche Politiker mit einem Chamäleon in Verbindung gebracht werden könnten, kommt dem Satiriker zunächst mit großer Sicherheit ein ehemaliger bayerischer Minister-

präsident (*Horst Seehofer*) als erster Kandidat in Betracht: Ob zum Kirchenasyl, zur Seenotrettung von Flüchtlingen, zum Profil des Innenministeriums bei seinem Wechsel nach Berlin, der Mann zeigt stets, wie schnell und einfach man seinen Standpunkt wechseln kann: Heute die eine Meinung und morgen eine ganz andere – wie es gerade von Nutzen ist –, gerade so wie ein Chamäleon seine Farben wechselt.

Aber es wäre ungerecht, nur diesen bayerischen Politiker mit einem Chamäleon zu vergleichen. In Wahlkämpfen – sei es für den Bundestag, sei es für den Landtag oder auch nur für eine popelige Kommunalwahl, vertritt man die Auffassung, die vermutlich die meisten Stimmen bringen wird. Denken wir doch nur einmal an die überraschenden Umfragewerte der „Grünen" in den letzten Jahren. Auf einmal treten andere Parteien ganz bewusst in Konkurrenz zu deren wichtigsten Themenfeldern wie Umweltschutz und Klimadebatte. Erst schwarz oder rot, dann grün, dann …?

Hauptsache ist und bleibt es natürlich, bei einer bevorstehenden Wahl bestmöglich abzuschneiden – und da kann man schon einmal Chamäleon sein, zumal ja auch schon Konrad Adenauer bekanntlich sagte: „Was kümmert mich mein Geschwätz von gestern!"

2. Die Blindschleiche

Wenden wir uns aber nun einem anderen Reptil zu – der Blindschleiche. Es handelt sich dabei (wie der Name schon besagt) um eine Echsenart innerhalb der Familie der „Schleichen" (Anguidae). Dieses Tier wird allgemein mit seinem Unvermögen in Verbindung gebracht, sich sehenden Auges durch die Welt zu bewegen.

Wer denkt dabei nicht gleich an einen ganz bestimmten Bundesverkehrsminister (*Andreas Scheuer*). Wie sonst, wenn nicht durch die o.a. Reptilien-Verschwörungstheorie, ließe es sich begründen, dass dieser trotz aller eindringlichen Warnungen von Juristen seines eigenen Hauses die Pkw-Maut „durchgeboxt" und dann den entscheidenden Rechtsstreit vor dem EuGH verloren hat, was letztendlich zu einem Schadensersatzanspruch von 560 Millionen Euro führte, für den natürlich wir Steuerzahler jetzt geradestehen müssen?

Und dann auch noch das: Dieselautos: Nein! Diesellokomotiven: Ja! Elektroautos: Ja! – Elektrifizierung des Schienennetzes: Nein! Wer kann das denn verstehen? Wohl nur ein blindes Reptil!
Die vielen, vielen Forderungen nach einem Rücktritt will dieser von der Zeitschrift „Die Welt" wegen seiner nur vermeintlichen Promotion als „Doktor Dünnbrettbohrer" bezeichnete Bundesverkehrsminister erst gar nicht sehen, was erneut die oben beschriebene Unterwanderung mit einem ganz bestimmten Reptil vermuten ließe. Wenn man dann noch das Hin und Her beim neuen Bußgeldkatalog in die Verschwörungstheorie implantiert, dann müsste doch eigentlich auch eine Mischung zwischen „Blindschleiche" und „Chamäleon" existieren. Vielleicht ein „Blindschleichchamäleon" oder eine „**Chamäleonblindschleiche**"?
Aber Vorsicht: Entgegen der landläufigen Meinung können Blindschleichen im Gegensatz zu Politikern sehr wohl „sehen".

3. Das Krokodil

Da dieses Buch sich aber hauptsächlich mit dem öffentlichen Dienstrecht befasst, soll und muss nun erläutert werden, ob nicht auch bei der Einführung des neuen Beamtenrechts im Rahmen der Dienstrechtsreform einige „Reptilienverschwörer" ihr Unwesen getrieben haben. Da kann durchaus einmal ein Vergleich mit dem allerseits gefürchteten Krokodil infrage kommen.
Die im Juni und Juli 2006 von Bundestag und Bundesrat beschlossene und zum 1. September 2006 in Kraft getretene Föderalismusreform I führte zu der bislang umfangreichsten Änderung des Grundgesetzes in der Geschichte der Bundesrepublik Deutschland. Sie regelte die Beziehungen zwischen Bund und Ländern in Bezug auf die Gesetzgebungskompetenzen völlig neu. Bis zu diesem Zeitpunkt besaß der Bund die Rahmenkompetenz für das Dienstrecht. Im Beamtenrechtsrahmengesetz (BRRG) wurden für Bund und Länder verbindliche und vor allem einheitliche „Leitlinien" für die Gestaltung des Dienst- und Laufbahnrechts, wie zum Beispiel die Aufteilung in vier Laufbahngruppen, vorgegeben, die dann vom jeweiligen Gesetzgeber umzusetzen waren. Weiterhin war der Bund im Rahmen der konkurrierenden Gesetzgebung für die Regelung des Besol-

dungs- und Versorgungsrecht für alle Beamten in Bund, Ländern und Kommunen zuständig.
Gegen die entschiedene Kritik zahlreicher gewichtiger Stimmen wurden im Zuge der Reform u.a. diese Gesetzgebungskompetenzen für das Beamtenrecht vom Bund auf die Länder verlagert. Diese sind nunmehr allein für das Beamten-, Laufbahn-, Besoldungs- und Versorgungsrecht ihrer Landes- und Kommunalbeamten zuständig. Dem Bund verblieb die Gesetzgebungskompetenz für grundlegende Statusangelegenheiten (Art. 74 Abs. 1 Nr. 27 GG). Die Zielrichtung wurde nach Auffassung vieler Kritiker „ungenügend" durch das Beamtenstatusgesetz umgesetzt. So sind mittlerweile bei Bund und Ländern zwischen einer einzigen und vier Laufbahngruppen alle Varianten vertreten. Wegen der Unterschiede bei der Besoldung kann man also zu Recht behaupten, dass seitdem in vielen Bereichen ein „Wettbewerbsföderalismus" besteht. Damit ist nun ein Wechsel von einem Bundesland ins andere oder zum Bund für jeden Beamten mit hohen Hürden und Unsicherheiten verbunden.
„Wichtige öffentliche Dienstleistungen wie Innere Sicherheit und Bildung können sich nicht nach den Gesetzen von Angebot und Nachfrage richten. Aus gesamtgesellschaftlicher Sicht ist es deshalb nicht sinnvoll, Wettbewerbssituationen zwischen staatlichen Institutionen zu schaffen. Der öffentliche Sektor hat – anders als privatwirtschaftliche Unternehmen – einen gesetzlichen Leistungsauftrag. Die Erfüllung dieses Auftrages kann nicht maßgeblich davon abhängig gemacht werden, ob ein Land oder eine Gemeinde bessere Bedingungen als ‚der Nachbar' bieten kann", so der mächtige dbb (Deutscher Beamtenbund), der allerdings nicht mächtig genug war, die Grundgesetzänderung zu verhindern.

Große Koalitionen kommen und gehen, ihre Fehler bleiben!

Waren damals bereits vermenschlichte Reptilien – vielleicht bösartige **Krokodile** – am Werk, deren Ziel nichts anderes war, als Verunsicherung und Neid durch ungleiche gesetzliche Grundlagen zu schaffen? Der für den Beamtenbereich verantwortliche Innenminister war damals übrigens ein späterer Bundestagspräsident und „Bundestagssitzungs-Sudoku-Spieler", für den es auf der Ministerbank erwiesenermaßen viel wichtiger war, sein Sudokurätsel auf

dem Handy zu lösen als irgendeinem blöden Parlamentarier bei dessen Rede zuzuhören (*Wolfgang Schäuble*).
Wer trägt aber die politische Verantwortung dafür, dass gerade in Bayern eine durchgehende, sogenannte „Leistungslaufbahn" eingeführt wurde, gepaart mit dem neuen Modell der „modularen Qualifizierung", die den Aufstieg in die nächsthöhere Qualifikationsebene im Grunde bereits durch die Teilnahme an ein paar Fortbildungsveranstaltungen ermöglicht? Wenn nur der brave Beamte ja seine Meinung gegenüber seinen Vorgesetzten nicht äußert, dann verschafft er sich auf diese Weise die Möglichkeit, seine Aufstiegseignung in der Dienstlichen Beurteilung zugesprochen zu bekommen und damit ist bereits alles, was seine künftige Karriere betrifft, in trockenen Tüchern. Will man denn überhaupt solche Beamte und steht das Ergebnis dem früher so wichtigen Berufsbild des unabhängigen, nur an die Rechtmäßigkeit gebundenen Beamten nicht diametral entgegen?
Stecken da vielleicht einige Reptilien mit einem besonders dicken Panzer (**Schildkröten**) dahinter, der sie vor allen besseren Argumenten beschützt? Der für das Leistungslaufbahngesetz verantwortliche Finanzminister war damals übrigens ein Mann, der sich dann aus der Verantwortung stahl und als Präsident des Deutschen Sparkassen- und Giroverbands bald einer weitaus lukrativeren Beschäftigung nachging (*Georg Fahrenschon*).
Nicht unerwähnt darf hier die damals amtierende Vorsitzende des Ausschusses für die Fragen des öffentlichen Dienstes in Bayern bleiben, die mit ihrem enormen Fachwissen als ausgebildete Fachlehrerin (Berufsschullehrerin) die Verhandlungen über diese juristische Materie blendend leitete (*Ingrid Heckner*).

Fazit:
Wenn nicht alles so lächerlich (oder traurig) wäre, könnte man mit den Verschwörungstheoretikern also fast wirklich meinen, bestimmte Politikerposten seien mit Reptiloiden besetzt, die vorübergehend nur eine menschliche Gestalt angenommen haben – natürlich nur aus dem Blickwinkel des Satirikers.

„Sie werden es nicht glauben, aber es gibt tatsächlich Staaten, die von den Klügsten regiert werden. Meines Wissens ist das aber nur bei den Pavianen der Fall!“

(Konrad Lorenz, österreichischer Zoologe, Verhaltensforscher und Nobelpreisträger)

Der Behördenstammtisch: Warum eigentlich nur Friseure?

Am Faschingssonntag 2021 lud Amtsrat Berger wieder einmal zu einem Behördenstammtisch ein. Wer wollte, saß diesmal mit einem Getränk seiner Wahl vor dem Bildschirm, denn auch bei einer durch Corona bedingten Videokonferenz muss man ja nicht auf ein möglichst häufiges „Zuprosten" verzichten – nur eben auf das sonst übliche „Anstoßen".

Natürlich spielten bei diesem Stammtisch das Coronavirus und die dazu ergangenen Regelungen eine wichtige Rolle. Nun haben aber auch virtuelle Stammtische den großen Vorteil, dass man so reden kann, soll und darf, „wie einem der Schnabel gewachsen ist", und man spart deshalb auch nicht mit Kritik, wie der folgende – natürlich satirische – Auszug aus dem „gemütlichen Beisammensein" sehr anschaulich beweist.

Amtsrat Berger warf zu Beginn gleich einmal die Frage auf, warum am 1. März 2021 eigentlich nur die Friseure, nicht aber auch die Gaststätten geöffnet werden dürften, die ja ebenfalls ein hervorragendes Hygienekonzept nachweisen könnten und deren Wiedereröffnung für viele doch wesentlich wichtiger wäre.

Worauf ihm der pensionierte **Hausmeister Pframminger** antwortete, die Friseure seien deshalb besonders wichtig, weil sich dort die „alten Weiber" („Originalton Pf.") immer zum Gedankenaustausch treffen würden, die ja bekanntlich eh nie eine Gaststätte besuchen würden.

Verwaltungsoberinspektor Grasschneider ergänzte dies und verwies auf den Bayerischen Ministerpräsidenten (*Markus Söder*), der ja bekanntlich die Meinung vertritt, das Recht auf eine anständige Frisur und eine entsprechende Haarfarbe sei einfach eine unverzichtbare „Frage der Würde" und deshalb wichtiger als andere Handwerksbetriebe.

Worauf ihm **Pframminger** entgegnete, was denn dann mit der Würde seiner Frau sei. Die müsse mit fünf Zentimeter langen Fußnägeln rumlaufen, weil sie sich wegen ihres Ischias nicht mehr bücken, aber auch nicht mehr zur Fußpflege gehen könne. Ihr „Nagelstudio" sei seit einer geschätzten Ewigkeit geschlossen und dürfe – anders als ein Friseur – jetzt auch noch nicht öffnen. Er würde sich jedenfalls weigern, diese Sklavenarbeit zu übernehmen.

Verwaltungssekretär Huber meinte, Bundeskanzlerin *Merkel* habe trotz des bedauerlichen Todes ihres Haus- und Hof-Stylisten *Udo Walz* in den vergangenen Wochen immer haarmäßig „frisch aufpoliert" ausgesehen, aber da sei wohl ein anderer Haarkünstler zu ihr nach Hause gekommen. Da verstehe er nun einmal nicht, warum nicht auch seine Schwägerin zu ihm kommen dürfe, um seine mittlerweile wallende Mähne zu zähmen.

Oberregierungsrat Brandl, der erst kürzlich im Wege der „modularen Qualifizierung" und damit de facto im zweiten Bildungsweg und von manchen als „Depperlaufstieg" bezeichneten Verfahren in sein hohes Amt ernannt worden war, wies darauf hin, dass Hausbesuche von Friseuren per Verordnung streng untersagt seien und Politiker würden sich doch wohl stets an das Gesetz halten.

Seine Äußerung gab Anlass für ein allgemeines Gemurmel, das aber von Pframminger mit einem für alle erlösenden „Prost" beendet wurde.

Huber entgegnete Brandl, wie sich Politiker an die eigenen Regeln halten würden, das zeige doch etwa ein Vorfall, der sich vor Weihnachten in der Kantine des Bayerischen Landtags zugetragen habe. Da trafen sich nachweislich mehrere Minister und Abgeordnete ohne die bestehenden Abstandsregeln nur im Geringsten eingehalten zu haben in der Kantine des Parlaments, um sich dort aufs Heftigste zu verlustieren. Und bei Wissenschaftsminister *Siblers* Geburtstagsfeier im Februar feierten dieser und seine zahlreichen Gäste ebenfalls ohne jede Berücksichtigung der Corona-Vorgaben hemmungslos. Es gäbe überhaupt keine Maßnahmen, bei welchen Politiker mit gutem Beispiel vorangingen.

Verwaltungsoberinspektorin Gruberl gab ihm recht und erinnerte daran, dass Politiker stets nur darauf bedacht seien, möglichst oft in der Presse zu erscheinen und sich nur allzu gerne mit ihren guten Ideen und ihrer angeblichen Vorbildfunktion in Verbindung bringen lassen würden. „Was Du nicht willst, das man Dir tu, das füg' halt dann den ander'n zu!" sei wohl der Wahlspruch aller stets nur aufs eigene Wohl bedachten Politiker, und das gelte sowohl auf Bundes- als auch auf Landes- und Kommunalebene. Hauptsache ist und bleibt für sie nun einmal die Wiederwahl!

Brandl gab zwar zu, dass es unverständlich sein könnte, warum nur Friseure und nicht auch andere Handwerksbetriebe öffnen dürften, aber schließlich habe man einen Ethikrat und dieser habe sicher gute Gründe, welche die Entscheidung der Politik tragen würden.

Dies gab erneut Anlass für ein allgemeines Gemurmel, das diesmal von Berger mit einem sehr willkommenen „Prost" beendet wurde.

Hauptwachtmeister Schmidmeier meinte erbost, was ein solches Gremium wert sei, das könne man ja am Beispiel des erst kürzlich aus dem bayerischen Ethikrat geschassten Prof. *Christoph Lütge* bestens feststellen: „Wer nicht spurt, wie unser neuer Möchtegern-*Franz-Josef-Strauß* will, der fliegt!"

Gruberl entgegnete, man könne doch dem amtierenden Bayerischen Ministerpräsidenten *Markus Söder*, den sie sehr verehre, nicht zum Vorwurf machen, dass er Entscheidungen treffe, die vielleicht für den einen oder anderen schmerzhaft seien, aber letztendlich doch dem Wohle der Allgemeinheit entsprechen würden.

Schmidmeier fragte daraufhin Gruberl, welche Entscheidungen sie denn meine. Die „15-Kilometer-Regelung" könne es nicht sein, denn die sei mittlerweile gerichtlich aufgehoben worden. Die erste Testpflicht für österreichische Pendler nach Bayern habe der Bayerische Verwaltungsgerichtshof schon am 24. November 2020 für null und nichtig erklärt und die erneute Anordnung verstoße trotz der in Tirol aufgetretenen Mutationen nach den übereinstimmenden Aussagen gleich mehrerer Juristen eindeutig gegen geltendes Europarecht.

Pframminger ergänzte, dass es sich der Bayerische Ministerpräsident wohl endgültig mit den Tirolern verscherzt habe. Wie gefährlich das für die Bayern werden könnte, das hätte man nicht nur durch den Freiheitskämpfer Andreas Hofer leidlich erfahren, sondern schon früher beim Kurfürst Max Emanuel, der genauso vernichtend von diesem widerstandsfähigen Bergvolk an der Pontlatzer Brücke besiegt worden sei wie der spätere bayerische König Max I. Und auf den von den Österreichern niedergeschlagenen Sendlinger Bauernaufstand wolle er erst gar nicht weiter eingehen.

Berger erinnerte daran, dass Tirol schließlich den Brenner kontrolliere und da könne die Einreisesperre für die österreichischen Pendler einmal zu einem gewaltigen Rückschlag Anlass bieten. Außerdem seien erwiesenermaßen dieselben Mutationen wie in Tirol in noch viel größerem Maße in Frankreich an der unmittelbaren Grenze zu Deutschland aufgetreten und kein einziger Politiker würde hier auch nur im Entferntesten daran denken, die Franzosen ähnlichen Schikanen auszusetzen wie die Tiroler.
Brandl war der Meinung, eine „Revanche" der Tiroler sei äußerst unwahrscheinlich, da auch Österreich der EU angehöre und sich an deren Regeln halten müsse.
Worauf ihm **Schmidmeier** entgegnete, dass die *Ursula von der Leyen* schon als Verteidigungsministerin ihre noch nicht einmal im Ansatz vorhandene Führungsfähigkeit dadurch bewiesen habe, dass sie laut Rechnungshof jährlich 150 Millionen Euro für sogenannte „Berater" in den Sand gesetzt habe, und wer wisse schon, in welchem Verhältnis sie zu diesen Beratern gestanden habe.
Auch **Huber** schlug in diese Bresche und sagte, seit sie von Merkels Gnaden Präsidentin der EU-Kommission geworden sei, sei alles nur noch viel schlimmer geworden. Man schaue doch nur mal, wie die Vergabe der Impfstoffe erfolge. In Deutschland würden diese Impfstoffe hergestellt, aber dann zur „gerechten" Verteilung an die EU versandt, wobei Deutschland stets an letzter Stelle stehe. „So dumm muss man erst einmal sein!" („Originalton H.")
Pframminger wies auf die Tatsache hin, dass Großbritannien mittlerweile so viel seiner Einwohner hat impfen lassen, dass ganz Österreich mittlerweile sogar zweimal hätte geimpft werden können. Man brauche sich also nach dem „Brexit"" demnächst über einen „Auxit" erst gar nicht zu wundern!
Huber erinnerte jetzt an den größten „Reinfall" der Politik im Zusammenhang mit der Pandemie, welcher seiner Meinung nach die „Corona App" gewesen sei. Die habe dem deutschen Steuerzahler laut Zeitungsberichten 69 Millionen gekostet und nichts, aber auch gar nichts gebracht!
Worauf wiederum **Pframminger** das Argument brachte, das sei ja gar nicht so schlimm, wenn man bedenke, dass der „Promotionsschwindler" *Andreas Scheuer* mit seinen Mautplänen 500 Millionen

Euro in den Sand gesetzt habe, trotzdem immer noch den Minister spielen dürfe und keinerlei Verantwortung dafür übernehme – weder finanziell noch politisch.

Berger erinnerte zudem an den stellvertretenden Fraktionsvorsitzenden des CDU/CSU *Georg Nüßlein* und den ehemaligen Justizminister *Alfred Sauter*. Dem Nüßlein würde eine geradezu unglaubliche Bestechlichkeit vorgeworfen werden. Ermittler hätten bereits eine ganze Reihe von Objekten in seinem Umfeld durchsucht, weil er eine illegale Provision von 600.000 Euro erhalten haben soll. Er würde das dem Herrn Nüßlein durchaus zutrauen. Auch Sauters Büroräume als Abgeordneter seien mittlerweile von der Polizei durchsucht worden.

Huber führte jetzt aus, Bundesgesundheitsminister *Jens Spahn* habe laut Bericht der Zeitung „Tagesspiegel" einen früheren Pharma-Manager und Lobbyisten zum Chef-Digitalisierer im Gesundheitswesen ernannt, mit dem ihn eine langjährige persönliche Bekanntschaft sowie ein gemeinsames Immobiliengeschäft verbinde. Der homosexuelle Minister habe sich mittlerweile Immobilen im Wert von mehreren Millionen angeeignet, so etwa eine riesige Villa in Berlins Nobelbezirk Dahlem, die vorher dem Chef der Pharmafirma „Gematik" gehört habe. „Das kann doch wohl kein Zufall sein!"

Brandl erinnerte an den „Lockdown" und die vielen endgültigen Geschäftsschließungen, die dieser zur Folge habe. Er fragte Grasschneider, wie es denn seiner Frau jetzt wirtschaftlich gehe, die sei doch früher auch im öffentlichen Dienst tätig gewesen und habe sich dann mit nur geringem Erfolg der Kommunalpolitik verschrieben und schließlich mit einem „Yoga- und Gesundheitsinstitut" selbstständig gemacht. Er wollte auch wissen, ob man ein solches Institut ohne eine medizinische Ausbildung überhaupt betreiben könne.

Grasschneider berichtete, sie hätte ihr Institut mittlerweile schließen müssen und würde einer geregelten Arbeit in der Krankenpflege nachgehen. Sie hätte im Übrigen ihr umfangreiches medizinisches Wissen durch den Besuch mehrerer Abendkurse bei der „Akademie of Thai-lung" und zig Urlaube in Thailand erworben und könne dies durch entsprechende Urkunden auch belegen.

Brandl meinte, er hätte ja gar keine Rechtfertigung verlangt und fragte weiter, ob ihr denn die sonst immer tägliche Golfrunde und

die zahlreichen Golf- und Thailandurlaube nicht fehlen würden, wenn sie nun einer geregelten Arbeit nachgehe.
Worauf **Grasschneider** entgegnete, sie arbeite ja nur in Teilzeit, denn auf die täglichen Golfrunden könne sie nicht mehr verzichten.
Worauf wiederum **Pframminger** einwarf, dann könne der Lockdown ja eigentlich gar nicht einmal so schlimm sein, wenn sie jetzt auch nicht andere Ziele habe als vorher.

Berger meinte nun abschließend, die Entscheidung für eine Verpflichtung zum „Homeoffice" für Beamte sei genauso bedenklich wie viele andere der getroffenen Maßnahmen. Zudem sei er jetzt den Anordnungen seiner Frau täglich 24 Stunden lang bedingungslos ausgeliefert. Da freue es ihn doch, dass nun die Friseure am 1. März wieder öffnen dürften, denn seine Gattin werde gleich am ersten Tag um einen Termin nachsuchen, und er habe dann wenigsten für ein paar Stunden seine Ruhe.
Huber erwiderte daraufhin, er wolle Bergers Freude zwar nicht dämpfen, aber der 1. März 2021, an dem die Friseurbetriebe wieder öffnen könnten, sei ein Montag und montags hätten alle Friseure bekanntlich immer geschlossen …

Nun sind Beamte auch nur Menschen, die ab und zu Luft und Ärger ablassen müssen, und dabei ist es von Vorteil, dass an einem Stammtisch schon traditionell keine Unterschiede nach Statusämtern und Besoldungsgruppen bestehen. Bekanntlich gibt hier in nicht ganz seltenen Fällen die Stimmgewalt des einzelnen Protagonisten den Ausschlag und nicht die Kraft der Argumente. Deshalb eignet sich auch ein „Online-Stammtisch" nach übereinstimmender Meinung aller Teilnehmer nur recht bedingt für einen solchen Meinungsaustausch, und man freute sich schon auf das nächste Treffen, das dann hoffentlich nach der überfälligen Lockerung wieder „beim Wirt" stattfinden könnte.

Corona-Gipfel ohne Wert

Der Corona-Gipfel von Kanzlerin Merkel und den Ministerpräsidenten der Länder am 19. Januar 2021 wurde zur Marathon-Sitzung: Nicht nur eine Lockdown-Verlängerung, die Maskenpflicht und Schulschließungen gehörten zu den immer wiederkehrenden Gesprächsbereichen, auch das Home-Office bildete ein wichtiges Thema bei den Beratungen zur Bekämpfung der Pandemie in Deutschland. Und heraus kam? Nichts!

Hier ist zunächst zu bemerken, dass auch nach dem – gefühlt mittlerweile 27. – Corona-Gipfel weder ein Arbeitnehmer noch ein Beamter **einen uneingeschränkten Rechtsanspruch** auf eine Tätigkeit im Home-Office während der Pandemie besitzt. Ein solcher Anspruch könnte allerdings durch den Gesetzgeber – entweder im IfSG des Bundes oder eines Landes für alle (für den öffentlichen Dienst auch in einer beamtenrechtlichen Vorschrift) künftig eingeräumt werden. Eine **gesetzliche Verpflichtung** zur Heimarbeit ist aber nach wie vor **nicht** gegeben.

So wurde bei dem sogenannten „Corona-Gipfel" am 19. Januar 2021 lediglich beschlossen, dass eine befristete Pflicht zur Heimarbeit allgemein gelten soll. Arbeitgeber – und demgemäß die Dienstherren von Beamten – sollen durch **Verordnung** dazu verpflichtet werden, „wo es möglich ist", Home-Office zu ermöglichen.

Wie die hierfür erforderliche Prüfung dieser allgemein gehaltenen „Floskel" geschehen soll, wurde genauso wenig angesprochen, wie die Frage, ob der Arbeitgeber (Dienstherr) erst auf einen entsprechenden Antrag des Arbeitnehmers (Beamten) die Möglichkeit zu einer Dienstleistung im Home-Office prüfen muss oder ob die Initiative hierzu von Dienstherrenseite kommen sollte.

Insbesondere bleibt fraglich, welche betrieblichen Gründe der Arbeitgeber (Dienstherr) darlegen muss, um eine Heimarbeit abzulehnen.

Übersetzt man diesen Beschluss des Corona-Gipfels vom 19. Januar 2021 und die daraufhin am 20. Januar 2021 erlassene Verordnung für den öffentlichen Dienst ins allgemein Verständliche, so muss man Folgendes annehmen:

a) Auch für Beamte **soll** – aus Gründen der Fürsorge für ihn und seine Kollegen sowie im Interesse der Allgemeinheit – eine weitgehende Dienstleistung im Home-Office zur Bekämpfung der Pandemie ermöglicht werden.
b) Dies bedeutet wiederum, dass **erhebliche dienstliche Gründe** vorliegen müssen, damit ein entsprechender Antrag eines Beamten vom Dienstherrn abgelehnt werden kann.

Solche „erheblichen dienstlichen Gründe" schreibt das Gesetz auch bei der Ablehnung anderer Anträge von Beamten zwingend vor, so etwa bei der Ablehnung eines Antrags auf familienbedingte Teilzeit oder Urlaub nach § 92 Abs. 1 Satz 1 Ziffer 2 BBG (und dem entsprechenden Landesbeamtenrecht). Sie liegen insbesondere vor, wenn die Funktionsfähigkeit der Verwaltung gefährdet wird, was der Dienstvorgesetzte, der den Antrag ablehnt, darlegen und ggf. vor Gericht beweisen muss.

Mit dieser Sichtweise würde auch der Tatsache entsprochen, dass mit einer Heimarbeit die Gefahr der Ansteckung nicht nur im Dienstgebäude, sondern auch auf dem Weg von und zur Arbeit wesentlich reduziert wird. Diese Zielsetzung gilt selbstverständlich über die bisher vorgesehene Geltungsdauer der Verordnung (31. März 2021) hinaus.

Fazit:

Hauptsache, man hat sich wieder einmal getroffen! Und man kann uns Wählern – egal ob Beamte oder „normale" Wähler – vorspiegeln, so ein Gipfel diene dazu, Beschlüsse zu fassen, die wir gefälligst zu akzeptieren haben – auch wenn wir sie nicht verstehen!

Apropos:

Wie definiert man also die zahlreichen Corona-Gipfel im Kanzleramt:

„Viele gehen rein – und nichts kommt raus!
(Zumindest nichts ‚Gescheites')"

(Allgemeine Meinung zu manchen Besprechungen)

Corona: Anhusten eines Beamten = 250 Euro Schmerzensgeld!

Das AG Braunschweig hat einem Beamten, der während der Corona-Pandemie bei einer amtlichen Tätigkeit angehustet wurde, auf seine Klage hin mit Urteil v. 29. Oktober 2020 (Az.: 112 C 1262/20) ein Schmerzensgeld von 250 Euro zugesprochen – und das wohl völlig zu Recht!

Der Entscheidung des AG Braunschweig lag folgender Sachverhalt zugrunde:
Der Beamte trug in – durch seine Uniform erkennbarer – amtlicher Funktion Sorge dafür, dass wegen der Corona-Pandemie nur die zugelassene Anzahl an Personen in größerem Abstand Zugang zu einem Marktplatz erhielt. Der Beklagte betrat daraufhin ohne Erlaubnis den Platz. Der Beamte forderte ihn dazu auf, den Markt zu verlassen und sich ordnungsgemäß in der Schlange anzustellen. Als Reaktion hustete der Beklagte dem Beamten absichtlich mehrfach ins Gesicht. Dieser begab sich als Folge des Anhustens in eine zweiwöchige Selbstquarantäne und litt aufgrund der Unsicherheit über eine mögliche Infektion und der daraus resultierenden psychischen Belastung mehr als eine Woche an Schlaflosigkeit.
Das Gericht sprach dem Beamten unter anderem mit folgender Begründung ein Schmerzensgeld zu:
Das Anhusten stellt gegenwärtig eine Gesundheits- und Körperverletzung dar. Eine Körperverletzung ist jeder unbefugte Eingriff in die Integrität der körperlichen Befindlichkeit. Eine Gesundheitsverletzung ist jede nicht unerhebliche, vom normalen körperlichen Zustand nachteilig abweichende Veränderung oder deren Steigerung. Danach kann ein Anhusten nur im Ausnahmefall tatbestandsmäßig sein. Eine solche Ausnahme lag hier nach Ansicht des AG Braunschweig vor. Das Anhusten in das Gesicht, bei dem unweigerlich körperliche Aerosole freigesetzt werden, ist während der Corona-Pandemie geeignet, das körperliche Wohlbefinden und die Gesundheit zu beeinträchtigen. Die Gesundheitsbeeinträchtigung resultiert hierbei aus den potenziellen Viren in den körpereigenen Aerosol-

Partikeln. Zudem können auch psychische Beeinträchtigungen eine Gesundheitsverletzung darstellen, wenn sich diese nicht nur als Befindlichkeitsstörungen auswirken, sondern Krankheitswert haben und sich körperlich auswirken (Schlafstörung etc.).
Das Gericht hielt deshalb ein Schmerzensgeld in Höhe von 250 Euro als Ausgleich des immateriellen Schadens nach § 823 Abs. 1 und § 253 BGB für angemessen.

Hinweis:
In diesem Fall droht dem Täter außerdem ein Strafverfahren wegen des Verstoßes gegen das Infektionsschutzgesetz (IfSG). Danach können die Regierungen der Bundesländer Ge- und Verbote in Form von Rechtsverordnungen erlassen, um damit die Ausbreitung einer übertragbaren Krankheit wie COVID-19 einzudämmen. Dies ist mit den Corona-Verordnungen der Länder geschehen.
Insofern kann auch ein während der Corona-Pandemie erfolgtes Anhusten nicht nur zu einem Schmerzensgeldanspruch des Betroffenen führen, sondern darüber hinaus als Straftat geahndet werden, wenn dies einen Verstoß gegen behördliche Anordnungen darstellt, die auf einer Corona-Verordnung beruhen (z. B. Maskenpflicht).
Die Straftatbestände ergeben sich aus §§ 74, 75 IfSG.

Anmerkung:
Ergänzend sei auf Folgendes hingewiesen: Die Tatsache, dass der Kläger in **amtlicher Tätigkeit** absichtlich „angehustet" wurde, kann für die Entscheidung **nicht maßgeblich** sein. Ein Schmerzensgeld hätte auch jedem anderen Bürger in gleicher Weise zugestanden.

Hustest Du jemanden ins Gesicht,
verzeiht Dir das der Richter nicht!

Wiedereintritt in den öffentlichen Dienst während der Pandemie

Die Corona-Krise hat eine ganze Reihe von Selbstständigen an den Rand des Ruins gebracht. Einige davon waren vor ihrer Selbstständigkeit im öffentlichen Dienst beschäftigt und bereuen ihre selbst beantragte Entlassung mittlerweile zutiefst. Welche Möglichkeiten bestehen hier?

Lydia Grasschneider war früher als Regierungsobersekretärin am staatlichen Gesundheitsamt Mühldorf am Inn tätig. Sie strebte aber schon immer nach Höherem. Deshalb hatte sie vor einigen Jahren ihre Entlassung beantragt und sich mit einem „Yoga- und Gesundheitsinstitut" selbstständig gemacht. Lydia hatte ihr „umfangreiches medizinisches Fachwissen" durch den Besuch mehrerer Abendkurse bei der „Akademie Thai-lung" und bei einer ganzen Reihe von Urlauben in Thailand erworben. Dies konnte sie durch entsprechende Urkunden (in thailändischer Schrift) auch belegen. Lydia hatte einen großen Bekannten- und Freundeskreis und war deshalb sehr erfolgreich. Sie entdeckte „Golf" als ihr neues Hobby. Ihre Selbstständigkeit erlaubte es ihr, mit neuen Golffreunden und -innen jede Woche mindestens fünf komplette Golfrunden (18 Löcher) zu spielen, und es war ihr außerdem möglich, jedes Jahr zahlreiche Golfreisen sowie mindestens eine Reise nach Thailand zur „medizinischen Fortbildung" zu unternehmen, die sie steuerlich absetzen konnte.
Nun kam aber der „Lockdown". Lydia musste ihr Institut aus finanziellen Gründen schließen. Sie widmete sich zunächst mit nur spärlichem Erfolg der Kommunalpolitik und war schließlich gezwungen, einer geregelten Arbeit in der Krankenpflege nachzugehen. Natürlich kam ihr auch der Gedanke, wieder in den öffentlichen Dienst zu wechseln, und sie fragte, welche Möglichkeiten dafür bestünden.
Wissenswert ist dazu Folgendes:

1. Ein Wiedereintritt in den öffentlichen Dienst ist jederzeit möglich, da sie ihre Laufbahnbefähigung bereits erworben hat.

2. Erforderlich hierfür ist aber in jedem Fall eine offene (besetzbare) Stelle im Haushaltsplan sowie die Erfüllung aller persönlichen Voraussetzungen (Eignung, Verfassungstreue, Staatsangehörigkeit etc.)
3. Weiterhin ist es erforderlich, dass sie das Anforderungsprofil des (potenziellen) Dienstherrn erfüllt und sich im Falle einer Stellenausschreibung bewirbt.
4. Bei mehreren Bewerbern muss sie sich nach dem Leistungsprinzip des Art. 33 Abs. 2 GG gegen ihre Konkurrentinnen bei der Auswahl durchsetzen.
5. Eine Einstellung kann dabei nur in Vollzeit erfolgen. Die Ernennung in ein „Teilzeitbeamtenverhältnis" wäre verfassungswidrig.

Hat sie diese Hürden genommen, so kann sie erneut ernannt werden. Hierfür gewährt das Laufbahnrecht früheren Beamten gewisse Vorteile.

a) Wird sie wieder bei ihrem früheren Dienstherrn ernannt, so kann von der vorgeschriebenen Probezeit abgesehen werden, wenn sie früher bereits in das Beamtenverhältnis auf Lebenszeit in derselben Laufbahngruppe (Qualifikationsebene) berufen worden ist.
b) Die neuerliche Einstellung ist auch in einem höheren Amt als dem besoldungsrechtlich festgelegten Eingangsamt zulässig, wenn die Übernahme in einem der letzten Dienststellung gleichwertigen Amt erfolgt (bei *Lydia*: Regierungsobersekretärin). Sie muss damit nicht wieder im Eingangsamt der Laufbahn beginnen.
c) Von den unter a) und b) genannten Vorteilen kann auch profitieren, wer zu einem anderen Dienstherrn innerhalb des Geltungsbereichs des Bayerischen Beamtengesetzes wechselt.

Mittlerweile haben viele ehemalige Angehörige des öffentlichen Dienstes ihren Weggang bereut und dessen Vorzüge zu schätzen gelernt. Die Dienstherren können bei einem Wiedereintritt auf die beruflichen Erfahrungen der früheren Beamten aufbauen. Sie können auf eine neuerliche Ausbildung verzichten und sollten gegebenenfalls lediglich eine sogenannte „Anpassungsfortbildung" anbieten.

Fazit:
Eine Wiederernennung bringt damit sowohl für den Dienstherrn als auch für den Beamten Vorteile. Mit ihr können also gleich mehrere „Klappen mit einer einzigen Fliege“ erschlagen werden (oder umgekehrt).

Anmerkung:
Lydia Grasschneider arbeitet gegenwärtig nur in Teilzeit, denn auf die täglichen Golfrunden mag sie nicht mehr verzichten. Sie plant auch schon die nächste Urlaubsreise, muss aber jetzt „etwas mehr sparen“. Die Ernennung in ein „Teilzeitbeamtenverhältnis“ – um ihrem Hobby weiter nachgehen zu können – wäre nicht möglich (siehe oben). Sie könnte sich aber zunächst als Vollzeitbeamtin ernennen lassen und erst anschließend einen Antrag auf Teilzeitbeschäftigung stellen.

„Lieber den Spatz in der Hand als die Taube auf dem Dach!“
(Deutsches Sprichwort)

Gewaltenteilung, Corona und OVG Bautzen – oder wie man es gerade nicht machen sollte!

Das OVG Bautzen hat bekanntlich eine „Querdenker"-Demo im November 2020 in der Leipziger City zugelassen (Entscheidung v. 07. November 2020, Az.: 6 B 368/20) und sich damit gegen die ablehnende Entscheidung der Verwaltung und den Beschluss des VG Leipzig vom 6. November 2020 (Az.: 1 L 782/20) gewandt. Wie sich im Nachhinein herausstellte war diese Gerichtsentscheidung – sehr höflich ausgedrückt – äußerst unklug.

Die Gewaltenteilung zwischen Gesetzgebung, Verwaltung und Rechtsprechung ist ein wichtiges Fundament unserer Verfassung. Man könnte bei diesem Staatsmodell davon ausgehen, dass die horizontale Aufteilung der rechtlichen Kompetenzen auf die dafür geschaffenen Staatsorgane auch zu einer Gewaltenparität dieser Organe führe. Weit gefehlt! Tatsächlich ist die Rechtsprechung im Grunde die stärkste Macht im Staat, denn sie entscheidet letztendlich durch die Verwaltungsgerichte über die Maßnahmen der Exekutive und durch die Verfassungsgerichte über die Gültigkeit der von der Legislative erlassenen Gesetze.
Und das ist auch gut so!
Aber: Es darf nicht unbeobachtet bleiben, dass einige Gerichtsentscheidungen durch eine gewisse „Weltfremdheit" der Richter und das strikte und praxisferne Einhalten von Rahmenvorgaben geprägt sind. Das zeigt gerade diese Entscheidung des OVG Bautzen zur Abwägung der von unserer Verfassung geschützten Rechtsgüter Gesundheit und Versammlungsfreiheit.

Zum **Sachverhalt**:
Mit Bussen und Zügen waren tausende Teilnehmer auch aus anderen Bundesländern angereist, um an der Leipziger „Querdenker"-Demo teilzunehmen. Veranstalter und Teilnehmer hatten im Vorfeld der Demonstration bereits erklärt, dass sie keine Masken tragen und keine Mindestabstände einhalten wollten. Angesichts der ca. 45.000 Teilnehmenden war eine wirksame Kontrolle der Polizei zudem von

vornherein unmöglich. Und es kam, wie es kommen musste, und wie es wohl für jedermann – nur nicht für die Richter des OVG – vorhersehbar war: Weil die zur Sicherheit getroffenen Auflagen der Verwaltung zum Mindestabstand, Masken und Anzahl der Teilnehmer missachtet wurden, löste die Stadt die Versammlung unter zum Teil handgreiflichen Protesten vorzeitig auf.

Wie begründete nun das OVG Bautzen seine Entscheidung?

In der Gefahrenprognose der Polizeidirektion sei – so das OVG – von einer Versammlung mit nur geschätzt 16.000 Teilnehmern ausgegangen worden. Auf dem Ort der Veranstaltung, dem Leipziger Augustusplatz, hätten aber zusammen mit den Nebenstraßen „eine Fläche von 111.401,93 Quadratmetern (man beachte die exakte Berechnung des OVG!) zur Verfügung gestanden". Ausgehend von sechs Quadratmetern, die das Gesundheitsamt pro Teilnehmer als ausreichend angesehen habe, um Mindestabstände einzuhalten, ergebe sich eine Fläche von 96.000 Quadratmetern für die Versammlung. Die verbleibenden 15.000 Quadratmeter seien – so die gerichtliche Begründung „ein ausreichender Puffer" gewesen.

Abgesehen davon, dass Gerichtsentscheidungen keinesfalls auf einer solchen „Erbsenzählerei" basieren sollten, ist auch noch ein weiteres Argument des OVG Bautzen – um es erneut sehr höflich auszudrücken – unklug gewesen: Das Oberverwaltungsgericht hob einen Beschluss des Verwaltungsgerichts Leipzig, die Demonstration auf die weitaus größere Fläche der Leipziger Messe zu verlegen, mit folgender Begründung auf: Auf dem Messegelände hätte das Risiko bestanden, dass sich die meist ortsunkundigen Demo-Teilnehmer gleichwohl ungeordnet in der Innenstadt verteilten. Der Augustusplatz in der Innenstadt hätte zumindest eine gewisse Wahrscheinlichkeit geboten, dass sich die Demonstranten dort zumindest überwiegend aufhalten würden.

Aber diese Wahrscheinlichkeit stellte sich in der Folge leider – wie von der Verwaltung und der Vorinstanz richtig beurteilt – als „Unwahrscheinlichkeit" heraus!

Fazit:
Da staunt der Laie und der Fachmann wundert sich! Wobei man die Richter des OVG Bautzen leider durchaus als weltfremde Laien und die Verwaltung und ihre Beamten als sachnahe Fachmänner bezeichnen möchte.

„Natürlich achte ich das Recht. Aber auch mit dem Recht darf man nicht so pingelig sein!"

(Konrad Adenauer)

Was Du nicht willst, dass man Dir tu', das füg halt dann den andern zu!

„CSU-Politiker scheren sich nicht um Corona-Regeln", so berichtet die renommierte Münchner Tageszeitung Merkur *unter Berufung auch auf andere Quellen. Auch in anderen Ländern sollen sich ähnliche Vorfälle zugetragen haben.*

Der unglaubliche Vorfall ereignete sich bereits in der Vorweihnachtszeit 2020, just als der „harte Lockdown" beschlossen wurde. Trotzdem sollte er nicht in Vergessenheit geraten, zumal auch Minister – und damit die Dienstvorgesetzen ihrer Beamten – darin verwickelt waren.
Auf einem Foto, das eine Szene an einem Tisch in der Landtagsgaststätte zeigte, waren mehrere Personen beim Essen zu sehen – ohne dass sie die von ihnen selbst angeordneten Corona-Sicherheitsabstände auch nur annähernd eingehalten hätten. Darunter befanden sich nachweislich die CSU-Minister *Bernd Sibler* (Wissenschaft) und *Kerstin Schreyer* (Bau) sowie die Abgeordneten *Petra Loibl, Andreas Jäckel* und *Harald Kühn.*
In der Öffentlichkeit pflegen unsere Politiker das Image der immer vorsichtigen und korrekten Saubermänner und -frauen[2]. Da sind sie stets darauf bedacht, möglichst oft in der Presse zu erscheinen, und lassen sich nur allzu gerne mit ihrer angeblichen Vorbildfunktion in Verbindung bringen.
Landtagsabgeordneter Sibler:

„Mein Anspruch ist es natürlich, jederzeit meiner Vorbildrolle als Politiker gerecht zu werden."

„Selber Wasser predigen – aber Wein trinken!", so lautet wohl hier der völlig zu Recht erhobene Vorwurf.
Landtagspräsidentin Ilse Aigner erklärte, die erlassenen Infektionsschutz-Vorschriften der Staatsregierung würden für alle Menschen in Bayern gelten – auch für Abgeordnete oder Minister. „Wir muten allen Bürgerinnen und Bürgern in der Coronakrise viel zu und ver-

langen Disziplin und Rücksichtnahme. Ich habe für das Verhalten der Kollegen absolut kein Verständnis."[4]

Was in diesem Zusammenhang nicht unter den Tisch fallen darf: Minister sind die Dienstvorgesetzten sowohl der Beamten ihres Ministeriums als auch der Beamten der ihrem Ministerium nachgeordneten Behörden (sogenannte „oberste Dienstvorgesetzte").

Dienstvorgesetzte sind allgemein für alle Entscheidungen zuständig, welche den Beamten besonders – etwa im Disziplinarrecht – betreffen. Der/dem Dienstvorgesetzten kommt deshalb als Dienstherrnorgan eine zentrale Position unter den Entscheidungsträgern zu.

Die gravierenden Rechtsverstöße der o.g. Politiker sind damit gerade auch aus der Sicht des Beamtenrechts wohl schon mehr als nur verwerflich!

Aber gleichwohl feierte der bereits erwähnte Wissenschaftsminister Bernd Sibler im Februar 2021 – just als die Corona-Richtwerte am allerhöchsten waren – nach mehreren Zeitungsberichten fröhlich seinen 50. Geburtstag in lustiger Runde – wieder ohne auch nur im Geringsten daran zu denken, sich an die von ihm mit beschlossenen Abstandsregeln zu halten.

Und unser Bundesgesundheitsminister *Jens Spahn* – verantwortlich für die aufgestellten Regeln – wusste noch nicht einmal, wie man die Schutzmaske richtig trägt und vergaß seine eigenen Regeln bei der Teilnahme an einer „Spendengala" im Herbst 2020 zur Gänze.

Bei Beamten hätte ein solches Verhalten wohl unter Umständen disziplinarrechtliche Folgen, bei Politikern gilt dagegen das lateinische Sprichwort:

„Quod licet Iovi, non licet bovi!"

(Cicero)

Für den Nichtlateiner frei übersetzt lautet dieses Sprichwort:

„Was dem Gott (= Politiker) erlaubt ist, das ist es für den Ochsen (seine Wähler) noch lange nicht!"

Oder:

„Ich bin Politiker und kann Dir jederzeit alles verbieten, nur für mich gilt das ja nicht!"

„Melde gehorsamst, ich bin so blöd!"

Mit seinem Roman „Die Abenteuer des braven Soldaten Schwejk" gelang Jaroslav Hašek ein wahrer Welterfolg. Dieser Roman erschien genau vor hundert Jahren, im März 1921 in Prag. Die Geschichte wurde später in über 60 Sprachen übersetzt. Eines der berühmtesten Zitate aus dem Werk lautet bekanntlich: „Melde gehorsamst, ich bin so blöd!"

An dieses Zitat wurde so mancher Bürger erinnert, als die Machenschaften der beiden Bundestagsabgeordneten Nikolas Löbel und Georg Nüßlein im Rahmen einer Korruptionsaffäre um Provisionen für Maskenkäufe während der Corona-Krise aufgedeckt wurden. Und das auch noch kurz vor den wichtigen Landtagswahlen in Baden-Württemberg und Rheinland-Pfalz, alles im „Superwahljahr" 2021!

- *Löbel* (CDU) hatte eine Beteiligung an Geschäften mit Corona-Schutzmasken bestätigt. Seine Firma kassierte demnach Provisionen von rund 250.000 Euro für das Vermitteln von Kaufverträgen über Masken zwischen einem baden-württembergischen Lieferanten und zwei Privatunternehmen in Heidelberg und Mannheim.

Der Abgeordnete trat aus seiner Partei aus und erklärte, er übernehme die Verantwortung für sein Handeln und ziehe die „notwendigen politischen Konsequenzen". Der Unionspolitiker gestand ein, er habe die Ansprüche, die an seine Ämter gestellt werden, verletzt. „Dafür möchte ich mich bei allen Bürgerinnen und Bürgern dieses Landes entschuldigen." Im Gegensatz zu Nüßlein verhielt er sich nach Meinung vieler Parteikollegen wenigstens insofern anständig, als er nicht nur aus seiner Partei austrat, sondern auch sein Bundestagsmandat mit sofortiger Wirkung niederlegte.

- *Nüßlein* (CSU) soll Provisionen in Höhe von 660.000 Euro für die Vermittlung von Geschäften mit Corona-Schutzmasken erhalten haben. Die Generalstaatsanwaltschaft München leitete deshalb Ermittlungen wegen des Verdachts der Bestechlichkeit und der Steuerhinterziehung ein.

Nüßlein saß fast 20 Jahre für die CSU im Bundestag, zuletzt als stellvertretender Fraktionschef der Union. Nach Bekanntwerden der Affäre stellte Nüßlein die fragliche Tätigkeit als „Hilfe für die Bürger in der Pandemie" dar. Aufgrund langjähriger Kontakte zu einem chinesischen Anbieter sei es ihm in schwierigen Tagen gelungen, dass qualitativ hochwertige Masken in der erforderlichen Stückzahl geliefert werden konnten. Nach übereinstimmenden Berichten hatte Nüßleins Firma „Tectum Holding" 660.000 Euro erhalten. Als Zwischenhändler zu einer hessischen Textilfirma fungierte nach eindeutigen Informationen ein Investor und Industriemanager.

Am 7. März 2021 verkündete Nüßlein in Folge der Korruptionsaffäre und damit verbundener möglicher (wahrscheinlicher?) Konsequenzen seinen Austritt aus der Unionsfraktion, **legte aber sein Mandat** im Gegensatz Löbel **nicht nieder.**

Warum?

Die Antwort liegt auf der Hand:

Andere Abgeordnete kritisierten, dass Nüßlein somit bis zum Ende der Legislaturperiode weiterhin seine Abgeordnetendiäten erhalten wolle. Der Grund für die Weigerung, das Mandat niederzulegen, ist also eindeutig in seiner Herkunft zu sehen: Nüßlein ist geborener Schwabe und Schwaben sind bekanntlich äußerst sparsam. Typisch für sie sind etwa folgende **Aphorismen:**

„Schaffe, schaffe, Häusle baue!"

„Ein Schwabe greift auch ohne Not – stets zum Sonderangebot!"

Damit widerstrebt es dem Millionär Nüßlein schon von Natur aus, auf die restlichen Zahlungen zu verzichten, die ihm als parteiloser Bundestagsabgeordneter weiterhin zustehen.

Und schließlich steht er als Schwabe ja auch nicht alleine da! Unser Fußballlangzeitbundestrainer *Jogi Löw* trat ebenfalls weder nach dem katastrophalen Abschneiden bei der WM 2018 (zur Erinnerung: Deutschland verlor gegen Mexiko und Südkorea und schied in der Vorrunde aus) noch nach dem historischen 0:6 gegen Spanien im November 2020 zurück.

Löw kündigte dann aber (endlich) seinen Rückzug nach der Europameisterschaft 2021 an. Drei Jahre zu spät, wie viele meinen. Na ja, ein Schwabe halt …

Später legte dann auch noch *Tobias Zech* (CSU) sein Bundestagsmandat wegen dubioser Machenschaften nieder, und es kam die Affäre um den CSU-Politiker und früheren Justizminister (!) *Alfred Sauter* und eine Millionen-Provision bei Geschäften mit Corona-Schutzmasken auf.

Fazit:
Ein Beamter würde aufgrund der Vorfälle mit sofortiger Wirkung vom Dienst suspendiert. Nach Durchführung eines Disziplinarverfahrens wäre er aus seinem Dienst zu entfernen, er würde damit nicht nur seinen Status als aktiver Beamter und seine Besoldung, sondern auch sämtliche Pensionsansprüche verlieren, aber die Politiker? Dabei wäre es so einfach den guten Ruf der Politiker wenigstens etwas wiederherzustellen! Man bräuchte für Abgeordnete nur die Regeln festzulegen, die nach § 99 BBG für Beamte gelten:

(1) Beamtinnen und Beamte bedürfen zur Ausübung jeder entgeltlichen Nebentätigkeit ..., der vorherigen Genehmigung. Gleiches gilt für folgende unentgeltliche Nebentätigkeiten:
- Gewerbliche oder freiberufliche Tätigkeiten oder die Mitarbeit bei einer dieser Tätigkeiten und
- Eintritt in ein Organ eines Unternehmens mit Ausnahme einer Genossenschaft.

(2) Die Genehmigung ist zu versagen, wenn zu besorgen ist, dass durch die Nebentätigkeit dienstliche Interessen beeinträchtigt werden. Ein solcher Versagungsgrund liegt insbesondere vor, wenn die Nebentätigkeit
1. nach Art und Umfang die Arbeitskraft so stark in Anspruch nimmt, dass die ordnungsgemäße Erfüllung der dienstlichen Pflichten behindert werden kann,
2. die Beamtin oder den Beamten in einen Widerstreit mit den dienstlichen Pflichten bringen kann,
3. in einer Angelegenheit ausgeübt wird, in der die Behörde, der die Beamtin oder der Beamte angehört, tätig wird oder tätig werden kann,

4. die Unparteilichkeit oder Unbefangenheit der Beamtin oder des Beamten beeinflussen kann,
5. zu einer wesentlichen Einschränkung der künftigen dienstlichen Verwendbarkeit der Beamtin oder des Beamten führen kann oder
6. dem Ansehen der öffentlichen Verwaltung abträglich sein kann.

Ein solcher Versagungsgrund liegt in der Regel auch vor, wenn sich die Nebentätigkeit wegen gewerbsmäßiger Dienst- oder Arbeitsleistung oder sonst nach Art, Umfang, Dauer oder Häufigkeit als Ausübung eines Zweitberufs darstellt.

(3) Die Voraussetzung des Absatzes 2 Satz 2 Nr. 1 gilt in der Regel als erfüllt, wenn die zeitliche Beanspruchung durch eine oder mehrere Nebentätigkeiten in der Woche ein Fünftel der regelmäßigen wöchentlichen Arbeitszeit überschreitet. …..Soweit der Gesamtbetrag der Vergütung für eine oder mehrere Nebentätigkeiten 40 Prozent des jährlichen Endgrundgehalts des Amtes der Beamtin oder des Beamten übersteigt, liegt ein Versagungsgrund vor.

Aber das wird wohl bei unseren Parlamentariern schon deswegen niemals der Fall sein, weil sie ja schließlich selbst über diese Regelungen entscheiden dürfen.
Und wieder einmal gilt: „Quod licet jovi, non licet bovi!"

„Wer Chemiker werden will, muss Chemie studieren, wer Jurist oder Arzt werden will, muss Recht oder Medizin studieren. Aber um Politiker zu werden, ist lediglich das Studium der eigenen Interessen erforderlich!"

(Max O'Rell)

Corona: Reaktivierungsaufforderung auch an verstorbene Lehrer

Das bayerische Kultusministerium plante, pensionierte Lehrer für Grund-, Mittel- und Förderschulen wieder aus dem Ruhestand zurückzuholen. Dafür wurde ein Schreiben an bereits ausgeschiedene Lehrer versandt, in dem Kultusminister Michael Piazolo persönlich den Appell formuliert, wieder in den Schulbetrieb einzusteigen.

Das Coronavirus hatte im gesamten Bundesgebiet den Schulbetrieb relativ bald komplett durcheinandergewirbelt: „Homeschooling" statt Unterricht im Klassenzimmer, pädagogische Kompromisse, Vertrauen in die Eigenverantwortlichkeit von Eltern und Schülern, Mut zur Lücke und zu leichteren bzw. abgeschwächten Formen von Prüfungen waren daraufhin die geplanten Lösungsansätze.
An dem bereits vorher vorhandenen eklatanten Lehrkräftemangel in Bayern hat sich allerdings nichts geändert – im Gegenteil. Für das Schuljahr 2020/2021 fehlten in diesem Bundeland nach wie vor ca. 1.400 Vollzeitlehrer! Diese Tatsache veranlasste den bayerischen Kultusminister *Michael Piazolo* zu dem Aufruf an pensionierte Lehrkräfte, im Schuljahr 2020/2021 wieder in den Schulbetrieb einzusteigen.
Leicht übertrieben und noch nicht einmal in Ausnahmefällen umsetzbar war es bei dieser Aktion allerdings, dass das Ministerium seine Aufforderung sogar an bereits verstorbene **Lehrkräfte** richtete. Grund dafür könnte sein, dass der zuständige Sachbearbeiter des Ministeriums bei einigen Bestimmungen des BGB einem leichten Missverständnis zum Opfer fiel. Soweit er nur das Erbrecht bei seinen Überlegungen zurate gezogen hat, wäre das sogar verständlich. Die seit über einhundert Jahren unverändert geltende Vorschrift des § 1923 Abs. BGB lautet nämlich:

„(2) Wer zur Zeit des Erbfalls noch nicht lebte, aber bereits gezeugt war, gilt als vor dem Erbfall geboren."

Daraus könnten sich zwar durchaus Missverständnisse ergeben, aber man sollte da vielleicht etwas weiter vorne im Gesetz nachsehen. In § 1 BGB findet man, dass die Rechtsfähigkeit des Menschen mit der Vollendung der Geburt beginnt. Sie endet dann mit dessen Tod (siehe auch Palandt, § 1 Rn. 2).

Es sollte gerade einem bayerischen Ministerialbeamten möglich sein, hieraus den richtigen Schluss für die von ihm verfassten Schreiben zu ziehen, zumal er ja wegen seiner besonderen Fähigkeiten mit einer nur in Bayern und in keinem anderen Bundesland zum Grundgehalt zusätzlich noch ausbezahlten Ministerialzulage von 12,5 Prozent entlohnt wird. Aber Zulagen schützen bekanntlich vor Dummheit nicht!

Zurück zu der eigentlichen Problematik:

Die Antwort der Gewerkschaften auf die Aktion des Kultusministeriums kam prompt und enthielt – wie nicht anders zu erwarten war – heftigste Kritik am Vorgehen des Ministers. Pensionierte Lehrer zurück in die Klassenzimmer zu holen, sei schon in „normalen" Zeiten problematisch, während der Corona-Pandemie dagegen ganz unmöglich. Pensionierte Lehrkräfte gehörten wegen ihres Alters zur größten Corona-Risikogruppe und es gelte, sie besonders zu schützen und nicht einer gesteigerten Ansteckungsgefahr auszusetzen.

Da es sich hierbei um eine allgemein verständliche und überaus berechtigte Einwendung handelte, reagiert das Kultusministerium auf diese Kritik und teilte mit, dass hier lediglich ein freiwilliges Angebot für das Schuljahr 2020/21 gemeint sei. Eine Wiederverwendung komme selbstverständlich ausschließlich in Kombination mit besonderen dienstrechtlichen Maßnahmen infrage, zu denen auch ein maximaler Schutz vor möglichen Ansteckungsgefahren gehöre. Anders verhielt es sich naturgemäß bei bereits verstorbenen Lehrern, denn hier käme ein zusätzlicher Ansteckungsschutz auf jeden Fall zu spät (Zusatz des Verfassers).

Weniger verständlich ist dagegen die Forderung der Gewerkschaft „GEW", statt Ältere zu reaktivieren, möglichst viele junge Lehrkräfte einzustellen – auch diejenigen, welche ihre Lehramtsprüfung nur mit geringerem Erfolg – anders ausgedrückt: mit „Ach und Krach" – bestanden hätten, wobei nach der Intention der „GEW" alle Neuein-

stellungen ausschließlich in einem Angestellten- und nicht in einem Beamtenverhältnis erfolgen sollen.
Ausgeschiedene Lehrer können sehr wohl ein Interesse daran besitzen, wieder in den Schuldienst zurückzukehren, und warum sollte man auf ihren Erfahrungsschatz nicht zurückgreifen dürfen? Man sollte also von staatlicher Seite dieses Ziel konsequent weiterverfolgen, und es wäre daran zu denken, sogar noch gewisse Anreize für die Rückkehr pensionierter Pädagogen zu schaffen.

Fazit:
Erfahrene Lehrkräfte – die schon durch ihre freiwillige Rückkehr zum Ausdruck bringen, dass sie mit ganzem Herzen bei der Sache sind – bringen den Schülern vermutlich mehr Nutzen, als Anfänger mit einem „Gerade-Noch-Ergebnis" bei der Lehramtsprüfung.

„Klopfte man an die Gräber und fragte die Toten, ob sie wieder aufstehen wollten; sie würden mit den Köpfen schütteln."

(Arthur Schopenhauer)

Kapitel 9: Auch Politiker haben ein Amt – leider!

Politiker werden von uns gewählt. Schon deshalb sind sie uneigennützig und dienen ausschließlich der Allgemeinheit.

Weit gefehlt, meinen dagegen manche Bürger: Viele Abgeordnete, Bürgermeister und Landräte stellen sich im Grunde deshalb zur Wahl, weil sie auf diese Weise Einkünfte und erst recht Nebeneinkünfte erzielen können, die für sie sonst niemals erreichbar wären.

Der kostenlose Haarschnitt

Was die Bürger von ihren Politikern nach den zahlreichen, auch in diesem Kapitel dargestellten Affären von ihren Volksvertretern halten, das zeigt die nun folgende Geschichte mit überzeugender Deutlichkeit.

Eines Tages kam ein Florist zu einem Friseur, um sich seine Haare schneiden zu lassen. Nach dem Haarschnitt wollte er bezahlen, doch der Friseur sagte: „Ich kann kein Geld annehmen. Ich mache diese Woche Bürgerservice."
Der Florist war angenehm überrascht und ging aus dem Geschäft. Als der Friseur am nächsten Morgen das Geschäft öffnen wollte, fand er einen Strauß Rosen vor der Tür. Darin steckte eine Karte mit den Worten: „Herzlichen Dank"
Etwas später betrat ein Bäcker den Laden und ließ sich seine Haare schneiden. Als er bezahlen wollte, antwortete der Friseur wieder: „Ich kann kein Geld annehmen. Ich mache diese Woche Bürgerservice." Auch der Bäcker verließ zufrieden das Geschäft.
Und als der Friseur am nächsten Morgen aufsperren wollte, fand er einen Sack voller Gebäck vor der Türe mit einer Karte des Dankes darin.
Kurz nach Ladenöffnung betrat ein Politiker das Geschäft. Als auch er nach dem Haarschnitt nach der Rechnung fragte, sagte der Friseur wieder: „Ich kann kein Geld annehmen. Ich mache diese Woche Bürgerservice." Der Politiker war erfreut darüber und verließ das Geschäft. Als der Friseur am nächsten Morgen zu seinem Geschäft kam, standen 20 Abgeordnete vor der Türe und warteten auf einen Gratishaarschnitt.

„Und das zeigt euch den Unterschied zwischen der normalen Bevölkerung eines Landes und seinen Politikern."

(Quelle: unbekannt)

Anmerkung:
Ein bayerischer Beamter hätte sich zumindest mit einer Flasche Bier bedankt.

Gehaltsverzicht von Beamten und Politikern zugunsten von Corona-Geschädigten?

Kurzarbeit bei Angestellten mit wesentlichen Einbußen des Gehalts, Einnahmeverluste bei Selbstständigen, Freiberuflern und Unternehmern, drohende Arbeitslosigkeit usw. usw. Wäre es da nicht angezeigt, dass gerade auch Politiker und Beamte, also diejenigen, bei denen die Bezüge allein durch Steuergelder finanziert werden, auf einen Teil dieser Einkünfte verzichten?

Früher hat man sich in Deutschland über Österreich und die Österreicher lustig gemacht und wer von Ihnen kennt nicht zumindest einen „Österreicher-Witz"? Nun, diese Zeiten sind schon lange vorbei, und wir müssen feststellen, dass dieses „kleine Alpenvölkchen" mit seinen ca. 8 Millionen Einwohnern (zum Vergleich: Allein Bayern hat ca. 13 Millionen Einwohner) in vielen Bereichen nicht nur mit Deutschland gleichgezogen, sondern uns sogar weit überholt hat. So liegt Österreich mittlerweile sowohl was das Bruttoinlandsprodukt als auch das real verfügbare Einkommen pro Kopf betrifft an der Spitze der EU. Das unscheinbare Bergvölkchen hat seinen „großen Bruder" Deutschland mittlerweile also in vielfacher Hinsicht abgehängt – und das geschah klammheimlich …
Auch in anderen Bereichen ist Österreich führend. Man denke nur an das dort geltende Rentenniveau oder den Umgang mit der Corona-Pandemie.
Gerade von unseren deutschen Politikern wird dabei nur allzu gerne Folgendes übersehen:
Die österreichischen Minister spendeten ihre Monatsgehälter an die Corona-Betroffenen ihres Landes!
Damit sollte ein „Zeichen des Zusammenhalts" in der Corona-Krise gesendet werden, sagte der – wieder einmal vorbildliche – österreichische Bundeskanzler *Sebastian Kurz*. Auch der Bundeskanzler selbst beteiligte sich an der Aktion. Ihm schloss sich Österreichs Bundespräsident *Alexander Van der Bellen* an.
Und in Deutschland?

Hierzulande denken unsere Volksvertreter gar nicht erst an einen ähnlichen Schritt!
Im Gegenteil: „**Bundesregierung will Ministergehälter nicht spenden!**“ lautete 2020 eine Schlagzeile in der Zeitschrift *Die Welt*, und dieses Verhalten war auch Thema in zahlreichen anderen Medien.
Ein Zeichen der großen Solidarität mit ihren Wählern wollen unsere Politiker damit laut den Zeitungsberichten ausdrücklich (!) gerade nicht setzen!
Im Gegenteil: Bekanntlich können die Abgeordneten des Bundestages und der 16 Landtage die Höhe ihrer Bezüge selbst bestimmen, und da greifen sie über alle Parteigrenzen hinweg ganz gerne und ganz fest zu. Auch bei den Diätenerhöhungen gilt bei unseren Parlamentariern also das Motto: „Solidarität ja – aber nur mit mir!“
Der Bayerische Ministerpräsident *Markus Söder* hält zwar bei Politikern und Beamten einen Gehaltsverzicht für denkbar, aber von einer Vorbildfunktion der Volksvertreter – ob Minister, Staatssekretäre oder Abgeordnete – hält offenbar auch er nichts, obwohl deren Verdienst bekanntlich wesentlich höher ist als der eines jeden Staatsdieners und diesen sogar oft um ein Vielfaches übersteigt.
Dabei würde ein Gehaltsverzicht bei Beamten schon wegen des Alimentationsprinzips auf erhebliche verfassungsrechtliche Bedenken stoßen. So bestimmt § 2 Abs. 3 BBesG:

„Der Beamte, Richter oder Soldat kann auf die ihm gesetzlich zustehende Besoldung weder ganz noch teilweise verzichten.“

Das gilt aber nicht für Politiker!
Aber es gäbe hier doch auch einen ganz einfachen Weg für alle – nicht nur für Politiker und Beamte –, um Solidarität mit den wirtschaftlich betroffenen Mitbürgern zu zeigen:
Der Gesetzgeber – und damit „unsere“ Parlamentarier – könnten gerade jetzt das Einkommensteuerrecht so ausgestalten, dass Spenden, durch welche ein Steuerpflichtiger (mit Bescheinigung seiner Kommune) diejenigen unterstützt, die wegen der Corona-Pandemie darauf wirtschaftlich angewiesen sind, nicht nur vom Einkommen, sondern von der zu leistenden Einkommenssteuer abgezogen werden.
Dieser Schritt würde letztendlich dazu führen, dass alle von ihm profitieren – Spender wie Spendenempfänger und nicht zuletzt die öf-

fentliche Verwaltung und auch der Fiskus, denn es würde so mancher Antrag auf eine finanzielle Unterstützung erst gar nicht gestellt werden müssen.

Aber warum einfach, wenn es mit dem (leider) typisch deutschen Hang zu einer völlig übertriebenen Staatsbürokratie auch recht kompliziert geht …

Und noch ein weiterer Vorteil würde sich hieraus ergeben:

Unsere deutschen Volksvertreter könnten sich endlich wieder einmal ans Revers heften, nach ganz langer Zeit einen wichtigen Schritt vor dem kleinen Nachbarland Österreich gegangen zu sein!

„Politik ist die Kunst, mit allen geeigneten Mitteln stets den eigenen Interessen gemäß zu handeln!"

(Friedrich der Große)

Der Landrat und seine teure Geburtstagsfeier

Die Geburtstagsparty des Landrats Jakob Kreidl im bayerischen Miesbach kostete etwa 120.000 Euro – einen Großteil davon bezahlte die Kreissparkasse Miesbach-Tegernsee. An der Feier nahmen u. a. so bekannte Persönlichkeiten wie etwa der ehemalige Bayerische Ministerpräsident Horst Seehofer und der Erzbischof von München-Freising, Kardinal Reinhard Marx, teil.

Auf Anfrage der *Süddeutschen Zeitung* erklärte das Miesbacher Landratsamt, dass der Landkreis Miesbach 33.200 Euro für das Geburtstagsfest von Landrat *Jakob Kreidl* am 16. August 2012 im Schlierseer Bauernhofmuseum des Ex-Skistars *Markus Wasmeier* bezahlt habe. Die Kreissparkasse Miesbach-Tegernsee übernahm nach ihren eigenen Angaben einen Kostenanteil von 77.000 Euro. Für die Ausrichtung des Festes hatte der Landkreis Gelder in den Kreishaushalt eingestellt – und zwar unter dem Titel „Öffentlichkeitsarbeit", so die Behörde.

Besonders schlimm: Der Landrat war bereits bei der „Familienaffäre" des bayerischen Landtags aufgefallen, in die Kreidl ebenfalls tief verstrickt ist. Er hatte in den vielen Jahren, in denen er Abgeordneter war, seine Ehefrau als Mitarbeiterin angestellt und ihr auch noch Übergangsgeld bezahlt, als er Landrat war.

Um das Bild des Kommunalpolitikers abzurunden: Ende März 2013 war bekannt geworden, dass er seine Doktorarbeit zum größten Teil abgeschrieben hatte, ohne die Quellen zu nennen. Im Dezember wurde ihm deshalb der Doktortitel von der Bundeswehruniversität aberkannt.

Die *Süddeutsche Zeitung* wertet den Fall Kreidl wie folgt:

„Die Causa Kreidl ist für viele ein Paradebeispiel für die Selbstherrlichkeit und das Machtbewusstsein so mancher Kommunalpolitiker."

Fazit:

Es sollte nicht vergessen werden: Als Landrat ist Herr Kreidl in erster Linie Beamter (Kommunaler Wahlbeamter) und nicht Politiker! Er ist

Dienstvorgesetzter sämtlicher Beamter des Landratsamtes und besitzt damit selbstverständlich eine Vorbildfunktion. Seine Beamten müssen aber bei der Entgegennahme von Geschenken eine besondere Vorsicht an den Tag legen (vgl. § 42 BeamtStG)! Zur Erinnerung: Die in Deutschland üblichen Höchstgrenzen von 5 bzw. 10 Euro gelten als „Jahreshöchstgrenzen" (vgl. den Beitrag im letzten Kapitel dieses Buches mit dem Titel: „Zu Weihnachten: Bitte keine Geschenke an Beamte").

„Politik ist angeblich das zweitälteste Gewerbe der Welt. Dabei ist jedem klar, dass es mit dem ältesten Gewerbe die größte Ähnlichkeit besitzt!"

(Ronald Reagan)

Hat der zu einer Freiheitsstrafe von einem Jahr und vier Monaten verurteilte Fraktionsvorsitzende a. D. Schmid („Schüttelschorsch") Pensionsansprüche?

Der ehemalige CSU-Fraktionsvorsitzende im bayerischen Landtag, Georg Schmid, ist im März 2015 zu einer 16 Monate langen Bewährungsstrafe verurteilt worden. Das Augsburger Amtsgericht sprach den 61 Jahre alten Ex-Fraktionsvorsitzenden des Sozialbetrugs und der Steuerhinterziehung schuldig.

Der Fall:
Georg Schmid hatte seine Ehefrau 22 Jahre lang zum Schein als Selbstständige beschäftigt und damit Sozialabgaben und Lohnsteuer in Höhe von fast einer halben Million Euro hinterzogen.
Georg Schmid, dem sein Spitzname „Schüttelschorsch" von Ex-Finanzminister *Theo Waigel* wegen seiner als übertrieben empfundener Neigung zum Händeschütteln verliehen wurde, war vor seiner Wahl in den bayerischen Landtag als Beamter (Oberregierungsrat A14) beim Landratsamt Dillingen beschäftigt.
Schmid war anschließend Abgeordneter und Staatssekretär und später Fraktionsvorsitzender der CSU im Bayerischen Landtag. Er war auch Aufsichtsrat der Bayerischen Landesbank, als diese den für uns Steuerzahler mit mehreren Milliarden extrem verlustreichen Kauf der Hypo Alpe Adria durchführte.
Anschließend wurde er ein sehr „verdienstvoller" Politiker:

- 2004 erhielt er den Bayerischen Verdienstorden,
- 2005 wurde ihm die bayerische Verfassungsmedaille in Silber und im Jahr 2008 sogar in Gold verliehen,
- 2012 erhielt er das Verdienstkreuz am Bande und den Verdienstorden der Bundesrepublik Deutschland,
- 2013 bekam er den Ehrenring der Großen Kreisstadt Donauwörth, seiner Heimatstadt.

Leider gewinnt das Adjektiv „verdienstvoll" bei *Georg Schmid* aber eine ganz „eigene Bedeutung":
Bei der sogenannten „Verwandtenaffäre" hatten zahlreiche bayerische Landtagsabgeordnete enge Verwandte und Ehepartner in ihren Büros beschäftigt, obwohl dies verboten ist. *Schmid* war wegen der gegen ihn erhobenen Vorwürfe zurückgetreten. Ihm wurde daraufhin in einem Strafprozess von der Staatsanwaltschaft vorgeworfen, dass er seine Frau nicht als Angestellte, sondern als selbstständige Unternehmerin u.a. über „Werkverträge" bezahlt hatte. Das Gericht sah es als erwiesen an, dass *Schmid* seine Ehefrau 14 Jahre lang als Scheinselbstständige beschäftigte, wodurch der Sozialversicherung ein Schaden in Höhe von rund 300.000 Euro entstanden war. Der CSU-Politiker hatte seine Frau angeblich als Bürokraft tätig sein lassen, sie erhielt dafür bis zu 5.500 Euro im Monat.
Der Richter hielt dem Angeklagten außerdem vor, seine Aufwandsentschädigungsansprüche als Abgeordneter stets „bis zum letzten Tropfen" genutzt zu haben.
Das Urteil des Strafgerichts fiel relativ glimpflich für *Schmid* aus: 16 Monate auf Bewährung, dazu eine Geldauflage in Höhe von 120.000 Euro. Dabei wurde auch die Frage aufgeworfen: Erhält der „Schüttelschorsch" trotz dieser Verurteilung weiterhin seine Pension?
Das Amtsgericht war der Auffassung, Schmid behielte trotz der Strafe seine Ansprüche auf eine Beamtenpension. Zwar liege die **Gesamtstrafe** mit 16 Monaten über der Grenze von „elf Monaten", bei der eine Beamtenpension gestrichen wird. Das Gericht blieb aber bei den Einzeltaten bei einer Differenzierung nach *Schmids* Berufslaufbahn.

Nach der wohl herrschenden Literatur und der Rechtsprechung des BVerwG gilt hier Folgendes: Die Rechtsfolge des Verlustes der Beamtenrechte wird auch durch die Bildung einer Gesamtstrafe von mehr als einem Jahr ausgelöst.
Nur wenn einzelne, in der Gesamtstrafe zusammengefasste Straftaten fahrlässig begangen worden wären, würde allein das Strafmaß der Vorsatztat(en) für den Verlust der Beamtenrechte maßgeblich sein.
Später wurde von der ehemaligen Landtagspräsidentin Barbara Stamm eine Liste mit Namen von Abgeordneten veröffentlicht, die

Ehepartner sowie Verwandte ersten Grades (Eltern, Kinder) beschäftigten. In die Verwandtenaffäre waren danach insgesamt **79 Landtagsabgeordnete** verwickelt, 56 von der CSU, 21 von der SPD, einer von den Grünen und ein Fraktionsloser, der früher den Grünen angehörte.

Fazit:
Der Fall Georg Schmid bildet nur **die Spitze eines Eisbergs**. Bei einer großen Zahl von Abgeordneten steht die Ausschöpfung aller persönlichen finanziellen Vorteile und nicht das Wohl der Allgemeinheit im Vordergrund. Aber davon hat man anschließend nichts mehr gehört.

„Eine Krähe hackt bekanntlich einer anderen kein Auge aus!"

(Deutsches Sprichwort)

Be-„Scheuer"-te Pkw-Maut – der Behördenstammtisch

Bekanntlich haben Stammtische den großen Vorteil, dass man hier unabhängig von seinem jeweiligen Amt so reden kann, soll und darf, „wie einem der Schnabel gewachsen ist", und man spart deshalb auch nicht mit Kritik an Vorgesetzten und Politikern.

An diesem „heiligen" Ort gibt es weder Standesdünkel noch Laufbahngruppen oder „Qualifikationsebenen". Jeder legt ohne Rückhalt seine Meinung dar und hält daran fest.

Am 18. Juni 2019 verwarf der Europäische Gerichtshof die Pläne der Deutschen Bundesregierung zur Einführung einer Pkw-Maut unter gleichzeitiger Senkung der Kfz-Steuer für deutsche Autofahrer. Ein willkommenes Thema für eine Diskussion beim „Behördenstammtisch". Dabei wurden beim „Huberbräu"[1] die unterschiedlichsten Positionen bezogen, von denen ich hier nur die „wichtigsten" wiedergeben will.

Es begann **Amtsrat Meier**: „Um Politiker zu werden, muss man ja nicht unbedingt intelligent sein, der Ausgang des Rechtsstreits bei der Pkw-Maut war ja für jeden von vornherein klar!" Das Ganze sei „bescheuert" gewesen.

Verwaltungssekretär Huber entgegnete, zum einen habe der frühere Minister *Dobrindt* schon alles vermasselt, und außerdem hätte das alles nun aber doch gar nichts mit der Sache zu tun. Auch andere Politiker, wie die *Claudia Roth,* seien keine Fachleute und würden noch nicht einmal das Grundgesetz kennen. Diese war schließlich sogar Sängerin in einer Popgruppe gewesen und übe nun das Amt einer Bundestagsvizepräsidentin vorzüglich aus. Auch Bundesinnenminister *Horst Seehofer* habe nach seiner eigenen Aussage die Entscheidung des EuGH nicht verstanden.

Worauf **Meier** meinte, dass er das schon erwartet habe und dass dies seine eingangs erwähnte Meinung über Politiker nur unterstreiche.

Regierungsdirektor Schneider warf ein, man sollte doch bitte beim Thema „Europarecht" bleiben und ergänzte, jeder Beamtenanwärter müsse sich im Rahmen der Ausbildung mit dem Fach „Europarecht" auseinandersetzen und da gäbe es nun mal den obersten Grundsatz, dass alle Angehörigen eines Mitgliedsstaates gleich zu behandeln seien, wenn keine sachgerechte Ausnahme besteht. Eine solche existiere nun einmal bei der Pkw-Maut nicht.

Hier entgegnete ihm der pensionierte **Hausmeister Pframminger**, die Maut sollte ja jetzt eigentlich „Infrastrukturabgabe" heißen. Ehrlicher sei da schon der Name gewesen, den die CSU dem Projekt im Wahlkampf gegeben hatte: „Ausländer-Maut". Das haben die EuGH-Richter aber durchschaut! Und letztendlich habe die Angela Merkel doch mit der Aussage Recht behalten, dass es unter ihr als Bundeskanzlerin keine Pkw-Maut geben werde.

Oberregierungsrat Schulze, der erst kürzlich im Wege der modularen Qualifizierung in sein Amt ernannt worden war, lobte dagegen die Haltung der Bundesregierung und der an Sparsamkeit orientierten Abgeordneten, die schon wüssten, was sie täten. Auch die Europäische Kommission habe sich schließlich für die deutsche Lösung ausgesprochen. Und Steuerrecht sei nun einmal Sache der einzelnen Länder und nicht der EU. Er erntete dafür allerdings nur recht geringe Zustimmung.

Pframminger entgegnete wiederum im Sinne Meiers, dass leider nicht jeder, der gewählt werde, auch gleichzeitig den für sein Amt erforderlichen Verstand erhalten würde (großer Applaus!). Außerdem sei die Kommission bekanntlich eine rein politische Einrichtung, die mehr schaden als nützen würde. Sogar der juristische Dienst der Bundesregierung habe die Pkw-Maut in einem eigens erstellten Gutachten für rechtswidrig gehalten. Man habe die Rechtslage deswegen genau gekannt und aus politischen Gründen an dem einmal begangenen Fehler festgehalten.

Huber fragte nun, ob der juristische Dienst der Bundesregierung auch der sei, der dem ehemaligen Minister *Karl-Theodor zu Guttenberg* die Promotion geschrieben habe, und er stellte die Frage, warum dieser sein Amt aufgeben musste, während der *Scheuer* immer noch den Bundesverkehrsminister spielen dürfe.

Regierungsoberinspektor Loibl unterstrich die Auffassung Meiers und meinte: „Was wurde eigentlich aus der Promotion *Scheuers*? Ist die nicht getürkt gewesen? Wurde ihm der tschechische Doktortitel, den er in ‚Politologie' erhalten hatte, nicht wegen Fälschung oder Untauglichkeit zurückgenommen?"

Leitender **Regierungsdirektor König** meinte jetzt sehr energisch, man solle nicht schon wieder vom Thema abweichen. Im Folgenden erinnerte er daran, dass man gerade auch im Beamtenrecht europarechtliche Vorgaben berücksichtigen müsse, wie dies etwa bei der Ernennung oder der Entlassung kraft Gesetzes bei Nichteuropäern der Fall sei. Europarecht habe nun einmal gewaltig an Bedeutung gewonnen.

Meier brachte ergänzend zum Ausdruck, das Schlimmste am Urteil des EuGH sei, dass ein so kleines Land wie Österreich durch seine Klage die große BRD belehren könne.

Verwaltungsoberinspektorin Gruberl erinnerte die Anwesenden jetzt aber an das „Ibiza-Video" des ehemaligen österreichischen Außenministers *Strache* und meinte, dass sich dieses lustige, kurz vor dem Balkan befindliche Bergvölkchen lieber nicht in den Vordergrund spielen hätte sollen.

Pframminger warf nunmehr ein, die Pkw–Maut für Ausländer hätte ja nichts als Verwaltungsaufwand und schon gar keinen Gewinn gebracht. Mehreinnahmen wären nicht entstanden, weil ja auf der anderen Seite der deutsche Autofahrer bei der Steuer wieder entlastet worden wäre. Erwiesenermaßen seien auch nur rund fünf Prozent aller Pkw-Fahrer in Deutschland Ausländer.

Schulze entgegnete, dies sei völlig falsch gedacht. Die CSU habe schon Recht. Der deutsche Autofahrer müsse überall im Ausland – zum Beispiel in Österreich – zahlen, „und wir bekommen nichts". Das sei eine Gemeinheit und höchst ungerecht.

Worauf wiederum **Pframminger** das Argument brachte, es gäbe in ganz Europa keine rechtmäßige nationale Regelung, die europäische Ausländer benachteilige, und gerade darauf käme es in einer Gemeinschaft an. Er erinnerte an das Diskriminierungsverbot und die Freizügigkeitsregelung.

Meier führte aus: „Der kleine Mann muss wieder einmal zahlen und die Abgeordneten fahren ihren vom Steuerzahler finanzierten Dienstwagen, sind bei der Bahn und bei der Lufthansa frei und erhöhen – wie erst kürzlich im Mai geschehen – ohne jeden Skrupel ihre Diäten auf mehr als 10.000 Euro – ganz zu schweigen von den sonstigen erheblichen finanziellen Leistungen, die ihnen gewährt werden."

Das ist es, was ich von diesem Behördenstammtisch berichten will, und man hätte sicher noch lange weiterdiskutieren können, wenn man am nächsten Tag nicht wieder seinem gewohnten und unterbezahlten Dienst in der Behörde nachgehen hätte müssen.

**„Bankraub ist ein Unternehmen für Dilettanten!
Wahre Profis werden Politiker!**

(Bertolt Brecht, etwas abgeändert)

Man gönnt sich ja sonst nichts, außer einer kleinen Diätenerhöhung

Das Berliner Abgeordnetenhaus hat im September 2019 auf Initiative von SPD, Linken, Grünen, CDU und FDP deutlich höhere Bezüge für die Abgeordneten beschlossen. Die Diäten erhöhten sich um fast 60 Prozent im Monat.

Berlin hat nach seiner eigenen Verfassung 130 Abgeordnete, wegen Überhang- und Ausgleichsmandaten sind es aber aktuell sogar immer wesentlich mehr und man streitet oft aufs Heftigste im Abgeordnetenhaus …

Aufs Heftigste? Nein! Diese Zeiten sind vorbei! Zumindest dann, wenn es um das eigene Wohl der Abgeordneten und nicht um das der geplagten Berliner geht. Dann besteht Einigkeit und da unterscheidet man sich auch in keiner Weise von den Abgeordneten des Bundestags!

Sparen ist wohl auch in Berlin nur angesagt, wenn es um die Belange der Allgemeinheit geht. Um diese Belange geht es beispielsweise bei der Sicherheit, und hier sollen sich gravierende Missstände bei der Rekrutierung und der Ausbildung der **Polizeibeamten** unserer Bundeshauptstadt aufgetan haben. Es gibt hier nicht nur viel zu wenig Polizeibeamte, um die Sicherheit der Berliner Bürger ausreichend zu gewährleisten, die Missstände beginnen offenbar bereits bei der polizeilichen Ausbildung.

Und wie steht es überhaupt um die Bildung in der Bundeshauptstadt? Mit der Humboldt-Universität und der Freien Universität befinden sich hier zwar zwei überaus renommierte Hochschulen, aber Bildung beginnt nicht an den Universitäten, sondern zunächst einmal an den Schulen. Wie Bildungssenatorin *Sandra Scheeres* (SPD) bekannt gab, sind von 2.734 neu eingestellten Lehrern lediglich 40 Prozent (!) regulär ausgebildete Lehrer, 60 Prozent sind Quer- und Seiteneinsteiger! Und da stellt sich natürlich die Frage nach der Attraktivität des Lehrerberufes und nach dem Beschäftigungsstatus der Lehrerschaft. Dabei hat es sich jetzt offensichtlich sogar bis Berlin

herumgesprochen, dass Lehrer, um ihren Beruf bestmöglich ausführen zu können, in ein Beamtenverhältnis berufen werden müssen. In anderen Ländern hat man jedenfalls diese Tatsache mittlerweile akzeptiert und eingesehen, dass die Verwaltungspraxis, Lehrer ausschließlich im Angestelltenverhältnis zu beschäftigen, ein Fehler war. Allerdings hatte sich die Fraktion der „Linken“ bereits gegen die Verbeamtung von Lehrern mit der Begründung ausgesprochen, dies sei „zu teuer“! Dabei muss man aber sehen:
Es gibt wohl kaum einen Bereich, in den sich eine Investition mehr lohnt als in die Bildung der Kinder und Jugendlichen!!!

Dabei sei nochmals daran erinnert: Bei der Erhöhung ihrer Diäten um 60 Prozent waren sich alle Fraktionen (einschließlich der Linken) völlig einig ...

Rheinland-pfälzische Skandalpolitiker und ihre unglaublichen Rechtsverstöße

Die Umweltministerin Ulrike Höfken und ihr Staatssekretär Thomas Griese (beide „Grüne") waren in einen handfesten Skandal verwickelt, denn sie haben in ihrem Bereich nach einer Entscheidung des OVG Koblenz Beförderungen ohne jegliche Beachtung selbstverständlicher Rechtsgrundlagen vorgenommen. Aus der Sicht des Beamtenrechts ist das ein Skandal!

Wie das OVG Koblenz in seiner Entscheidung vom 27. August 2020 (Az.: 2 B 10849/20) bestätigte, sind Beförderungen im Umweltministerium des Landes Rheinland-Pfalz völlig willkürlich und noch nicht einmal im Ansatz rechtmäßig vorgenommen worden. Es soll sich dabei seit dem Jahr 2011 um rund 160 Fälle gehandelt haben.
Besonders erwähnt werden muss auch noch Folgendes: Der verantwortliche Staatssekretär *Thomas Griese* war vor seinem (letzten) Wechsel in die Politik Vorsitzender Richter am LAG Köln, Mitglied eines Justizprüfungsausschusses und sogar stellvertretendes Mitglied des Verfassungsgerichtshofes NRW!
Seit 2016 war Griese zudem Aufsichtsratsvorsitzender der „Energieagentur Rheinland-Pfalz" und übt damit sicher keine ganz schlecht bezahlte Nebentätigkeit aus.
Das OVG Koblenz hat in seiner o.g. Entscheidung sehr anschaulich von einer „Ämterpatronage" und „Günstlingswirtschaft" in Zusammenhang mit dem betroffenen Ministerium gesprochen. Das Gericht rügte damit ein „von Willkür" geprägtes, „marodes Beförderungssystem" ohne jede Bindung an die Vorgaben des Grundgesetzes. Das Beförderungsgeschehen im Umweltministerium des Landes genüge – „noch nicht einmal im Ansatz" – den rechtsstaatlichen Anforderungen.
Anders ausgedrückt: Befördert wurde vermutlich vorwiegend, wer als Beamter seine Entscheidungen gemäß den Vorgaben und Wünschen der Politik und nicht im Interesse der Allgemeinheit getroffen hat. Und das ist genau das Gegenteil von dem, was das Grundgesetz von unserem an Recht und Gesetz gebundenen Berufsbeamtentum verlangt!

Ein Leitsatz der Entscheidung lautet deshalb völlig richtig:

„Leidet ein Beförderungsgeschehen an derartigen Mängeln, dass es das verfassungsrechtliche System der Bestenauslese gänzlich unterläuft und das Leistungsprinzip konterkariert, ist es schon im Ansatz nicht geeignet, den Bewerbungsverfahrensanspruch eines Beamten zu gewährleisten".

Weitere Recherchen der Medien brachten zutage, dass es sich nicht nur um Einzelfälle handelt, sondern dass Beförderungsstellen im Ministerium seit mehreren Jahren noch nicht einmal ausgeschrieben wurden. Die Stellen wurden in den meisten Fällen auch ohne die gesetzlich vorgeschriebene, formalisierte Beurteilung der Bewerber vergeben. Dies ist ein glatter, kaum zu glaubender Verstoß gegen das Leistungsprinzip des Art. 33 Abs. 2 GG und gegen grundlegende Vorgaben des bestehenden Beamtenrechts.
CDU-Fraktionschef *Christian Baldauf* forderte daraufhin Ministerpräsidentin *Malu Dreyer* (SPD) auf, ihre Umweltministerin *Ulrike Höfken* von den Grünen und auch deren Parteifreund Staatssekretär Griese wegen des unglaublichen Beförderungsskandals zu entlassen. Wirkliche Einsicht in das Fehlverhalten sei weder bei Staatssekretär *Griese* noch bei der politisch verantwortlichen Ministerin *Höfken* erkennbar gewesen, stellte *Baldauf* fest. Beim Verzicht auf Beurteilungen und Ausschreibungen werde vielmehr verharmlosend von einem „vereinfachten Verfahren" gesprochen, der Skandal werde „schön- und kleingeredet". Die Ministerpräsidentin ließ die Rücktrittsforderungen von einer Sprecherin zurückweisen. Sie argumentierte, sie sei nicht die Vorgesetzte der Landesminister.
Das ist zwar richtig, aber dennoch fragt sich der erstaunte Wähler, welche politischen Konsequenzen hier bei dem sogar gerichtlich festgestellten Beförderungsskandalen wohl einzig und allein die richtigen gewesen wären …
Höfken und *Griese* kündigten mittlerweile übrigens ihren Rückzug aus der Politik an, aber nicht etwa wegen ihrer Verfassungsverstöße, sondern „wegen Alters".

„Alter schützt vor Torheit nicht!"
(William Shakespeare, „Antonius und Cleopatra")

Kapitel 10: Es weihnachtet sehr!

Und zum Abschluss noch etwas Erfreulicheres, denn jetzt wird es weihnachtlich!

Beamte sind zwar bekanntlich immer im Dienst und auch für sie (und für uns) ist der 24. Dezember nach Art. 3 FTG (Feiertagsgesetz) kein Feiertag, sondern nur ein sogenannter „Stiller Tag". An den stillen Tagen sind öffentliche Unterhaltungsveranstaltungen nur dann erlaubt, wenn der diesen Tagen entsprechende ernste Charakter gewahrt ist.

Übrigens: Nach Art. 1 Abs. 1 Satz 2 FTG beginnt der Heilige Abend am 24. Dezember um 14.00 Uhr und endet um 24.00 Uhr.

Also halten Sie sich bitte daran …

Gesetzestreue und Sangesfreude: Eine Weihnachtsgeschichte

Der Beamte ist bei seinen dienstlichen Handlungen seit jeher an Recht und Gesetz gebunden. Diese Verpflichtung kommt heutzutage in § 63 Abs. 1 Satz 1 BBG und § 36 Abs. 1 BeamtStG zum Ausdruck. Manchmal treibt diese Pflicht aber auch ganz seltsame Blüten, wie die nun folgende Weihnachtsgeschichte belegt, die sich, so wie hier geschildert, tatsächlich vor einigen Jahren im bayerischen Voralpenland zugetragen hat.

Die wenigen Wachtmeister, die vor fast einem halben Jahrhundert in meinem Heimatort tätig waren, konnte man getrost allesamt einer besonders pflichtbewussten Sorte von Beamten zuordnen, und es spinnen sich noch heute einige Geschichten um sie, die das Leben zur damaligen Zeit doch recht anschaulich schildern. Die Anekdote, die mir dabei am besten in Erinnerung geblieben ist, handelt von zwei Originalen, die zwar beide leider schon seit langer Zeit verstorben, aber längst nicht vergessen sind, nämlich dem Dorfpolizisten *Breithofer* und seinem Freund, dem Arbeiter im Aluminiumwerk *Bertl Brunner.*

Der *Brunner Bertl* und der *Breithofer* waren eifrige Mitglieder des Gesangsvereins und als solche trafen sie sich regelmäßig an einem Abend der Woche, um gemeinsam mit den anderen Mitgliedern im Nebenzimmer ihres Vereinslokals, dem Müllerbräu, zu singen. Es gab kein öffentliches Ereignis, bei welchem die Sänger nicht gerne und ausführlich ihr Können dargebracht hätten. Man war es gewohnt, man akzeptierte es und manchmal musste man es einfach ertragen.

Der *Breithofer* war der erste Tenor der Sangesfreunde und der *Brunner Bertl* war seit vielen Jahren sein Stellvertreter. Stillschweigend bestand zwar bei den Sangesbrüdern Einigkeit darüber, dass von den beiden der *Bertl* über die weitaus gefälligere Stimme verfügte, aber zum einen war der *Breithofer* bereits sehr lange der erste Tenor und besaß schon alleine deshalb gewisse Rechte und Privilegien. Zum anderen war er Polizist und aus diesem Grunde eine Amts- und damit auch eine Respektsperson, der man nicht so einfach ein einmal zuerkanntes Vorrecht entziehen konnte. Ein weiteres Argument für das Verbleiben *Breithofers* als erster Tenor war, dass er wohl keinem seiner Sangesbrüder das Aussprechen der Wahrheit verziehen hätte – nicht einmal seinem besten Freund, dem *Brunner Bertl*.

Der *Breithofer* sah jedenfalls keinerlei Veranlassung, ins zweite Glied zurückzutreten. Ein solcher Rücktritt wurde von den restlichen Mitgliedern des Gesangsvereins in dem Jahr, in dem diese Geschichte sich zugetragen hat, aber schon deshalb mehr als je zuvor ersehnt, weil man am Vorabend des vierten Advent turnusgemäß das berühmte „Weihnachtssingen" auszutragen hatte. Dieses Weihnachtssingen war eine Veranstaltung, zu der sich jedes Jahr viele der umliegenden Gesangsvereine trafen, um miteinander in feierlicher Stimmung ihrer gemeinsamen Liebe nachzugehen. Dabei wurde von einer sachkundigen Jury immer ein Verein zum Sieger erwählt. Der Gesangsverein meines Heimatortes war in den vergangenen Jahres jedoch nie über einen der hinteren Plätze hinausgekommen. Das tat der Freude am Singen keinen Abbruch, denn zum einen zählte ja der olympische Gedanke des Dabeiseins mehr als der Sieg und zum anderen schmeckte das Bier dem Ersten auch nicht besser als dem Letzten. Außerdem hatte man ja insgeheim immer eine Ausrede bereit: den *Breithofer*.

Der Sängerwettbewerb stand nun wieder einmal vor der Tür. Ausrichter des Wettkampfs war in diesem Jahr ausgerechnet der Gesangsverein meines Heimatortes, was allein schon wegen der zu treffenden Vorbereitungen jede Menge Arbeit mit sich brachte. Da wollten sich unser Verein und auch kein Mitglied eine Blöße geben, und jeder versuchte, die Veranstaltung des Vorjahres zu übertreffen. Auch mit der bisher üblichen Platzierung wollten wir uns diesmal nicht zufriedengeben, und wir sprachen deshalb bei einem extra dazu einberufenen Stammtisch – natürlich unter Abwesenheit des Betroffenen – ernsthaft davon, den *Breithofer* nur für ein einziges Mal auszuschalten.

Dabei wurden seltsame Pläne geschmiedet. So meinte der zweite Bariton *Franz Stark*, es wäre wohl das Beste, den „Schandi" vor dem großen Singen mittels Rizinusöl außer Gefecht zu setzen. Der Vorstand des Vereins hielt dieses Vorgehen allerdings für kaum zu verwirklichen. Er äußerte die Auffassung, man sollte lieber die Ehefrau des Dorfpolizisten, die *Breithoferin*, in die Angelegenheit einbeziehen. Diese war von durchaus beeindruckender Gestalt und zwei Köpfe größer als ihr Ehegatte, und Zuhause hatte der Wachtmeister bekanntermaßen eher nicht mehr das Sagen, seit er seine Gemahlin im Herbst einmal mit einer gebührenpflichtigen Verwarnung von zwei Mark belegt hatte, als diese mit ihrem Fahrrad ein Stoppschild an der Hauptstraße nicht beachtet hatte. Allein – beide Pläne wurden als nicht durchführbar verworfen.

Am Tag des Weihnachtssingens fuhr der *Brunner Bertl*, wie er das seit vielen Jahren zu tun pflegte, mit seinem Radl von der Tagschicht im Aluminiumwerk nach Hause. Es war Dezember und eben deshalb um diese Zeit schon ziemlich finster. Seine Mütze hatte er sich tief ins Gesicht gedrückt, die Ohrenschützer waren zum Schutz gegen den nassen Schnee heruntergeklappt und den wärmenden Schal hatte sich der Bertl weit nach oben über das Kinn gezogen. Der Schneematsch auf der Straße machte ihm schwer zu schaffen und er kam nur ganz langsam voran. Aber der *Bertl* hatte keine Zeit zu verschnaufen. Im Gegenteil, er hatte es sehr eilig, denn es war der Samstag vor dem vierten Advent und in einer Stunde sollte das langersehnte Weihnachtssingen stattfinden.

Als er gerade am Friedhof vorbeiradelte, hörte er plötzlich eine Stimme hinter sich:

„Anhalten!"

Er stoppte und erkannte seinen Spezl, den *Breithofer*, der ihm mit seinem Dienstfahrrad nachgefahren war. Beide atmeten schwer und der *Bertl* begrüßte seinen Freund und Sangesbruder im Hinblick auf den bevorstehenden Sängerwettbewerb ganz besonders herzlich:

„Servus Schandi! Schick' di, sonst kommst du zu spät zum Singen."

„Name?" war jedoch das Einzige, was er zur Antwort bekam.

„Was is' denn los? Hab' i denn was verbroch'n?", meinte der *Bertl* lachend und forderte den *Breithofer* abermals zur Eile auf. Er bekam aber nur zu hören:

"Können Sie sich ausweisen?", worauf der *Brunner Bertl* seinen Freund fragte, ob dieser wohl spinne.

„Erstens spinnt ein bayerischer Polizist nicht und zweitens fahren Sie verbotenerweise ohne Rücklicht. Aus diesem Grund müssen Sie absteigen und Ihr Fahrrad schieben", entgegnete der *Breithofer* und bemühte sich dabei um sein bestes Amtsdeutsch. Das war der *Breithofer* sich selbst und dem ihm nun einmal eigenen besonderen Pflichtbewusstsein schuldig. „Nur dann kann ich von einem Verwarnungsgeld absehen."

So entspann sich bald eine hitzige Diskussion, der sich auch gleich noch einige Arbeitskameraden des *Bertl* anschlossen, die ebenfalls gerade auf dem Heimweg von der Schichtarbeit waren. Diese verteidigten den *Bertl* aufs Heftigste und bald war unser Dorfpolizist mit allen und jedem in einem Disput. Der *Bertl* wollte schon die allgemeine Verwirrung nutzen und sich heimlich aus dem Staub machen. Da kam ihm aber eine noch viel bessere Idee.

Der *Breithofer* war so in den Streit mit den Arbeitskollegen des *Bertl* verwickelt, dass es dem *Bertl* gelang, die kaputte Glühbirne im Rücklicht seines eigenen Fahrrades herauszuschrauben und sie mit dem gut funktionierenden Lämpchen des Polizeirades auszutauschen, ohne dass der *Breithofer* davon etwas merkte.

Als er seinen kleinen Schwindel beendet hatte, mischte der *Bertl* sich wieder in den Streit ein und sagte, er könne sich gar nicht vorstellen, dass gerade sein Fahrrad nicht in Ordnung sei, wo er es doch erst vor wenigen Tagen beim *Pfaffenberger Peter*, dem Inhaber des einzigen ortsansässigen Fahrradgeschäftes, zur Reparatur gegeben habe. Vielleicht sei das Rücklicht ja auch nur kurz ausgefallen und würde jetzt wieder funktionieren. Die Kollegen forderten den bedrängten Wachtmeister auf, den *Bertl* doch einfach den Beweis für sein Vorbringen antreten zu lassen.

Dagegen konnte der *Breithofer* beim besten Willen nichts einwenden und er erlaubte also eine kurze Fahrt, aber nur „aus Gründen der endgültigen Beweisführung".

Also fuhr der *Bertl* ein paar Meter mit seinem Rad und tatsächlich: Das Rücklicht leuchtete im hellsten Rot!

Der *Breithofer* konnte das nicht fassen. Jetzt musste er wohl oder übel Gnade vor Recht ergehen und den *Bertl* nach Hause fahren lassen. Als aber der *Breithofer* unter dem Gelächter der Kollegen mit seinem Dienstrad wegfahren wollte, da rief ihm der *Bertl* plötzlich nach: „Du, Breithofer! Was ist denn jetzt des? Mich halts't du auf, aber i glaub', dass dein eignes Rücklicht ja gar nicht einmal brennt!"

Der *Breithofer* hielt an und die Arbeitskameraden gingen zu ihm.
„Lass' mich einmal fahr'n, dann wirst des gleich seh'n!"
Zuerst dachte der *Breithofer* noch an einen Scherz, aber dann packte ihn doch das Pflichtgefühl des ordentlichen bayerischen Polizeibeamten und er stieg von seinem Fahrrad ab. Der *Bertl* schwang sich auf das Rad, fuhr los und tatsächlich: Der *Breithofer* musste erkennen, dass das Rücklicht seines eigenen Dienstfahrrades nicht funktionierte.
Jetzt musste der pflichtbewusste Dorfpolizist sein Fahrrad also unter dem schallenden Gelächter aller Anwesenden den ganzen weiten Weg bis nach Hause schieben. Welche Schande!
Am Abend traf der *Bertl* gerade noch pünktlich zum Sängerwettstreit in der Vereinsgaststätte ein. Da aber der *Breithofer* am anderen Ende des Ortes wohnte, musste er sein Dienstfahrrad einen so weiten Weg schieben, dass ein rechtzeitiges Erscheinen bei seinen Sangesbrüdern völlig ausgeschlossen war. Man musste aus diesem Grunde also ‚leider' auf die Dienste des etatmäßigen ersten Tenors verzichten. Das war die große Chance für die restlichen Sänger.
Man erzählt sich noch heute, dass der Gesangsverein meines Heimatortes bei dem Wettstreit damals auch nicht besser abgeschnitten hat als in den Jahren davor. Der Grund dafür soll gewesen sein, dass der *Bertl* als Vertreter des leider verhinderten ersten Tenors *Breithofer* während des Vortrages den nötigen Ernst nicht wahren konnte und immer wieder lachen musste, was die Jury dem Chor dann doch eher negativ anrechnete. Aber das Bier schmeckte auch an diesem Abend den Verlierern genauso gut wie den Gewinnern. Und das war und ist doch wohl die Hauptsache!
Für den *Breithofer* war das schlechte Abschneiden seiner Sangesbrüder sogar eine große Genugtuung nach der erlittenen Schmach mit seinem Dienstfahrrad. An ihm konnte es also nicht gelegen haben, wenn man bisher beim Weihnachtssingen nicht über einen der hinteren Plätze hinausgekommen war. Die Rangordnung war jedenfalls wiederhergestellt und sowohl die Mitglieder des Gesangsvereins als auch dessen Zuhörer hatten noch so manches Mal unter den Sangeskünsten ihres ersten Tenors zu leiden.

„Schadenfreude ist die schönste Freude!"

(Deutsches Sprichwort)

Eine weihnachtliche Trunkenheitsfahrt in der Amtssprache

Bei Behördenfeiern an Weihnachten ist den Kollegen der Genuss von Alkohol ausnahmsweise einmal nicht untersagt. Nur sollte man anschließend als gesetzestreuer Beamter die Benutzung seines Kfz im öffentlichen Verkehr tunlichst vermeiden, wie der Fall des Regierungsrates Jens Schluck zeigt.

Die Amtssprache ist nach § 23 VwVfG und § 184 GVG Deutsch. Ob Lyrik oder Prosa spielt dabei keine Rolle – wie das folgende Beispiel der Entscheidung eines wohl nicht ganz unsympathischen Strafrichters zeigt.

Der Fall:
Das AG Höxter – Az.: 8 Cs 47 Js 655/95 – hat einen Angeklagten wegen fahrlässiger Trunkenheit im Verkehr während der Vorweihnachtszeit zu einer Geldstrafe von 30 Tagessätzen verurteilt, die Fahrerlaubnis entzogen und sein Urteil nach § 267 Abs. 4 StPO wie folgt begründet:

„Am 12.12. fuhr mit lockerem Sinn
der Angeklagte nach Beverungen hin.
Im Büro hat er getrunken, vor allem Bier
und meinte, er könne noch fahren hier.
Doch dann wurde er zur Seite gewunken.
man stellte fest: Er hatte getrunken.
Im Auto tat's duften wie in der Destille.
Die Blutprobe ergab 1,11 Promille.
Das ist eine fahrlässige Trunkenheitsfahrt,
eine Straftat, und mag das auch klingen hart.
Das steht im Gesetz, da hilft kein Dreh,
§ 316 I und II StGB.
So ist es zum Strafbefehl gekommen.

Auf diesen wird Bezug genommen.
Der Angeklagte sagt, den Richter zu rühren:
‚Das wird mir in Zukunft nicht wieder passieren!'
Jedoch es muss eine Geldstrafe her,
weil der Angeklagte gesündigt, wenn auch nicht schwer.
30 Tagessätze müssen es sein
Zu 30,- DM. Und wer Bier trinkt und Wein,
dem wird genommen der Führerschein.
Die Fahrerlaubnis wird ihm entzogen,
auch wenn man menschlich ihm ist gewogen.
Darf er bald fahren? Nein, mitnichten.
Darauf darf er längre Zeit verzichten.
5 Monate Sperre, ohne Ach und Weh,
§§ 69, 69a StGB.
Und schließlich muss er, da hilft kein Klagen,
die ganzen Verfahrenskosten tragen,
weil er verurteilt, das ist halt so,
§ 465 StPO."

Bestätigten Meldungen zufolge hat der Rechtsanwalt des Angeklagten anschließend folgenden Schriftsatz an das Gericht verfasst:

„Mein Mandant, einerseits zufrieden,
andererseits ein wenig beklommen,
hat den Urteilsspruch vernommen.
Im Hinblick auf die Sach- und Rechtslagen, die allseits bekannten,
und nach Rücksprache mit dem Mandanten
tu ich hiermit kund
für alle hier in dieser Rund',
für Staatsanwaltschaft und auch Gericht:
Rechtsmittel einlegen – das tun wir nicht."

Fazit:

Es schadet nicht, bei des Amtes Sachen
vor Weihnachten mal loszulachen!
Denn: Ein Beamter, der im Amt verlor
zur Gänze jeglichen Humor,
erscheint dem Bürger recht als Tor!

PS:
Name des Täters sowie Ort und Datum der Straftat wurden selbstverständlich geändert.

„Es ist eine große Kunst,
auch mit weinenden Augen zu lächeln!"

(Gerd W. Heyse)

Der fehlgeleitete Weihnachtswunsch

In der Weihnachtszeit kann man Briefe ans Christkind senden. Werden diese Briefe allerdings an das Finanzamt weitergeleitet, so könnten sich daraus nicht vorhersehbare Unannehmlichkeiten ergeben, wie das folgende Gedicht eines unbekannten Autors aus der „Vor-Euro-Zeit" deutlich zeigt.

I weiß nicht, ob die G' schicht du kennst,
sie hat sich abgespielt im Advent.
I les' dir's vor, weil's mir fällt ein,
d' Leut' sag' n, sie soll wahr g' wesen sein.

Da ist ein altes Mutterl gewesen,
allein in ihrer Stub 'n drinn g' sessen,
und hat sich so Gedanken g' macht
was das Christkind ihr früher hat gebracht.
Ja ja, hat's g'sagt, das waren noch Zeiten,
da konnte man allerhand bestreiten.
Jetzt bin i arm und alt dazu
und hab a kaum zum Essen g'nug

Wie's so da sitzt und überlegt,
hat sie sich einen Plan ausdenkt.
S' Christkind beschenkt doch alle Leut',
jedes Jahr einmal zur Weihnachtszeit,
wie wär's, wenn ich ihm schreiben tät,
dass ich eine große Bitte hätt.
Vielleicht macht's mir doch die Freud,
grad heuer in der Weihnachtszeit.

Sie holt sich Bleistift und Papier
aus ihrer Schublade herfür.
Setzt sich an den Tisch sodann
und fangt wie folgt zu schreiben an:

„Liebes Christkind", schreibt sie mit dem Stift
auf das Papier als Überschrift.
„Du bist allmächtig und sehr stark,
schick mir doch bitte 100 Mark!
Erfüll die Bitte einer Armen,
ich wünsch an Mantel mir, an warmen.
Wann i das Geld hätt, war dös schön
könnt i zum Mantel kaufen geh'n.
I brauch den wirklich schon sehr bald,
denn draussen ist es bitterkalt."

„Hochachtungsvoll" hat sie zuletzt
vor ihrem Namen d'runtergesetzt.
Den Briefumschlag hat's ungeniert
an das Christkind adressiert.
Den Absender auf die andere Seit',
das war von großer Wichtigkeit.
Sie tut den Brief in Umschlag rein
und geht zum Briefkast' n auch glei'
Nachdem das alles war gescheh' n,
sah man sie froh nach Hause gehn.

Der Postler von dem Postamt 8
hat keine schlechten Augen g'macht.
So momentan ist baff er g'wen,
wia er den Brief ans Christkind g'segn.
Des is eam ja no nia passiert,
a Brieaf an's Christkind adressiert.

Er hat sehr lange nachgedacht
und dann den Umschlag aufgemacht.
Als er den Inhalt überblickt,
den Brief er an's Finanzamt schickt.

Der Beamte von dera Stell
Öffnet den Brieaf sehr schnell.
Nachdem dös Schreib'n er durchgeles'n

war der Fall ihm klar gewes'n:
Man muaß ihr helfn, des is g'wiß,
schon deshalb, weil bald Weihnacht' is.

Die Kollegen von sei'm Amt,
haben mitg' macht allesamt.
Er braucht da gar net lang zu frag'n
jeder hat was beigetrag 'n.
Und wias am Schluss dann festg'stellt ham,
war 'n 63 Mark beisamm.
Den Betrag nun ganz genau
überwies'n sie der alten Frau.

Die Freud vom Muatterl war sehr groß,
darüber Tränen sie vergoss.
Jetzt konnte sie den Mantel kauf' n
und braucht nicht mehr ohne lauf'n,
und aus innerer Dankespflicht
hats' s no an Brief an's Christkind g'richt.
Dös hat sie sich net nemma lass'n,
sie schrieb daher folgendermaß'n:

„Für die hundert Mark dank' i' dir,
du hast da sehr geholf' n mir.
Doch wenn i' wieder um Geld dich bitt,
so schick mir's doch über's Finanzamt nit,
mit dene is des fei a G'frett,
solche Lump'n na, de trau i net,
von dene 100 Mark, s' is net erlog' n,
ham' s 37ge abgezog' n."

„Nichts in dieser Welt ist sicher,
außer dem Tod und den Steuern!"

(Benjamin Franklin)

Zu Weihnachten: Bitte keine Geschenke an Beamte

Staatsdiener in der Schweiz können sich jederzeit von den Bürgern auch in Bezug auf ihre amtliche Tätigkeit zur Bewirtung einladen lassen, sie dürfen Geschenke und Zuwendungen – nicht nur zu Weihnachten – bis zu 200 Franken pro Einzelfall ohne Weiteres annehmen. In Deutschland wäre dies undenkbar.

Nach § 71 BBG / § 42 BeamtStG dürfen Beamtinnen und Beamte, auch nach Beendigung des Beamtenverhältnisses, keine Belohnungen, Geschenke oder sonstigen Vorteile für sich oder einen Dritten in Bezug auf ihr Amt fordern, sich versprechen lassen oder annehmen. Ausnahmen bedürfen der Zustimmung der obersten oder der letzten obersten Dienstbehörde. Wer gegen dieses Verbot verstößt, hat nicht nur die Pflicht, dem Dienstherrn Auskunft über Art, Umfang und Verbleib des Erlangten zu geben, er muss auch das aufgrund des pflichtwidrigen Verhaltens Erlangte dem Dienstherrn nach dem Grundsatz der ungerechtfertigten Bereicherung herausgeben.
Der **Höchstwert** für die zulässige Annahme von Belohnungen und Geschenken beträgt dabei in Baden-Württemberg üblicherweise 5 Euro pro Kalenderjahr (siehe z.B. Ziff. 2 des „Merkblattes zur Entgegennahme von Belohnungen und Geschenken" des Ministeriums für Kultus, Jugend und Sport in Baden-Württemberg).
Da hat es doch der Beamte in Niedersachsen wirklich gut. Hier gilt eine Obergrenze bei Sachzuwendungen von 10 Euro (Ziffer 4.1 des Runderlasses). Diese Grenze betrifft jedoch nur Massenwerbeartikel in einfacher Ausführung wie Kugelschreiber, Kalender, Schreibblöcke etc., und das auch nur für besondere Gelegenheiten (Beförderungen, Ruhestand, Besuche der Königin von England oder vom Fußballkaiser Franz Beckenbauer).
Man könnte jetzt darüber streiten, ob eine Abweichung um 100 Prozent für niedersächsische Beamte übertrieben ist und sich überhaupt noch im Rahmen des Zulässigen bewegen kann. Niedersachsen hat aber jedenfalls genaue Vorgaben erlassen.

Es wird der geneigten Leserin / dem geneigten Leser dringend empfohlen, die unten angeführten niedersächsischen Bestimmungen zum Verbot der Annahme von Belohnungen und Geschenken genau zu lesen, denn diese besitzen wohl eine ganz allgemein gültige Aussagekraft.

Nach der einschlägigen niedersächsischen Verordnung ist für den Beamten und dessen Dienstvorgesetzten besondere Vorsicht geboten bei:

- der Überlassung von Schmuck und Fahrkarten,
- einer besonderen Ehrung oder Einladung zu einer besonderen Veranstaltung wie die im Erlass ausdrücklich genannten Regattabegleitfahrten, Jagd, „Tannenbaumfeste",
- der Einsetzung als Erbe und
- insbesondere bei der Vornahme oder Duldung sexueller Handlungen!

Diese Fälle sind ausdrücklich in den Anwendungsbereich unzulässiger Vorteilsgewährungen einbezogen worden. Es ist dabei außerdem ohne Bedeutung, ob ein verbotener Vorteil der Beamtin oder dem Beamten unmittelbar oder nur mittelbar (z.B. Zuwendung an Angehörige) zugutekommt.

Man bedenke: Es handelt sich hier um **Jahreshöchstgrenzen**!

Das bedeutet: Werden einem Beamten sechs Tafeln Schokolade von Lidl oder Aldi zum Preis von 85 Cent geschenkt, so begeht er ein disziplinarrechtlich zu ahndendes Dienstvergehen!

„Ein Schelm, der dabei an die Politiker denkt!"

(Maximilian Baßlsperger)

Das niedersächsische Verbot der Annahme von Belohnungen und Geschenken lautet im Auszug:
Gem. RdErl. d. MI, d. StK u. d. übr. Min. v. 1.9.2009 – 15.3-03102/2.4 (Nds.MBl. Nr.37/2009 S.822; ber. S.874) - VORIS 20411

1. Regelungszweck
Beamtinnen und Beamte müssen jeden Anschein vermeiden, im Rahmen ihrer Amtsführung für persönliche Vorteile empfänglich zu sein …

2. Begriffsbestimmungen
2.1 Belohnungen, Geschenke, sonstige Vorteile
Belohnungen und Geschenke sind alle Zuwendungen in Bezug auf das Amt, auf die die Beamtin oder der Beamte keinen Rechtsanspruch hat und die sie oder ihn materiell oder auch immateriell objektiv besser stellen (Vorteil). Ein Vorteil besteht auch dann, wenn zwar die Beamtin oder der Beamte eine Leistung erbracht hat, diese aber in keinem angemessenen Verhältnis zur gewährten Gegenleistung steht.
Ein derartiger Vorteil kann beispielsweise liegen in:
der Zahlung von Bargeld, der Überlassung von Gegenständen (z.B. Schmuck, Fahrzeuge, Baumaschinen, einer besonderen Ehrung oder Einladung zu einer besonderen Veranstaltung (z.B. Regattabegleitfahrten, Jagd, „Tannenbaumfeste", Galaveranstaltungen, Konzerte, Verlosungen, Empfänge, Präsentationen), k) der Vornahme oder Duldung sexueller Handlungen,
Die Weitergabe von Vorteilen durch die Beamtin oder den Beamten an Dritte (z.B. Verwandte, andere Bedienstete, Parteien, Vereine, soziale Einrichtungen) rechtfertigt die Annahme der Vorteile nicht.

2.2 Bezug auf das Amt
In Bezug auf das Amt ist ein Vorteil immer dann gewährt, wenn die zuwendende Person sich davon leiten lässt, dass die Beamtin oder der Beamte ein bestimmtes Amt bekleidet oder bekleidet hat …

2.3 Annahme

Die Annahme des Vorteils liegt in der Entgegennahme der Zuwendung oder der sonstigen Vergünstigung …

3. Grundsätzliches Annahmeverbot

Aufgrund der generellen Gefahr für den Anschein der Empfänglichkeit für private Vorteile ist die Annahme folgender Leistungen grundsätzlich untersagt, soweit in Nummer 4 nichts Abweichendes bestimmt ist:

Bargeld oder bargeldähnliche Zuwendungen (z.B. Gutscheine, Eintritts-, Telefon- oder Geldkarten, Jetons), erbrechtliche Begünstigungen, sexuelle Handlungen.……

4. Zustimmung zur Annahme

4.1 Allgemeine Zustimmung

Die Zustimmung ist allgemein erteilt für die Annahme von nach allgemeiner Auffassung geringwertigen Aufmerksamkeiten (z.B. Massenwerbeartikel in einfacher Ausführung wie Kugelschreiber, Kalender, Schreibblöcke), sofern der Wert insgesamt **10 EUR** nicht übersteigt und soweit die Zuwendung im Kalenderjahr je Zuwendungsgeber nicht wiederholt wird …

4.2 Einzelfallbezogene Zustimmung

Die Beamtin oder der Beamte darf Zuwendungen grundsätzlich nur dann annehmen, wenn die allgemeine Zustimmung nach Nummer 4.1 oder die Zustimmung der zuständigen Stelle (siehe Nummer 1 Satz 3) vorliegt.

5. Rechtsfolgen

5.1 Strafrecht

Beamtinnen und Beamte können strafrechtlich verurteilt werden wegen Vorteilsnahme zu einer Freiheitsstrafe oder zu einer Geldstrafe, wenn sie für die Dienstausübung einen Vorteil für sich oder einen Dritten fordern, sich versprechen lassen oder annehmen (§ 331 StGB) oder wegen Bestechlichkeit zu einer Freiheitsstrafe oder zu einer Geldstrafe, wenn sie einen Vorteil für sich oder einen Dritten als Gegenleistung dafür fordern, sich versprechen lassen oder annehmen, dass sie eine Diensthandlung vorgenommen haben oder künftig vornähmen und dadurch ihre Dienstpflicht verletzt haben oder verletzen würden (§ 332 StGB).

5.2 Dienstrecht

Der Verstoß gegen das Verbot der Annahme von Belohnungen, Geschenken und sonstigen Vorteilen stellt ein Dienstvergehen dar, sodass Beamtinnen und Beamten disziplinarische Maßnahmen bis zur Entfernung aus dem Beamtenverhältnis und Ruhestandsbeamtinnen und Ruhestandsbeamten bis zur Aberkennung des Ruhegehalts drohen.

Die verspätete Weihnachtspost

„Früher war immer alles besser" – so hört man es immer wieder einmal gerade von älteren Mitbürgern. „Die Bahn war pünktlicher, die Post kam rechtzeitig usw. usw." Früher gab es eben Postbeamte und Bahnbeamte, und die sorgten schon kraft ihres Amtes für Pünktlichkeit – möchte man meinen. Aber auch früher gab es schon Verzögerungen. Und das gerade zu Weihnachten mit durchaus recht unvorhersehbaren Folgen!

Die folgende in Gedichtform präsentierte Weihnachtsgeschichte habe ich dem Internet entnommen und mir ist es trotz erheblichen Bemühungen nicht gelungen, den Autor zu ermitteln. Da bei dieser Geschichte aber eine gewisse Verbindung zwischen Weihnachten und den Dienstgeschäften der früheren „Postbeamten" besteht, möchte ich sie Ihnen nicht vorenthalten und ich hoffe sehr, Sie werden sich in der stillen Weihnachtszeit mit mir ein wenig darüber amüsieren, den gerade auch in der „Stillen Zeit" kann man ab und zu auch ein wenig Humor bestens gebrauchen …

„Gleich, nach dem Krieg, im 46er Jahr,
hat's nix zum Ess'n geb'n,
und das ist wahr!
Da war es ja schon allerhand,
wenn Du mit einem Bauern warst verwandt.
Net zum veracht'n war auch da
ein Onkel in Amerika!

Am Heiligen Abend schreit Mama „Hurra!,
ein Packerl aus Amerika!,
von unserer lieben Tante Ros'n,
gefüllt mit ein paar vollen Dos'n!"
Sie reißt's gleich auf und reck' den Hals,
oben auf sind drei Pfund Schmalz!
„Ein Kilo Bohnenkaffee - schau -
eine große Dos'n mit Kakao!

Und neben dran, o gute Seel',
eine Büchs'n mit Olivenöl,
und auch a große Dos'n Reis,
zwei Kilo Mehl, wie Schnee, so weiß!"

Und alles schrieb die Tante Ros'n
höchst eigenhändig auf die Dos'n.
Bloß von der Weißblechdos'n unt'n,
da war der Zettel halt verschwund'n.
Was kann in dieser Dos'n sei?
Ich hab's probiert - ein paarmal glei'.
Es war nicht sauer und nicht süß,
g'schmeckt hat's wie eigeschlaff'ne Füß'.
So haben wir uns die Köpf' zerbrochen:
Was kann man aus dem Pulver kochen?

Die Mama meint: „Des könnt' ein Schmankerl sei,
wir kochen d'raus an guten Brei!"
So gibt sie gleich mit Milch und Ei
das Pulver in die Pfanne nei.
An guten Rat gibt ihr noch d' Oma:
„Gib' rein eine Prise Zimtaroma,
rühr's z'samm noch mit am Löffel Schmalz
und gib dazu a Prise Salz!"
Und mit der Eibrenn' dann und Zwiebel,
hat's wirklich g'schmeckt – war gar nicht übel!

Ja, liebe Leut', erst drei Tag d'rauf
klärt mit einem Brief sich alles auf!
Und schuld d'ran, es ist ein schwacher Trost,
warn bloß die Beamten von der Post!

Denn die Tante Ros'n, die hat geschrieb'n:
„Ich schick euch heut ein Packerl nach drüb'n
mit lauter schönen, guten Sachen
und hoff', dass die Euch Freude machen.
Nur, was ihr leider noch nicht wisst's,

dass Euer Onkel gestorben is'.
Er war trotz seiner 90 Jahr
ein echter Bayer, das ist wahr!
Ich will sein' letzt'n Wunsch euch künd'n:
In Bayern will er Ruhe find'n.
Und so sei es halt, wie es so sei –
setzt ihn in Eurem Friedhof bei!
Seine Asche ist in der Weißblechdos'n!
In stiller Trauer, Tante Rosn."

Und so haben wir, – wir werdn's nie vergess'n,
an Weihnachten unseren Onkel gess'n!"

„Nicht die Hoffnung stirbt als Letztes, sondern der Erbonkel!"

(Georges Simenon)

Frohe Weihnachten mit dem Dienstweihnachtsbaum!

Das Buch begann mit einem Artikel, der schon im Band „Der Beamte als Ehemann" erschienen ist. Auch der letzte Beitrag war dort bereits abgedruckt. Da er aber den „homo bürokratikus" aufs Trefflichste beschreibt, soll der Dienstweihnachtsbaum einen würdigen Abschluss bilden.

Von wem die Richtlinie zum Aufstellen eines Dienstweihnachtsbaumes tatsächlich stammt, darüber bestehen die unterschiedlichsten Auffassungen. Fakt ist, dass diese Anweisung von zahllosen Entscheidungsträgern in der öffentlichen Verwaltung getroffen worden sein könnte.
Obwohl die folgende Dienstanweisung schon recht lange zurückliegen mag, scheint sie doch von immerwährender Aktualität zu sein. Auch auf die Gefahr hin, dass der/ die eine oder andere diese Anweisung schon kennt, möchte ich sie Ihnen hiermit als kleines Weihnachtsgeschenk anbieten:

§ 1
Dienstweihnachtsbäume (DwBm) sind Weihnachtsbäume natürlichen Ursprungs oder natürlichen Weihnachtsbäumen nachgebildete Weihnachtsbäume aus anderen Materialien, die zur Weihnachtszeit in Diensträumen aufgestellt werden.

§ 2
Dienstweihnachtsbäume dürfen nur von sachkundigem Personal nach Anweisung des unmittelbaren Vorgesetzten aufgestellt werden. Dieser hat darauf zu achten, dass:
der DwBm mit seinem unteren, der Spitze entgegengesetzten Ende in einen zur Aufnahme von Baumenden geeigneten Halter eingebracht und befestigt wird,
der DwBm in der Haltevorrichtung derart verkeilt wird, dass er senkrecht steht,

im Umfallbereich des DwBm keine zerbrechlichen oder durch umfallende DwBm in ihrer Funktion zu beeinträchtigenden Anlagen vorhanden sind.

§ 3
Die DwBm sind mit weihnachtlichem Behang nach Maßgabe des Dienststellenleiters zu versehen. Weihnachtsbaumbeleuchtung, deren Leuchtwirkung auf dem Verbrennen eines Brennstoffes mit Flammenwirkung beruht - sog. Kerzen - dürfen nur Verwendung finden, wenn:
die Bediensteten über die Gefahren von Feuersbrünsten hinreichend im Einzelfall oder durch Aushang unterrichtet sind und
während der Brennzeit der Beleuchtungskörper ein in der Feuerbekämpfung unterwiesener Beamter mit Feuerlöscher bereitsteht.

§ 4
In Dienststellen mit ausreichendem Personal können Krippenspiele unter Leitung eines erfahrenen Vorgesetzten zur Aufführung gelangen.
Zur Besetzung sind folgende in der Personalplanung vorzusehende Personen notwendig:
Maria: möglichst weibliche Beamtin oder ähnliche Person
Josef: älterer Beamter mit Bart
Kind: kleinwüchsiger Beamter oder Auszubildender
Esel und Schafe: geeignete Beamte aus verschiedenen Laufbahnen
Heilige Drei Könige: sehr religiöse Beamte

§ 5
Zum Absingen von Weihnachtsliedern stellen sich die Bediensteten unter Anleitung eines Vorgesetzten ganz zwangslos nach Dienstgraden geordnet um den DwBm auf. Eventuell vorhandene Weihnachtsgeschenke können bei dieser Gelegenheit durch einen Vorgesetzten in Gestalt eines Weihnachtsmannes an die Untergebenen verteilt werden.

Gezeichnet:
Schmalspur Behördenleiter -

Ich bitte, vorgenannte Richtlinien in geeigneter Weise in Ihrem Zuständigkeitsbereich bekanntzugeben!

Frohe Weihnachten!

Statt eines Epilogs

Ich bedanke mich bei allen Beamten, Richtern und Politikern für die Fülle an Material, die sie dem „normal denkenden Durchschnittsbürger“ (siehe Prolog) immer wieder aufs Neue zum Schmunzeln und oft genug auch zum Ärgern bieten.
Ich bedanke mich weiterhin bei den Herren Goethe, Shakespeare, Heinrich Heine und bei all den vielen anderen in diesem Buch zitierten Personen, die es zu meiner Verblüffung bereits vor mir vorzüglich verstanden haben, Sitten und Gebräuche der eingangs genannten Berufsgruppen aufs Trefflichste zu skizzieren.
Als kleines Dankeschön für sie und für alle Leser dieses Buches hier also zum Abschluss noch ein paar Zitate aus Bestimmungen, die entweder von unseren Beamten verfasst wurden oder mit denen sie sich tagtäglich auseinanderzusetzen haben:

„Besteht ein Personalrat aus einer Person, erübrigt sich die Trennung nach Geschlechtern.“

„Beim Tod ist die Dienstreise beendet.“ bzw.: „Der Tod stellt aus versorgungsrechtlicher Sicht die stärkste Form der Dienstunfähigkeit dar.“

„Die einmalige Zahlung wird jedem Berechtigten nur einmal gewährt.“

„Margarine im Sinne dieser Leitsätze ist Margarine im Sinne des Margarinegesetzes.“

„Welches Kind erstes, zweites, drittes Kind usw. ist, richtet sich nach dem Alter des Kindes.“

„Persönliche Angaben zum Antrag sind freiwillig. Allerdings kann der Antrag ohne die persönlichen Angaben nicht weiterbearbeitet werden.“

„Wer zur Zeit des Erbfalls noch nicht lebte, aber bereits gezeugt war, gilt als vor dem Erbfall geboren (§ 1923 Abs. 2 BGB).“

„Es ist nicht möglich, den Tod eines Steuerpflichtigen als dauernde Berufsunfähigkeit im Sinne von § 16 Abs. 1 Satz 3 EstG zu werten und demgemäß den erhöhten Freibetrag abzuziehen.“

„Ein Ehemann hat in der Regel seinen Wohnsitz dort, wo sich seine Familie befindet (BFH BstBL 85, 331). Ein Verschollener hat seinen Wohnsitz bei der Ehefrau."

„An sich nicht erstattbare Kosten des arbeitsgerichtlichen Verfahrens erster Instanz sind insoweit erstattbar, als durch sie erstattbare Kosten erspart bleiben."

„Kunststoff-Fenster mögen zahlreiche Vorteile haben, insbesondere in bezug auf Wartung und Pflege – Holz hat den Vorteil, nicht aus Kunststoff zu sein."

„Nach dem Abkoten bleibt der Kothaufen grundsätzlich eine selbständige bewegliche Sache, er wird nicht durch Verbinden oder Vermischen untrennbarer Bestandteil des Wiesengrundstücks, der Eigentümer des Wiesengrundstücks erwirbt also nicht automatisch Eigentum am Hundekot."

Maximilian Baßlsperger
im September 2021

Edition Noëma

Edition Noëma

Maximilian Baßlsperger

Der Beamte als Ehemann

und andere kuriose Wahrheiten über unsere Staatsdiener

ISBN 978-3-8382-0400-0
160 Seiten, Paperback. € 19,90

Wer kennt sie nicht, die drei obersten Verwaltungsgrundsätze: „Das haben wir schon immer so gemacht!“, „Das haben wir noch nie so gemacht!“ und „Wo kämen wir denn da hin, wenn wir das so machen würden!“. Man verbindet solche Aussagen stets mit unseren Staatsdienern, deren Entscheidungen in vielen Fällen tatsächlich nur sehr schwer verständlich oder gar nachvollziehbar sind. Dabei wird aber oft verkannt, dass Beamte dazu verpflichtet sind, Gesetze zu vollziehen – mögen diese auch noch so sinnlos oder sogar widersinnig sein. Dabei kommt es nicht selten zu überaus kuriosen Begebenheiten. Einige davon werden in diesem Buch dargestellt, wobei der Leser vielleicht auch daran denken sollte: „Humor ist der Knopf, der verhindert, dass uns der Kragen platzt.“

Die Berichte und Anekdoten dieses Buches stützen sich (jedenfalls überwiegend) auf wahre Begebenheiten, und der eine oder andere Leser könnte sich als guter und braver Steuerzahler vielleicht auch einmal ärgern. In diesem Fall sollte sich dieser Leser aber an den wohl bekanntesten Satz eines berühmten, immer Hut und Stock tragenden amerikanischen Komikers erinnern: „Jeder Tag, an dem man nicht lächelt, ist ein verlorener Tag!“

Edition Noëma
Melchiorstr. 15
D-70439 Stuttgart

info@edition-noema.de

www.edition-noema.de
www.autorenbetreuung.de